KB253702

문예신서
2007

사랑, 아이, 일 사이에서

안 가트셀
카롤 르누치

김교신 옮김

東 文 選

사랑, 아이, 일 사이에서

Anne Gatecel/Carole Renucci

Amour, enfant, boulot······ comment sortir la tête de l'eau

© Éditions Albin Michel S.A., 2000

차 례

서 문 ──────────────────────────────────── 11

I. 아이들

1. 낮 동안 아기가 너무 보고 싶어요 ──────────── 18

2. 복직할 예정이어서 아기에게 젖을 먹일 수 없어요 ──── 21

3. 아기가 9개월 때부터 내가 출근할 때마다 울어요 ──── 24

4. 미숙아로 태어난 아기와 헤어질 때마다 너무 고통스러워요 ── 27

5. 내가 다시 일을 시작한 뒤 아기의 수면 시간이 불규칙해졌어요 ── 30

6. 아이가 유모와 함께 첫걸음을 걸었어요 ──────── 35

7. 내가 복직하고 아이가 유치원에 다니기 시작한 뒤부터
   복통을 호소해요 ──────────────────── 38

8. 5세인 레오는 학교에서 쉬는 시간 동안 끊임없이 싸워요.
   이럴 때 저녁에 엄마가 귀가해서 아이에게 벌을 주어야 할까요? ── 42

9. "엄마는 나와 놀아줄 시간이 없어요. 엄마는 항상 피곤하죠." ── 48

10. 그래요, 방학이 긴데도 나는 아이가 여름학교에 가는 것을
    원치 않아요 ─────────────────────── 52

11. 저녁에 귀가할 때 아이들이 달려들어요 ──────── 56

12. 나는 아이가 너무 자주 집에 혼자 있지 않았으면 좋겠어요.
    하지만 그러려면 어떻게 활동량을 분배해야 되죠? ──── 59

13. 다시 일을 시작한 후로 아이들은 끊임없이 용돈을 요구해요 ── 62

14. 장보는 날인 토요일마다 아이들은 장난감을 사달라고 졸라요 ── 66

15. "엄마는 집에 있을 때도 내 말을 들어줄 시간이 없어요." ── 69

16. "엄마는 일하지 않는 토요일에도 내가 축구하는 걸 보러
    오지 않아요." ──────────────────── 72

17. 아이들은 내가 집에서 일하는데도 전보다 훨씬 더 바쁘다고
　　불평해요 ———————————————————— 75
18. 아이가 낮 동안 함께 놀아줄 개를 키우고 싶어해요 ———— 78
19. 저녁때 가끔 나는 집에 들어가야 한다는 것이
　　강박 관념처럼 느껴져요 ———————————————— 82
20. 남편과 아이들은 저녁마다 전쟁이에요. 내가 끼어들어도
　　아무 소용없고 더 나빠지기만 할 뿐이에요 ————————— 85
21. "엄마는 항상 아빠와 대부분의 시간을 보내기 때문에 남는 시간이
　　별로 없어요……." ————————————————— 88
22. "엄마는 일하느라 내 옷을 함께 사러 갈 시간이 없어요." ——— 91
23. 딸아이는 화장하기에 너무 어려요……. 아니면 시간이 너무 빨리 흘러
　　내가 그 애가 큰 것을 보지 못한 걸까요? ————————— 94
24. "엄마는 한 번도 내게 생리나 피임법, 성병에 관해 얘기해 준 적이
　　없어요……." ——————————————————— 97
25. 딸애는 항상, 특히 저녁 식사 시간에 전화통에 매달려 있어요.
　　그건 우리가 얼굴을 마주할 수 있는 유일한 시간인데…… —— 101
26. 주말은 우리가 정말로 함께할 수 있는 유일한 시간인데
　　올해 14세인 쥘리앵은 자기 방에서 혼자 보내요 —————— 104
27. 집에 들어갈 때 왜 아들 녀석이 나를 피하는지 모르겠어요 ——— 108
28. 집에 들어가면 아이가 틀어 놓은 랩 음악으로 집 안이 들썩들썩해요.
　　나는 집이 좀 조용하면 좋겠는데…… ——————————— 111

II. 아이들의 친구들

29. "엄마는 집에 엄마가 없을 때 친구들을 부르는 걸 싫어해요." ——— 114
30. 아이들이 이제는 뭐든지 제 맘대로 하려고 해서 외출하는 것도 더 이상
　　막을 수가 없어요 ————————————————————— 116
31. 우리애가 다른 아이들로부터 공갈 협박을 당하고 있다면 어떡하죠?
　　내가 낮에 집에 없는데 어떻게 알 수 있겠어요? ——————— 119

32. 딸의 새 친구들이 그 애를 레이브 파티에 데려가고 싶어한다는 걸
    알았어요 ──────── 123

III. 조부모

33. 아이를 봐주시는 친정어머니가 나의 양육 방식에 대해 끊임없이
    충고를 해요 ──────── 126

34. 남편은 아이들이 너무 자주 외갓집에 가는 것을 싫어해요 ──────── 129

35. 친정어머니는 나를 도와주러 올 때마다 내가 애들을 너무
    풀어준다고 말해요 ──────── 133

36. 아이한테 너무나 존재감이 컸던 할아버지가 돌아가셨어요 ──────── 136

IV. 유모, 어린이집, 베이비시터

37. 어떤 탁아 방식을 택할까요? ──────── 142

38. 내 아이들을 돌볼 사람을 어떤 기준으로 선택해야 할까요? ──────── 146

39. 유모: 언제 대응해야 하나요? ──────── 151

40. 아이 유모에게 질투가 나요 ──────── 156

41. 유모를 (더 이상) 신뢰할 수 없어요 ──────── 159

42. 잘하는 유모를 어떻게 잡아둘 수 있나요? ──────── 163

43. 베이비시터가 내 지시를 따르지 않고 딸에게 거짓말을 시켜요 ──────── 166

44. 아기를 어린이집에 맡기면 병을 달고 살지는 않을까요? ──────── 168

V. 학교, 기관, 교사

45. 아이가 공부하기 위해 필요한 것은 다 사주는데도 성적이 나빠요 ── 176

46. 귀가 시간이 너무 늦어서 아이의 숙제를 봐줄 수 없어요 ──────── 181

47. 교사는 우리 아이가 수업을 따라오지 못한다고 말해요.
    하지만 난 최선을 다하고 있어요 ──────── 186

48. 우리 아이는 모범생이니까 나는 내 일에 온 정신을 쏟을 수 있겠다고
    생각했어요 ──────── 190

49. 아이가 1학년이 됐을 때 내 일이 바뀌었어요 ——— 193

50. 직장에서 빠져나오기 어려워도 학부모 회의에 참가해야 하나요? — 199

VI. 부부, 아빠

51. 남편은 내가 아이들을 과잉보호한다고 해요……
하지만 나는 아이들을 볼 시간이 거의 없거든요 ——— 202

52. 나는 남편이 아이들 앞에서 권위가 있으면 좋겠어요. 생활 속에서는
충분히 그렇게 하는 것 같은데…… ——— 206

53. 남편은 아이들을 너무 엄하게 키워요……. 나는 집안 분위기가 좀더
평화롭길 바라는데요 ——— 209

54. 남편은 셋째를 낳기를 바라요. 나는 일하는 주부인데
그게 말이나 돼요? ——— 212

55. 남편은 집안일을 하는 아빠가 되고 싶어해요 ——— 216

56. 남편은 주말에 내가 아이들에게만 신경 쓴다고 나무라요 ——— 219

57. 우리는 더 이상 함께 별다른 일을 하지 않아요 ——— 223

58. 남편은 내가 충분히 매력적이지 않다고 말하지만
내가 그럴 시간이 어디 있나요? ——— 227

59. 일상에서 헤어날 수 없어요 ——— 230

60. 남편은 저녁에 외출하고 싶어해요. 하지만 나는 피곤해요 ——— 233

61. 남편은 말해요. “당신은 모든 걸 원해. 우리 부부가 이렇게
삐걱거리는 것도 당연해…….” ——— 235

62. 근무 시간표가 변경된 후로 우리는 간신히 얼굴만 봐요 ——— 238

63. 남편과 함께 취미 생활할 시간을 내기가 어려워요 ——— 241

64. 우리는 삐걱거리고 있어요. 곧 이혼할 거예요 ——— 243

65. 남편은 내가 일을 그만두기를 바라요 ——— 246

66. 남편은 일로 인해 생기는 걱정거리를 자기에게 말하지 말래요 ——— 249

67. 남편은 동료들과 함께하는 나의 직장 생활을 질투해요 ——— 252

68. 남편은 내가 주말에 일거리를 집에 가져오는 것을 싫어해요 ——— 256

69. 나도 일하는 여성인데 남편은 집에서 나를 도와주지 않아요 —— 259

70. 남편은 내가 다시 일을 시작한 후로 집안 꼴이 엉망이라고 말해요 - 261

71. 내가 그이보다 수입이 많아질 것 같아요 —— 263

72. 맞아요, 우리는 두 배로 벌어요. 하지만 그래서 우리는 각자
    자기 아파트를 갖게 됐죠 —— 265

73. 우리는 둘 다 일하는데도 늘 허덕여요 —— 268

74. 나는 일하는데 남편은 몇 달 전부터 실직 상태예요 —— 272

VII. 전남편, 남편, 동거남

75. 내가 다시 일을 시작한 이후 애들 아빠가 내 생활 방식에 대해
    이러쿵저러쿵 트집을 잡아요 —— 278

76. 내가 수입을 갖게 되자 남편은 이제 애들 양육비를 내지 않아요 —— 281

77. 남편은 꼭 시간 여유 없이 전화해서 아이들을 데리러 허둥지둥
    어린이집에 가게 만들어요 —— 283

78. 그의 새 아내는 수요일에 아이들을 데려가겠다고 해요.
    그렇다면 놀이공원에는 가지 않겠다는 뜻인데 —— 287

VIII. 고용주, 동료들

79. 임신했다는 사실을 고용주에게 알리기가 두려워요 —— 292

80. 직장에서 나의 임신을 인정하지 않아요 —— 296

81. 직장에서 출산 휴가를 단축하라고 그래요 —— 299

82. 출산 휴가 동안 회사가 내 컴퓨터를 치워 버렸어요 —— 303

83. 출산 휴가를 마치고 돌아온 뒤 나는 소외되고 있어요 —— 305

84. 엄마가 된 뒤로 출장을 떠날 수 없게 됐어요 —— 307

85. 아이들이 생기니까 직장 일에 전보다 덜 매달리게 돼요 —— 309

86. 아이가 또 아플까 봐 겁나요 —— 314

87. 일 때문에 베이비시터를 시간이 임박해서야 찾게 돼요 —— 317

88. 근무 시간을 재협상하고 싶은데 거절당할까 봐 겁나요 —— 319

89. 자주 출장을 가요 ———————————————— 321

90. 회사에서 야근을 권해요. 야근을 해도 가정 생활에 지장이
    없을까요? ———————————————— 323

91. 직장에서 해고되어 다시 집에 있게 됐어요 ———————— 325

92. 회사가 이사를 가요 ———————————————— 328

93. 둘째아이를 갖고 싶지만 일과 아기 사이에서 선택할 수가 없어요 · 331

IX. 그리고 나

94. 반나절 근무로 바꿨는데도 상황이 전보다 더 나빠졌어요 ———— 336

95. 때로는 친구들과 신나게 놀면서 현실에서 벗어나 일상을 좀
    잊어버리고 싶어요. 이게 정상일까요? ———————— 339

96. 일 때문에 스트레스를 받아서 더 이상 애들을 감당할 수
    없어요…… ———————————————— 342

97. 딸아이를 낳은 뒤 너무나 지쳐서 나 자신이 좋은 엄마도
    좋은 아내도 훌륭한 '프로'도 아니라는 느낌이 들어요 ———— 345

98. 엄마가 된 후로 나는 자신감을 잃었어요…….
    게다가 직장에서도 빛을 발하지 못하고 있어요 ———— 350

99. 아기를 낳은 뒤로 항우울제를 복용하고 있고
    회사로 돌아와도 상황은 전혀 나아지지 않아요 ———— 353

100. 회사나 가정이나 내 자리가 아닌 것 같아요 ———————— 356

참고 문헌 ———————————————————— 359

서 문

 "아이는 일하는 엄마들을 지치게 만든다" "출세냐 아기냐, 여성들은 더 이상 선택하고 싶지 않다" "지나치다, 이건 지나치다! 일하는 엄마들의 블루스" "아니다, 일하는 엄마들은 죄가 없다……." 몇 달 전부터 사랑과 아이와 일을 조화시키기를 원하는 일하는 엄마들의 어려움이 신문과 잡지들의 큰 제목이 되고 있다. 기자들, 의사들, 정신분석가들, 사회학자들은 많은 연구와 여론 조사, 증언들을 토대로 매일같이 여성들이 해결해야 하는 까다로운 방정식에 관해서는 물론이고 항상 장밋빛이기만 한 것은 아닌 일상에서 야기되는 고통에 관해서도 그들의 생각을 표현하고 있다.

 하지만 사정이 어떻게 이렇게 다를 수 있을까? 실제로 모든 여성들은 탁아 방식들의 인상된 비용과 경직된 특성, 그들이 엄마가 됐을 때 고용주가 분명히 표명하는 압력들, 남성들보다 더 많이 갖고 있지만 그렇다고 일이 쉬워지지는 않는 유연성, '얼핏 보기에는' 유리하지만 문제들을 지연시키고 또 학력이 낮은 사람들에게는 직장 생활과의 결정적인 결렬을 초래할 뿐인 정부의 조처들(부모의 교육 휴가 같은)을 폭로하고 있다.

 그리고 그녀들이 대개 1주일에 고작 10여 시간밖에 함께하지 못하는 아이들에 대해 느끼는 죄책감에 대해서는 무슨 말을 해야 할까?

 옛날부터 여성들은 집단적으로 일해 왔지만(농가에서, 장인 남편 곁에서) 30여 년 전부터는 그들의 능력과 소질을 갈구하는 제3차 산업 분야에 종사하고 있다. 그 결과 그들은 더 이상 '누구의 아내'로만 머물지 않고 재정적 자율성, 그녀들만의 공간을 획득하게 됐다. 지난 70년대 강력한 이데올로기의 지지를 받은 여성들은 기꺼이 남성들과 동등한 위치에 올랐고, 여성도 성공하고 능력을 꽃피울 수 있다는 것을 증명했다. 세월이 흐르고 공황 덕에 여성들은 점점 더 큰 존재감을 갖게 됐고 직장에서는 점점 더 유능한 면모를 드러내게 됐다. 80년대에 들어 일부 여성들은 직업적 성공이라는 제단 위에 모성애를 제물로 바치기까지 했다. 비록 40세가 넘어서 후회하긴 했지만.

오늘날 젊은 여성들은 모든 것——아이, 능력을 발휘할 일자리, 원만한 부부 생활——을 갖기를 원하고 있고, 이러한 소망은 지나친 것이 아니다. 이것은 여성사의 논리적 귀결이다. 90년대를 거치면서 여성들은 충분히 설득력 있는 신뢰, 경험, 성과들을 획득함으로써 직장 세계에 정정당당히 발을 들여놓게 됐다. 다른 분야——모성과 부부 생활——의 경우 여성들은 오래전부터 역량을 발휘하고 있었다.

이런 염려는 이 책을 쓴 우리도 공유하는 것이기에 그만큼 더 잘 이해하고 있다. 두 사람 모두 각자의 부부 생활, 가정 생활, 직업 생활이 성공하기를 열망하고 있으며 무엇이 그것의 장애물이 되는지도 잘 알고 있다……. 하지만 그래도 우리는 단호하게 긍정적이고 낙관적인 입장을 유지하고 싶다. 도정은 험난하다, 맞다. 그 길엔 함정이 도처에 깔려 있다, 맞다. 하지만 그 길은 분명 가볼 만한 가치가 있는 길이다. 그래서 별로 고무적이진 않지만 상당히 현실적인 수치들(파리를 포함한 일드프랑스 주에서는 두 쌍의 부부 중 한 쌍이 이혼하고 지방에서는 세 쌍 중 한 쌍이 이혼하는 것, 항우울제 판매가 90년대초부터 40퍼센트나 증가했고 그것은 특히 여성과 관계된다는 것——처방전의 70퍼센트, 가사 노동의 80퍼센트가 여성의 몫이라는 것 등)과 이제는 우리들 중 아무도 믿으려 들지 않는 허황된 정치적 담론들 곁에서 우리는 일상의 어려움들을 일일이 다루고(실천은 쉬웠다. 왜냐하면 1백여 개의 질문을 걸러내는 데 채 1시간도 안 걸렸기 때문이다) 그것들을 해결해 보고자 노력했다. 뿐만 아니라 필요하고도 불가피한 비법들, 비결들, 재치 있는 방법들, 충고들을 지속적으로 제시했다. 무엇보다 먼저 우리는 생각의 실마리를 제공하고 싶었다.

모든 개인은 자기만의 고유한 역사에 따라 자기 방식대로 자신을 건설한다. 그가 일생 동안 내린 선택들은 그 혼자만의 욕망이나 그 혼자만의 의지에만 달려 있지는 않다. 흔히 이 선택들은 신중하게 생각한 계획보다는 무의식에 더 많이 좌우된다. 따라서 우리에게는 무의식의 고유한 기능을 더 잘 이해하기 위해 몇 가지 열쇠를 제공하는 것이 중요해 보였다. 우리들 중 누군가의 일상과 비슷한 다양한 상황들을 통해, 우리는 여성들 각자가 몇 가지 생각해 볼 거리를 찾고 약간은 위로를 받을 거라 생각하고 또 그러기를 바란다.

때로 우리의 발언들 중 어떤 것들은 '지나치게 단순해' 보이거나 자명한 이치로 보일지 모른다. 하지만 겉으로는 그다지 깊이 없어 보이는 많은 문장들이 일상의 아주 단순한 말들과 함께 시의적절하게 진술될 때 행복한 파문을 일으킬 수 있다는 것, 그리고 그것이 현학적으로 삽입된 미사여구보다 더 효과적일 때가 많다는 것을 우리 모두는 잘 알고 있다.

구두끈을 매는 단순한 행위가 막내의 울음을 촉발시킬 때 어떻게 가벼운 마음으로 직장에 갈 수 있을까? 한번도 시간을 할애해 같이 놀아주지 않은 엄마를 비난하는 아이 또는 아직 다 크지도 않은 것 같은데 '벌써' 화장하고 싶어하는 청소년 자녀에게 뭐라고 대답해야 할까?

프랑수아즈 돌토 여사의 저서들의 영향으로 오늘날의 엄마들은 아이들을 모성애로 보살피고, 아이의 말을 귀 기울여 듣고, 아이들과 함께 다닌다(그렇다고 엄마들이 그 책들을 항상 잘 이해하는 것은 아니지만). 그것은 어느 정도의 시간적 여유와 철저한 계획이 있어야 가능한 임무이다. 그렇기 때문에 교대자에게 도움을 청할 필요가 있다. 오늘날 조부모들은 자식들의 삶에 깊이 관여하고 있다. 숙제 도와주기, 베이비시팅, 휴가 동안 손자들 맡기 등이 그것이다. 하지만 소중하고 필요한 그들의 존재가 때로는 역할 분담에 혼란을 가져올 수도 있다. 누가 누구인지? 누가 힘을 갖고 있는지? 누가 권한을 갖고 있는지? 할머니가 딸에게 할 수 있는 말과 할 수 없는 말은 무엇인지? 이런저런 한계들이 정해져야 한다. 가족은 아니지만 필요성만큼은 똑같은 교대자들, 즉 유모·보모·베이비시터 또는 어린이집 교사들도 마찬가지이다. 가장 적합한 탁아 방식을 선택했는지는 어떻게 확신할 수 있을까? 엄마의 근무 시간, 요구 사항에 따라서? 아니면 아이들과 떨어질 수 있는 능력, 엄마가 없을 때 아이들을 돌볼 사람이 차지할 자리를 남겨 놓을 수 있는 능력에 따라서?

　나이를 먹으면서 아이들의 욕구는 변화한다. 학교 생활을 성공적으로 하려면 아무리 똑똑한 아이들이라 할지라도 부모의 든든한 후원을 받고 있다는 느낌이 들어야 한다. 아이들의 용기를 돋우고 그들이 발전하는 모습에 관심을 보이고——지나치게는 말고——저녁때 숙제하는 것을 지켜보되 그것을 지겨운 일로 만들지 않으려면 어떻게 해야 할까? 또 아이들 마음을 편하게 해주기 위해 적당량의 자율성을 부여하려면 어떻게 해야 할까? 우리는 유치원 꼬마들로부터 중학교에 다니는 그들의 형들에 이르기까지 모든 아이들을 대상으로 하여 이러한 계획에 접근하고 있으며, 그러는 중에도 아빠의 존재를 일관되게 큰 소리로 요구하고 있다. 아빠의 존재는 없어서는 안 되고 반드시 필요하며 구조를 결정하는 데 큰 역할을 한다.

　새로운 아빠들이 등장하고 있다. 그것은 기쁜 일이지만 우리는 또한 그들에게 이름에 걸맞는 자리를 남겨줄 줄도 알아야 한다. 한마디로 절대 권력을 지닌 엄마 노릇하기를 그만두고 각자 이득을 찾을 수 있도록 배려하면서 할 일을 양도하는 법을 배워야 한다. 아이는 두 사람이 만든 존재이므로 두 부모에 의해 길러져야 한다. 그들이 이혼했건 한 지붕 아래 살건 상관없이. 그러려면 서로를 존중해야 하며 각자 자신이 가정에서 차지하는 자리 안에서 행복하고 건강한지를 두 배우자가 지속적으로 확인해야 한다. 또한 우리는 이것을 의논하기 위해 시간을 내어 배우자와 긴장을 풀고 관능을 추구하는 순간들을 공유하는 것도 중요하다고 생각한다.

우리는 고용주, 동료들과의 관계도 소홀히 하지 않았다. 그것은 때로 매우 복잡하고 괴로운 것으로 여겨질 수도 있다. 프랑스에서 모든 임산부는 임신 사실을 사장에게 통고하기 전에 나타나는 그 괴로운 심정을 경험한다. 그리고 갑자기 임신할 수 있다는 단순한 사실 때문에 직장에서의 입지가 약해지는 여성 관리자들에 대해선 무슨 말을 해야 할까? 그들의 고용주가 남성이든 여성이든 상관없이. 남성들에 의해 만들어진 세상에서 어떻게 곤경에 처하지 않고 우리의 정당한 권리를 요구하면서 변화할 것인가?

물론 우리가 모든 것을 해결하려는 건 아니다. 게다가 정치가들의 도움 없이, 모든 노사 대표들이 참여하는 심도 깊은 성찰 없이 우리가 어떻게 모든 것을 해결할 수 있겠는가? 《엘》지의 인터뷰에서 정신분석가이자 작가인 줄리아 크리스테바는 이렇게 말했다. "우리가 여성의 자유와 여성이 지닌 어머니로서의 사명을 분리시키기를 고집한다면 문명의 미래는 위험하다. 이것이 이 시대의 쟁점이며 투쟁이라고도 할 수 있다."

우리는 두 젊은 엄마의 직업적 역량을 쏟아 넣은 이 책이 다른 여성들이 일상의 함정들을 피해 가는 데, 그리고 그들의 남편과 아이들뿐 아니라 일 옆에서도 기쁨과 행복을 발견하는 데 도움이 되기를 바란다. 이것은 사실 현재로서는 매우 야심찬 계획임에 틀림없다!

안 가트셀, 카롤 르누치

I

아이들

1

낮 동안 아기가 너무 보고 싶어요

당신은 10주간의 출산 휴가를 마치고 이제 막 직장으로 돌아왔다. 직장 생활로의 복귀는 예정된 것이었고 당신은 한번도 그것을 문제 삼아 본 적이 없다. 하지만 직장에 있을 때 당신은 어떤 불안을 느낀다. 집에 두고 온 갓난이가 너무나 보고 싶은 것이다.

당신의 감정

운 좋게 원하던 탁아 방식을 선택할 수 있고 아이를 돌보는 사람(유치원 교사, 집에 와서 봐주는 유모, 어린이집의 보조 교사 등)을 전적으로 신뢰할 수 있다면 그것은 가장 운이 좋은 경우라 할 것이다.

하지만 직장에 있을 때 아기를 생각하다가 간혹 불안한 느낌이 들면서 온갖 의문이 싹틀 때가 있다. 아기가 뭘 하고 있을까? 혹 큰 사고라도 일어나면 어쩌지? 혹 갑자기 엄마를 애타게 찾으면 어쩌지? 아기가 자꾸 생각나고 아기를 꽉 끌어안고 싶은 마음을 억누르기 힘들 것이다.

심지어 때로는 눈물을 감추려고 사무실을 빠져나와야 할 때도 있을 것이다. 이런 불안이 당신을 괴롭히면 당신은 결국 젖먹이 곁에 있는 것만을 유일한 해결 방안으로 생각하게 된다.

당신의 머릿속에서는 정확히 무슨 일이 벌어지고 있을까?

당신은 아이와의 이별을 머리로는 받아들였지만 감정적으로는 아직 받아들이지 못하고 있다. 적어도 하루 9시간 동안 아이와 떨어져 있어야 하는 현실 속에서 당신은 상상하던 것과 다른 시나리오와 부딪치고 있다. 이런 반응은 흔히 과거에 겪은 또 다른 이별(개학 때 갑작스럽게 적응해야 했거나 아이들에게 따돌림받은 일, 부모의 이혼, 어린 시절의 잦은 이사 등)에서 그 기원을 찾을 수 있다.

그것은 또한 아이를 유산하지 않을까 하는 두려움에 시달린 힘든 임신 기간의 체험과도 결부될 수 있다(임신 기간 내내 누워 지내야 한 경우, 조산아, 의학적 도움을 받아 수태한 경우 등).

어떻게 대처해야 할까?

너무 심각하게 생각하지 말자. 왜냐하면 이런 상황은 오래 가지 않을 것이기 때문이다. 조금만 뒤로 물러서서 당신의 아이가 너무나 멀쩡하고 자신의 새로운 생활 리듬에 잘 적응하는 것을 확인하게 되면 당신은 곧 안정을 되찾을 것이다. 반대로 만일 한 달 뒤에도 기분이 좋아지지 않는다면 이런 상황으로 인한 고통을 덜 당할 수 있도록 남편과 함께 조정 가능한 것들을 찾아보라. 3교대나 파트타임으로 바꾸거나, 당신의 직장과 더 가까운 어린이집을 다시 찾아보거나, 당신의 근무 시간표를 조정하거나, 또는 육아 휴가를 내고 사회 활동을 잠시 접으면(85장 '아이들이 생기니까 직장 일에 전보다 덜 매달리게 돼요' 와 55장 '남편은 집안일을 하는 아빠가 되고 싶어해요' 를 참조하라) 아이와 당신 자신에게 좀더 많은 시간을 할애할 수 있고 그럼으로써 다시 원상태로 돌아갈 수 있는 마음의 준비를 갖출 수 있을 것이다. 사실 이와 같은 상황에서는 아이들이 엄마의 걱정을 매우 민감하게 알아채고 그것을 수면의 혼란, 영양 장애, 또는 다른 유형의 신체적 장애로 표현하는 경우도 드물지 않다.

어떤 어린이집 원장의 이야기

"우리는 몇 주가 지나서야 폴의 엄마 실비가 아들과의 이별을 아주 고통스럽게 여긴다는 것을 확인할 수 있었어요. 폴을 돌보고 출석 일수를 기록하는 보조 교사가 몇 달 뒤 아이가 다른 아이들과 전혀 다른 생활 리듬에 따라 어린이집에 온다는 것을 확인했어요. 첫째 주는 아이가 아파서 오지 않았고 둘째 주엔 아이 엄마가 아파서 집에서 아이를 보았죠. 그래서 우리는 셋째 주에야 두 모자를 다시 만날 수 있었어요. 그리고 넷째 주부터 그런 주기가 너무나 자연스럽게 되풀이되기 시작했어요. 한 주는 아이가 아프고 그다음 주엔 엄마가 아프고 그러고 나서 어린이집으로 돌아오는 거죠. 우리는 또 실비가 어린이집을 떠나기 전에 항상 잠시 늑장을 부린다는 것도 관찰했어요. 문 뒤에 숨어 아이가 어떻게 반응하는가를 보곤 했죠. 폴은 특별한 감정 표현 없이 친구들을 지켜보았어요. 그러다가 엄마가 멀리 가지 않은 것을 알아차리면 예외 없이 울기 시작했죠. 실비는 그런 식으로 아이가 자신을 필요로 하며 자기가 멀어지면 아이는 불행하다는 확증을 얻었어요."

"심리학자, 보조 교사와 함께 우리는 그녀를 돕기로 결정했죠. 우리가 그녀에게 아이와 떨어지는 것이 힘들어 보인다고 했더니 그녀는 순순히 그것을 시인했고, 나아가 그녀 자신이 고백할 용기가 없었던 것을 다른 사람이 말해주니까 오히려 안심하는 듯했어요. 그리하여 그녀는 복직을 미루기로 결정했고 몇 달 뒤 우리는 그녀가 폴을 봐줄 유모를 구했다는 소식을 들었어요. 그녀 같은 연약한 엄마들에게는 흔히 그런 탁아 방식이 더 적합한데, 그것은 유모는 유일무이한 대화 상대가 되어주고 그럼으로써 집단보다는 더 따뜻하고 안심되는 가족적 상황이 가능하기 때문이죠."

2

복직할 예정이어서 아기에게
젖을 먹일 수 없어요

출산 휴가는 끝나가고 모유 먹이기를 중단해야 한다는 생각에 당신은 약간의 근심을 표명하고 있다. 아기가 그것을 잘 받아들이지 못할까 봐 겁이 나는 것이다. 주변의 몇몇 친구들은 직장에서 젖을 짜면서 수유를 잘해냈지만 그것을 몸소 행한다는 것이 당신에게는 너무 힘들게 여겨진다.

잘못된 생각을 떨쳐 버려라

지금까지 수유는 당신에게 아기와 함께하는 참으로 행복한 순간을 의미해 왔고 이 기쁨을 포기해야 하는 것이 유감스럽다. 하지만 그래도 너무 빨리 포기하지는 마라. 실제로 당신의 근무 시간표에 따라 얼마 동안은 이른 아침과 저녁에 젖을 물릴 수 있다.

복직하기 전에 젖병으로 먹이기를 시작하는 것이 좋다. 엄마 젖에서 젖병으로의 이동을 가능한 한 가장 부드러운 방식으로 행할 수 있는 사람은 당신밖에 없다. 곧 당신은 아기의 욕구와 리듬이 매우 빨리 바뀌는 것을 확인하게 될 것이다. 그리고 아마도 곧 저녁때마다 엄마 젖을 찾는 일도 없어질 것이다. 마치 다음 단계로 넘어갈 준비가 된 것을 자기식으로 말하는 것처럼……

그런데 당신은 이유를 어떻게 받아들이고 있는가?

젖 먹이기를 중단해서 당신과 아기 사이에 어떤 단절이 생길까 봐 두렵다면, 당신과 아기 사이에 거리가 생기는 것을 거부한다면 그것은 당신과 아기가 매우 밀접한 관계 속에 있다는 뜻이고(1장 '낮 동안 아기가 너무 보고 싶어요'를 참조하라) 지금 아기에게서 젖을 떼면 당신에게 문제가 생길 수 있다는 뜻이다. 따라서 아기는 그것을 느낄 수밖에 없고 떨어져야 할 때가 되면 그런 불안을 표현할 수밖에 없다(아기는 울고 소리지르고 혼자 자기를 거부하는 등의 행동을 보일 것이다).

젖을 떼는 것이 왜 이렇게 어려울까?

태어난 직후 아기는 당신의 배 위에 올려졌고, 당신과 아기는 이렇게 피부를 맞대는 것에서 부드러운 살갗의 기쁨을 느꼈다. 지금도 역시 젖을 먹일 때 당신과 아기는 서로의 체취, 서로의 체온을 감지한다. 그리고 아기는 젖을 통해 식욕도 충족시키지만 빠는 행위로 인한 기쁨도 끊임없이 재발견한다. 한편 당신은 아기가 평온을 되찾은 모습, 때로는 엄마가 가버리지 않을 것을 확신하고 젖을 문 채 잠든 모습을 확인할 수 있다. 이런 상황은 두 사람 모두에게 포기하기 힘든 어떤 충만함을 안겨준다. 사실 이런 꿈같은 순간, 어찌 보면 영원한 순간을 정지시키는 어렵다.

이제는 다음 단계로 옮겨갈 때가 된 것 같다

복직은 지금껏 그 안에서 안락하게 거처해 오긴 했지만 당신을 세상과, 심지어 친지들과도 단절시키던 고치에서 벗어나는 한 방법이다(단 조심스럽게 행해야 한다).

그러나 당신의 적극적인 참여와 약간의 융통성만 있다면 이 과정은 극복될 수 있다. 하지만 당신이 그것을 억지로 따르거나 하나의 강요로 받아들인다면 긍정적으로 만족스럽게 젖을 뗄 수 없다.

당신의 구속감과 망설임을 주저 없이 남편에게 말하라. 둘이서라면 반드시 상황을 좀더 분명하게 파악할 수 있을 것이다.

아니면 아직은 때가 아닐 수도

만일 당신이 진정으로 준비가 됐다고 느껴지지 않는다면 어떤 방법으로 사회 생활로의 복귀를 지연시킬 수 있을지 주치의나 고용주(어떤 회사에서는 수유를 위한 출산 휴가의 연장이 받아들여진다), 남편(만일 당신이 육아 휴가를 신청할 생각이라면)과 함께 알아보라.

요컨대 노동법(224조 2항)은 모든 여성이 원한다면 자신의 직장에서 수유를 계속할 수 있는 가능성을 예고해 두고 있다는 것을 알아두라. 따라서 당신은 하루 중 1시간(오전에 30분, 오후에 30분)을 아기에게 젖을 물리는 데 쓸 수 있다. 하지만 집과 직장의 거리 때문이든 정신 상태 때문이든 불행히도 이 가능성이 일하는 여성들의 생활과 항상 양립될 수 있는 것은 아니다. 그래도 당신 회사의 단체 협정을 들춰 보라. 더 많은 시간 단축, 수당을 예고한 협약이 있을지 모른다(고용주가 이 시간에 대한 수당을 지불해야 할 의무는 전혀 없다)…….

당신은 아는가? 1917년에 제정된 어떤 법은 1백 명 이상의 여성을 고용한 회사는 수유실을 마련해 놓아야 한다고 규정한 것을…….

3

아기가 9개월 때부터
내가 출근할 때마다 울어요

아침마다 늘 똑같은 광경이 펼쳐진다. 당신이 외투를 집어들거나 아니면 유모가 현관에 들어오는 순간 당신의 아이는 울기 시작한다. 가슴이 찢어질 듯 아픈 당신은 이 장면을 빨리 끝내기 위해 도망치듯 집을 나선다.

아이는 왜 갑자기 울기 시작할까?

당신이 사회 활동을 다시 시작한 뒤로 아이의 생활 리듬이 바뀌었다. 처음 당신은 아침에 출근하기 전에 아이에게 젖병을 물린다. 그다음엔 아이가 당신이 출근한 뒤 깨어서 아이를 보지 못하는 기간을 경험한다. 몇 주 전부터 아이는 당신이 한번 사라져서 하루 종일 안 나타나기 전에 미리 깨어 있다. 아기는 깨자마자, 엄마와 충분히 놀지 못한 상태에서 엄마가 가버리는 것을 참을 수 없다. 당신은 아이를 유모에게 떠맡기고 부랴부랴 그 자리를 뜸으로써 이런 상황을 피하려 한다.

당신은 하루에도 몇 번씩 이별 장면을 회상한다

당신은 이 순간을 고통스럽게 받아들인다. 죄책감으로 가슴이 찢어지고 그것을 잊기 위해 일 속으로 도피한다. 심리학자들의 말에 따르면 엄마와 아이와의 이별은 아이의 정체성 확립에 필수적인 것인데도 연약한 엄마는 그것을 피하거나 진부한 것으로 만드는 경향이 있다고 한다.

당신의 경우 그런 상황이 특히 어려울지 모른다. 왜냐하면 당신은 다른 시대, 다른 곳에서 어떤 이별 상황을 접했고 그것이 당신을 고통스럽게 만들고 불안을 야기한 적이 있기 때문이다.

당신의 심리적 단면도에 적합한 직업적 선택을 했는가?

문제는 당신이 당신의 인생에서 무엇이 더 중요한가를 잘 모른다는 데에서 오는 듯하다(100장 '회사나 가정이나 내 자리가 아닌 것 같아요'를 참조하라). 이것은 일을 포기하거나 엄마 또는 아내로서의 역할을 충분히 수행하라는 뜻이 아니라 선택하라는 뜻이다. 시간표를 조정할 수 있는지 자문해 보라. 아기와 좀더 많이 놀기 위해 아침 근무를 조금 늦게 시작하는 것, 당신의 재정 상황이 허락한다면 몇 달간 파트타임으로 일하는 것 등. 이런 간단한 조치는 당신의 모든 기능을 재검토하지 않고도 아기와의 즐거운 시간을 좀더 많이 갖게 해주고, 아기가 태어나 세상을 처음 접하는 시간을 함께하지 못했다는 느낌을 덜 갖게 해줄 것이다. 만일 당신이 지금 다니는 회사에서 그런 것을 고려할 수 없다면 다른 회사에서는 가능할지도 모른다.

머릿속을 정리하라. 이것이 중요하다!

이런 상황을 분명히 보지 못한다면 당신은 헤어나기 힘든 미궁에 빠진 것처럼 느껴질 것이며 당신의 사회 생활과 가정 생활을 조화롭게 이끌어 나갈 수 없을 것이다. 그로 인해 고통을 겪고 불안을 느끼고 정신적으로 완전히 지쳐 버릴 것이다. 어쩌면 당신은 지금이 조금 힘든 상황이라는 것을 인정할지 모른다. 그렇다고 당신이 좋은 엄마가 될 수 없다는 뜻은 아니다. 당신은 그저 다른 사람들보다 좀더 많은 시간이 필요할 뿐이다.

당신이 출근할 때 아이가 운다면 아이는 당신 속에 숨겨져 있던 것을 표현하는 것뿐이다. 아이들은 흔히 우리가 듣고 싶어하지 않는 것이나 우리가 살면서 이런저런 때 묻어 두었던 것들을 폭로한다. 아이의 눈물을 선물로 받아들여라. 왜냐하면 아이는 당신으로 하여금 스스로에게 좋은 질문을 던지도록 이끌기 때문이다. 그것은 당신 자신의 불안을 반영한다. 아이의 눈물이 당신을 슬프게 하고, 당신도 함께 울게 만들고, 당신이 이 상황에서 벗어나려고 할 때 당신 안에서 어떤 공격성을 일깨운다면, 그것은 당신이 이런 감정적 압력에 무감각하지 못하다는 뜻이 된다.

그럴 때는 그런 감정을 아이와 공유하기를 주저하지 말고 당신과 아이 두 사람 모두를 진정시킬 수 있는 말을 찾으려고 노력하라.

생후 8개월째의 불안이란 정확히 무엇인가?

8개월 된 아이들의 불안 현상은 낯선 사람에 대한 두려움으로서 친숙하지 않은 사람이 당신의 아이에게 접근할 때 나타난다. 이때 아이는 울기 시작하고 당신의 품속으로 숨는다. 아이는 다른 사람들이 엄마와 다르다면 자기 자신도 엄마와 다르다는 것을 알았고, 그것이 아이를 혼란에 빠뜨리는 것이다. 7~10개월 사이에 아이는 소위 융합된 관계(자신과 엄마가 하나라는)에서 조금씩 벗어나기 시작하며 그것은 반드시 어떤 불안들을 거치게 되는데, 그것들은 아이와 엄마 간의 현실적인 분리가 아닌 정신적 분리와 직접적인 관계가 있다.

4

미숙아로 태어난 아기와 헤어질 때마다 너무 고통스러워요

병원에서 당신은 예정일 전에 태어난 당신의 아기와 건강상의 이유로 떨어져 있었다. 그 뒤부터 당신은 아이가 그 때문에 당신을 원망하는 것 같은 느낌이 들고 아이와의 짧은 이별도 비극처럼 여기게 됐다. 그런데 당신이 다시 직장에 나가기 시작한 후 그 이별이 매일처럼 되풀이되고 있다…….

이별이 고통스러운 까닭

당신은 지금 끔찍한 고통을 겪고 있고 아마도 분만과 출생 시의 장면을 수없이 머릿속으로 다시 그려 보았을 것이다. 비록 의학적 관점에서 다른 방법이 없었다 하더라도 그 이별은 외상성 상해와 유사한 지워지지 않는 흔적을 남겼다. 이제 당신은 자신을 정당화하기 위해 애써 하루 24시간 아기에게 마음을 쓰려 하고 그래서 아기 곁을 지키지 못한다는 사실을 견딜 수가 없다.

당신은 당신이 그 상황의 책임자였다고 생각하지만 사실은 전혀 그렇지 않다. 당신은 아기의 출생을 조정할 수 없었다. 이런 명백한 현실에도 불구하고 당신은 마지막까지 아기와 함께하지 못했고 그래서 좋은 엄마가 아니라는 느낌을 갖고 있다.

당신은 상황에 대처하지 못한 것이 너무 가슴이 아프다. 당신은 아기가 끔찍한 애정 결핍을 느꼈고, 그것이 지금까지도 회복되지 않았을 것이 분명하다고 생각한다.

당신은 정말로 좌절을 맛보았다. 사실 당신은 이번 출산을 전혀 다른 식으로 상상해 왔다. 귀여운 병아리색 신생아용 겉옷을 입은 아기가 당신 곁에 누워 있고, 친지들은 입에 침이 마르도록 칭찬을 하는……. 하지만 그 대신 당신은 유감스러워하고 약간은 실망한 시선들을 견뎌야 했다. 인큐베이터들, 온갖 신호음과 기계들로 구성되는 신생아실 장면(전문성, 세심한 주의와 함께 행해지는 보살핌에도 불구하고)은 당신도 상상하지 못했다.

당신이 싸우는 방법

어떤 상황에서도 당신은 아이에게 최고를 베풀려고 노력한다. 아이의 옷장은 옷으로 넘쳐난다. 외투에 털코트에 플란넬로 안을 댄 우비에…… 그리고 당신이 수집한 육아 관련 상품 일체는 또 어떻고! 당신은 정말로 아이에게 아무것도 부족하지 않다는 확신을 갖고 싶어한다. 또한 당신은 가능한 한 육체적으로도 항상 옆에 있으려고 노력하지만 생각은 항상 다른 곳에 가 있다. 요컨대 당신은 헤어짐을 감당하지 못하고 있으며 몇 주가 흘러도 상황은 전혀 나아지지 않는다. 당신의 일상은 가혹한 시련이다.

당신의 아기가 느끼는 것

전에 아이가 당신의 부재로 인해 고통스러웠다면 지금 아이는 당신의 침묵으로 인해 훨씬 더 고통스럽다. 출생 때 경험한 이런 애정 결핍(당신이 곁에 있을 수 없다는 사실로 인한)이 어떤 의미를 가지려면 아이가 자신의 지난 이야기를 알아야 한다. 아이가 자신의 문제를 이해할 수 있도록 적당한 표현을 찾아주는 것이 당신의 몫이다.

유일한 해결책

정신과 의사에게 도움을 청해 보라. 그러면 그는 임신과 출산을 회상하게 하면서 현재의 감정과 그 두 사건과의 관계를 밝혀줄 것이다.

정신과 의사를 찾는 법

당신의 회사 동료들이나 친구들은 기꺼이 자기들이 아는 전문가를 추천해 줄지도 모른다. 하지만 약속을 잡기 전에 그 의사가 환자들에게 친절한지, 다시 말해 아이를 동반한 부모를 충분히 환대하는지를 확인해 볼 필요가 있다. 아이가 6세가 넘었을 경우엔 따로 상담하는 것을 고려해 볼 수 있다.

되도록 유아기를 전공한 정신과 의사를 택하는 것이 좋다. 만일 당신을 인도해 줄 사람이 아무도 없다면 당신이 사는 시, 구, 가의 모자보호센터(PMI)에 문의해 보라. 생활 환경 조사원이나 산부인과 병원의 상담원에게 다시 연락해 보라. 그 중 한 사람은 당신에게 조언을 해줄 수 있을 것이다. 또는 아이의 소아과 의사에게 문의해 볼 수도 있다. 하지만 누구를 택하든 상황을 심각하게 여기지 마라. 당신은 지금 힘든 시간을 통과하고 있다. 그러므로 이것은 당신이 미쳤다거나 인격상의 중대한 장애가 있다는 뜻이 아니다. 다만 정신과 의사에겐 당신의 전적인 협조가 필요하다고만 생각하라. 그는 당신 없이는 당신을 위해 아무것도 할 수 없다.

참고 서적
《모나리자의 미소》, 카트린 마틀랭 지음, 드노엘 출판사, 1998년.

5

내가 다시 일을 시작한 뒤 아기의
수면 시간이 불규칙해졌어요

아기가 전에는 잘 잤는데 지금은 거의 매일 밤 자동적으로 잠을 깬다. 당신은 원인이 뭘까 의아하게 생각한다. 어쩌면 단순히 아이가 낮에 너무 많이 자서 그런 것은 아닐까? 당신은 그렇게 생각할지도 모른다.

변한 것

아이의 습관이 완전히 바뀌어 버렸다. 전에는 아이가 깨고 싶을 때 깼지만 지금은 매일 아침 당신이 아이를 깨운다. 편리를 위해 당신은 아마도 마지막 수유 시간을 1시간 앞당겼을 것이고, 아침 목욕도 자동적으로 당신의 새로운 생활에 더 맞는 저녁 때로 옮겼을 것이다.

아이는 새로운 사람들, 새로운 장소들을 알게 됐다. 이런 변화가 아이를 혼란스럽게 만들고 자극하며 피곤하게 하고 또 잠을 깨우게 된다.

아이의 생체 리듬은 매일 변한다. 한 번 자고 깨어서 노는 시간이 점점 길어진다. 전보다 더 오래, 덜 자주 자는 것이다.

아이를 관찰하라

■ 아이가 자정 이후에 깬다면

당신의 배 속에 있을 때 아이는 낮에 자고 밤에 깨어 있었다. 아이의 생체 리듬은 지금 당신이 바라는 바와 정반대인 것이다.

6개월 때부터 아이는 밤에 어른들처럼 느린, 또는 조용한 수면 단계의 잠을 자기 시작한다. 이 과정 동안 아이의 호흡은 규칙적이고, 얼굴은 평화로우며, 아무것도 또는 거의 아무것도 이 휴식을 방해할 수 없다. 반대로 자정 이후엔 거의 매시간 역설 수면(꿈꾸는 수면)기가 나타나고 여러 번 잠을 깰 수 있다. 어떤 아기들은 부모를 부르지 않고 혼자 다시 잠들지만 어떤 아기들은 부모가 올 때까지 격렬히 울어댄다.

■ 아이가 예외 없이 매일 밤 울면서 잠을 깬다면

첫번째 악몽은 7~10개월 사이에 나타난다. 이것은 아기가 자신이 엄마와 별개의 대등한 한 인간이라는 것을 이해하기 시작하는 때이기도 하다. 당신과 아빠는 아이가 이런 현실을 깨닫고 있다는 것을 가장 먼저 알아차리게 되는데, 왜냐하면 아이의 행동이 달라지기 때문이다. 이를테면 아이는 낯선 사람을 두려워하며 처음 보는 얼굴은 아이를 조금도 매료시키지 못하는 것이다(3장의 박스 글을 참조하라).

설령 아이가 비명을 지르고 울음을 터뜨리더라도 아이의 악몽을 두려워하지 마라. 그 악몽이 아이에게 반드시 필요하고 생각의 틀이 될 거리두기에 일조하고 있다고 생각하라. 아이는 자신이 엄마와 완벽하게 융합된 상태가 아니라는 것을 알아야 하기 때문이다. 이런 심리적 과정이 현실적 분리(당신의 복직)와 동시에 일어나면 한밤중의 깨어남, 악몽, 식욕 상실 같은 표현들이 심해질 수 있다.

잠의 질이 중요한 까닭

꿈은 생물학적 · 정신적 조절 장치이다. 꿈은 심각하거나 가벼운 삶의 여러 사건들에 직면하여 하나의 배출구로 작용한다. 잠의 질이 불충분하면 꿈의 좋은 기능을 해칠 수 있다. 이것이 때로는 소마티자시옹(인간 관계의 혼란을 몸이라는 간접적 수단으로 표현하는 것)과 같은 온갖 장애로 귀착되기도 한다.

대처 방법

■ 복직 전

아기에게 마음의 준비를 하게 하라. 이제부터 하루 일과가 조금 달라질 것이고, 몇 시간 동안 다른 아줌마가 와서 돌보겠지만 저녁때는 엄마가 집에 와서 자기를 안아주고 그날 있었던 일을 들려줄 거라고 설명하라.

적응기를 가져라. 누구에게 아기를 맡기기로 했건 점진적으로 진행하라. 아기를 돌봐줄 사람과 1시간 또는 2시간씩 함께 있는 것부터 시작하다가 조금씩 아기를 맡기기 시작하라. 처음에는 30분, 다음에는 1시간, 그다음 2시간, 그다음 3시간으로 늘려라. 이 과정을 2주에 걸쳐 행하라.

■ 복직 후

아기가 밤에 처음 깼을 때는 일어나 아기를 안고 흔들어 줌으로써 다시 잠들 수 있게 도와줘야 하지만 오래 머무르지 말며 특히 버릇을 들이면 안 된다. 남편이 교대해도 된다. 규칙적인 만남이라는 함정에 빠지지 않도록 조심하라. 사실 엄마들은 이렇게 성가시게 잠을 깨면서도 그 속에서 일말의 기쁨을 느끼는데, 그것은 그럼으로써 아기를 한 번이라도 더 볼 수 있는 기회가 생기기 때문이다. 하지만 몇 주 뒤 엄마들은 지치고 우울증에 빠질 수 있다(97장 '딸아이를 낳은 뒤 너무나 지쳐서 나 자신이 좋은 엄마도 좋은 아내도 훌륭한 '프로' 도 아니라는 느낌이 들어요' 를 보라).

아기에게 엄마는 아빠 옆에서 충분히 쉬어야 하며 그러는 동안 너도 평온하게 잘 수 있다고 말하라.

아기 방에 불쑥 들어가기 전에 잠깐 기다려 보라. 사실 한두 번의 악몽 뒤 당신의 아기는 자신이 울면 엄마가 달려온다는 사실을 확인하고 만족스러워하기 때문이다. 그러므로 한번 살펴보라…….

질 나쁜 수면('더디고 깊은' 잠과 역설 수면을 희생시키는 이른바 '더디고 얕은 잠')을 야기하는 수면제의 유혹에 빠지지 마라. 이것은 당신 아기의 심리적 균형, 성장, 수면 리듬의 조화로운 정착을 방해한다.

만일 이런 일이 오래 지속된다면 당신 자신의 상태에 대해 자문해 보라. 만일 낮 동안 불안한 순간들을 경험한다면 당신이 쉽지 않은 상황에 놓여 있음을 인정하라. 그렇다고 당신 자신을 지나치게 혹독하게 판단하지 마라. 당신이 이런 새로운 상황을 받아들이기 위해서는 다른 엄마들보다 더 많은 시간이 필요할지 모르니까.

요컨대 이별은 힘든 경험이라는 것을 명심하라. 당신이나 아빠가 다른 이별들(애완동물을 잃은 경험, 유년기에 자신의 부모와 일시적으로 헤어졌던 경험, 잦은 이사 등. 하지만 지금 당신은 거기에 상대적인 중요성만을 부여하고 있다)을 힘들어했다면 이런 경험들이 막대한 영향력을 행사할 수 있음을 명심하라. 더 나쁜 것은 이런 허약함이 이전 세대들이 사는 도중 힘들게 경험한 죽음의 슬픔, 당신이 때로는 원인조차 모르면서 무거운 짐처럼 갖고 다니는 그 경험들로 거슬러 올라갈 수 있다는 것이다.

상황이 나아지지 않을 경우에 가능한 두 가지 해결책

— 아이의 담당 소아과 의사에게 말하면 그가 당신에게 유사요법 시술 의사나 정골 의사를 소개해 줄 것이다.

— 당신의 문제가 심리적 영역에 속하는 것으로 여겨지면 아이와 함께 심리상담가에게 상담을 받아 보라. 그가 문제의 모든 정보를 제대로 평

가하기 위해서는 아기와 함께 가는 것이 중요하다(4장 '미숙아로 태어난 아기와 헤어질 때마다 너무 고통스러워요'의 박스 글을 참조하라).

참고 서적

《아동 수면의 문제들》, 쉬잔 E. 고틀리에브 박사, 에디시옹 드 롬 출판사, 1999년.

《잠, 꿈 그리고 아이》, 마리 티리옹과 마리 조제프 샬라멜, 알뱅 미셸 출판사, 1995년.

《아동과 그의 수면》, 엘렌 드 리르스니데르, 로베르 라퐁 출판사, 1988년.

《당신 아이의 수면》, 앙드레 칸, 오딜 자콥 출판사, 1998년.

《우리 아기는 잘 자요》, 에드위주 앙티에, 발랑 자콥 뒤베르네 출판사, 1999년.

《아기들의 잠》, 이자벨 그라빌롱, 밀랑 출판사, 1999년.

6

아이가 유모와 함께 첫걸음을 걸었어요

당신의 아이를 봐주는 사람이 의기양양하게 아이가 첫걸음을 걸었다고 알렸을 때 당신은 기쁘지 않고 오히려 가슴이 아팠다.

당신이 기뻐서 방방 뛰지 않는 까닭

당신은 아이 성장의 중요한 한 단계를 놓친 것 같은 느낌이 들고 아이가 첫걸음을 걸었을 때 보상의 표시로 팔을 벌려 안아주지 못한 것에 대해 죄의식을 느낀다. 그 결과 당신은 아이를 위해 당신이 반드시 그 자리에 있어야 할 순간에 다른 곳에 있었기 때문에 좋은 엄마가 아니라는 느낌을 갖게 된다.

이런 생각은 금물

— 아이가 당신 없이 이 단계를 통과했으므로 당신이 아이에게 반드시 필요한 사람은 아니다.

— 당신의 부재를 벌하기 위해 아이가 일부러 다른 사람과 그 일을 해냈다(40장 '아이 유모에게 질투가 나요'를 참조하라).

그렇다면 진실은?

아이가 유모와 함께 첫걸음을 걸은 것은, 아이가 정확히 그 순간에 그 일을 해낼 수 있다는 자신감을 느꼈기 때문이다. 그리고 이것은 당신의 아이를 돌볼 사람을 잘 선택한 것에 대해 오히려 기뻐하고 안심해야 할 일이다.

아이가 당신 없이 첫걸음을 시도한 것은 당신을 무대에서 쫓아냈기 때문이 아니다. 당신이 진정으로 기뻐하는 모습을 보이면 아이는 곧 당신 앞에서도 걸음마를 시도할 것이다. 반대로 만일 당신의 기분이 별로 좋지 않은 것 같다고 느끼면("엄마랑 있을 땐 안 하더니 아줌마랑 있을 땐 하니? 엄마를 기쁘게 해주기 싫은 모양이구나?") 아이는 자기가 걸음마를 뗀 것이 당신에게 매우 복잡한 감정을 불러일으킨다는 것을 알고 시간이 어느 정도 흐른 뒤에야 다시 걸음마를 시도할지 모른다.

빗나가지 않도록 조심하라

만일 아이가 자신의 조그만 발전도 당신과 자신 간의 내기 같다는 느낌을 갖게 되면(당신이 정말로 기뻐한다는 느낌을 받지 못하기 때문에) 모든 새로운 발달 사항이 당신과 아이 사이의 갈등의 원천이 될 수 있다. 게다가 이렇게 되면 그로 인해 야기되는 대립적인 내기에 더 많은 관심이 쏠릴 수 있고, 그것은 아이의 발전을 저해할 수 있다. 아이는 자신이 발전할 권리가 있는지를 자문할지 모른다. 사실 당신은 새로운 고비를 넘기는 데 반드시 필요한 자극을 주고 있는데도.

그러므로 아이가 당신이 항상 곁에 있지 못하더라도 성장하고 변할 수 있는, 정신적으로 당신으로부터 독립된 한 인간이 되게 하는 것이 중요하다.

만일 아이가 당신과 대결하려는 성향을 보인다면 갈등은 커질 수밖에 없다. 반대로 아이가 당신이 기대하는 이미지에 순응하려고 노력한다면 언젠가는 나타날 문제들이 연기되는 것뿐이다.

요컨대 이름에 걸맞는 엄마는 아이를 자기 마음대로 이래라 저래라 할 수 있는 대상으로 간주하지 않는다는 것을 항상 염두에 두어라(설령 그 것이 나쁜 충동을 쫓기 위한 것에 불과하다 해도).

7

내가 복직하고 아이가 유치원에
다니기 시작한 뒤부터 복통을 호소해요

단체 생활은 당신의 딸에게 새로운 사건일 것이다. 아이가 아주 어렸을 때 당신이 항상 아이 곁을 지키고 있었을 것이다. 이제 당신은 사회 생활을 다시 시작하게 돼서 만족하지만 아이의 불평과 당신의 새로운 생활을 연관 짓지 않을 수 없는 처지에 놓여 있다.

생각하지 말아야 할 것들

— '다시 일을 시작하지 말았어야 했어. 내가 집에 있었다면 아이가 덜 혼란스러웠을 텐데…….'

아무것도 후회하지 마라. 당신의 아이는 세상을 향해 문을 열(그리고 당신은 좀더 많은 사람들과 어울리는 생활을 다시 할) 필요가 있다. 다만 아이에게는 적응 기간이 필요할 뿐이다. 그리고 물론 당신이 아이를 도울 수 있다.

— '아이에게 충분히 마음의 준비를 시키지 못했어. 아이에게 충분히 말해줬어야 하는데.'

사실 선수를 치는 편이 낫기는 하지만(박스 글을 참고하라) 지금도 결코 늦지 않았다. 곧 따라잡을 수 있다.

왜 아이가 혼란스러워할까?

아이는 생활 환경뿐만 아니라(아이는 상대적으로 폐쇄적인 집이라는 세계에서 더 개방적이고 넓은 학교라는 세계로 건너갔다) 대화 상대가 바뀌었다. 그리고 교사라는 새로운 사람은 엄마만큼 아이에게 마음을 써줄 수 없다. 교사는 30여 명에 달하는 꼬마들의 요구를 들어주면서 그들에게 사회성을 길러주고 더 자율적인 사람으로 만들 임무가 있다. 당신의 딸이 새로운 규칙과 새로운 목표를 준수하게 만드는 바탕이 되는 원대한 수업 계획이다. 아직까지 딸아이는 자신의 장난감을 친구에게 빌려주거나, 정확한 지시를 따르면서 어떤 활동을 하거나, 다른 아이들과 함께 밥을 먹거나, 남들로부터 존중을 받는 법 등에 익숙하지 않을 것이다.

당신의 복직으로 인해 생활의 리듬에 이미 많은 변화가 있었는데(아침에 깨어서 아이가 늦지 않도록 재촉해야 하고, 저녁에 시간적 여유가 줄어들고, 아이를 유치원에서 데려와 당신이 귀가할 때까지 돌봐줄 유모나 베이비시터 같은 다른 사람이 개입하는 등) 여기에 또 아이의 유치원 생활이 많은 것을 변화시킨다는 것을 이해하라. 당신의 어린 딸 뤼시를 적어도 며칠 동안은 불안정하게 만들 수밖에 없는 많은 새로운 일들이 발생했다는 것을 인정하라. 아이는 복통을 호소함으로써 불안을 표현하고 있는 것이다.

아이를 어떻게 도와줄까?

— 당신이 아이를, 아이의 행동을, 아이가 발견한 것을 자랑스러워한다는 것을 아이에게 보여줘라.

— 아이에게 유치원을 또래의 다른 아이들을 만나서 함께 놀 수 있는

멋진 기회로 소개하라.

— 아이가 자신이 최근에 한 발견이나 새로운 능력의 획득을 알릴 때 환희를 표현하라.

— 아이에게 하루 있었던 일을 이야기해 달라고 부탁하되 아이가 원치 않으면 강요하지는 마라. 반대로 아이에게 당신의 일과를 들려주기를 주저하지 마라. 아이에게 설령 지금이 전보다 조금 더 복잡하더라도 당신의 새로운 생활이 마음에 들고 자기만의 작은 세상을 가진 것에 대해 곧 둘 다 행복해할 것이 분명하다고 말하라.

— 매일 저녁 진짜 약속을 위한 최소한의 시간을 내려고 노력하라. 진짜 약속이란 저녁 식사 후 아이와 함께하는 놀이, 저녁마다 규칙적으로 들려주는 이야기, 아이를 돌보기 위해 욕실에서 함께 보내는 순간(아이의 머리를 빗겨주고 향수를 뿌려주고 메니큐어도 발라줘 보라. 그만큼 여자들끼리 수다를 떨 기회가 늘 것이다) 같은 것을 말한다.

앞으로 어떤 일이 벌어질까

딸이 엄마에게 신뢰감을 느끼면 모든 것이 빨리 제자리를 잡을 것이다. 어쩌면 곧 아침마다 현관에 서서 당신더러 빨리 움직이라고 요구하는 딸을 발견하게 될지도 모른다. 반대로 딸의 불평이 지속된다면 유치원을 오전반으로 보내면서 조금 뒤로 물러나 보는 편이 낫다. 아이를 봐줄 사람을 구하든지 아니면 다른 엄마에게 부탁해서 당신의 딸이 11시 30분 또는 급식 직후에 유치원에서 나올 수 있도록 조처하라.

대개 유치원의 원장들은 매우 협조적이며 항상 아이에게 이로운 것을 취할 준비가 돼 있다. 이 방법을 3개월간 적용하는 일이 당신에게 경제적 희생을 요구할지 모르지만 두 사람 모두 좀더 부드럽게 적응할 수 있게 해줄 것이다.

아이가 유치원에 갈 수 있게 마음의 준비를 시키는 법

당신이 직업 활동을 다시 하든 안하든 유치원에 들어갈 때에는 몇 가지 준비가 요구된다. 이때 장차 생길 수 있는 어려움들을 예상해 두는 편이 낫다. 그럴 경우 더욱 쉽게 이겨낼 수 있을 것이다.

● 아이에게 유치원의 좋은 점들을 늘어놓으라. 많은 것을 배울 것이고 많은 친구를 사귈 거라고. 단 지나치게 떠벌리면 아이가 실망할 수 있다.

● 입학하기 전에 아이가 앞으로 다닐 유치원을 방문하게 해보라. 종종 학기가 끝날 쯤 누구에게나 문을 여는 날이 있다.

● 집에서 유치원까지 가는 길을 여러 차례 함께 가서 아이가 이 코스에 익숙해지게 하라. 아이의 간식거리를 함께 살 빵집, 반드시 손을 잡아야 할 위험한 장소 등의 위치를 알아두라.

● 입학식 날에는 괜히 스트레스 받지 않도록 일찍 일어나 가능한 한 가장 흥겹고 맛있는 아침 식사를 미리 마련해 두라.

● 가능하면 며칠 동안은 유치원 출구에서 아이를 기다리고 있어라. 이 시간을 다정한 재회의 순간으로 만들고 특히 많은 질문을 퍼부어 아이를 귀찮게 하지 마라. 아이는 어쩌면 당신과 함께 다른 이야기를 하고 싶어 할지 모른다.

● 유치원 교사를 믿어라. 만일 그녀가 당신더러 아침에 교실에서 너무 오래 지체하지 말아 달라고 요청하면 그 말을 들어라. 그녀는 그렇게 하는 것이 헤어짐의 어려움을 증폭시키기만 할 뿐이라는 것을 경험을 통해 알고 있다. 반대로 그녀가 당신더러 좀더 머물러 달라고 청하면 그렇게 하라. 때로는 아이가 도둑처럼 도망치는 듯한 모습보다 웃으면서 떠나는 엄마를 보는 편이 더 바람직할 수도 있다.

● 누군가에게 아이를 유치원에서 데려와서 당신이 귀가하기 전까지 돌봐 달라고 도움을 청했다면 복직 전에 적어도 보름간의 시간적 여유를 두고 아이가 그 사람과 친해지게 하는 것이 중요하다.

8

5세인 레오는 학교에서 쉬는 시간 동안 끊임없이 싸워요. 이럴 때 저녁에 엄마가 귀가해서 아이에게 벌을 주어야 할까요?

지난 금요일, 당신은 학교에 가서 아이를 데려올 생각에 즐거워하고 있었다. 그런데 교실 문턱에서 만난 교사는 당신에게 아들의 공격적인 행동에 대해 경고를 하는 것이었다. 그 얘기는 당신의 가슴을 아프게 했고 당신은 왜 아이가 그런 짓을 하는지 알 수가 없다…….

아들은 왜 다루기 힘든 아이가 됐을까?

주먹다짐에 의지하는 현상이 갑자기 나타났다면(이전까지 당신의 아들은 난폭한 아이도 공격성을 띤 아이도 아니었다) 그것은 흔히 이별, 이사, 가까운 이의 죽음, 동생의 출생처럼 아이를 불안정한 상태로 빠지게 하는 가정 사건에서 그 원인을 찾을 수 있다.

아이들은 자신의 어려움을 말로 표현할 수 있는 능력이 없기 때문에 몸을 사용하여 표현한다. 그리고 그것이 당장에는 자기를 이런 식으로 이해시킬 만한 이유가 충분히 있을 당신의 아이에 의해 선택된 방법이다. 그러니 아이가 당신의 뜻을 거스르기 위해(혹은 당신에게 해를 끼치기 위해, 또는 당신을 실망시키기 위해) 그러는 것이 아니라 일시적인 '불쾌감'을 표현할 필요가 있어서 그렇게 하는 것임을 명심하라.

당신이 머릿속에서 지워야 할 것

아이들이 심심풀이로 심술궂은 아이가 되는 것은 아니다. 인간에게는 파괴 충동이 있지만 그것은 아주 특별한 상황에서, 더 분명하게 말하자면 그들 내부에서 위기에 처했다고 느껴질 때, 그들 자신의 기준이 수정될 우려가 있을 때 표현된다.

첫번째 과정: 함께 문제에 접근하라

— 상황을 부풀리지 말고 아이와 대화를 나누려고 노력하라. 그리고 아이가 그렇게 행동한 까닭을 요령 있고 부드럽게 물어보라. "네가 엄마 마음을 얼마나 아프게 했는지 알지?"라는 식의 문장을 사용해서 아이가 죄의식을 느끼게 하거나, 또는 더 나쁘게 "너는 엄마가 사랑하는 아들답지 않아"라는 감정적 협박을 하는 일은 절대로 피하라. 아이가 속내 이야기를 할 수 있도록 요령 있게 유도하라.

"그땐 별로 기분이 좋지 않아서 그렇게 행동했니?"

"아빠가 보고 싶니?"

"엄마가 할머니와 사이가 나쁜 게 불만이니? 곧 태어날 동생 때문에 걱정되니?"

"엄마가 너를 전보다 덜 사랑할까 봐 겁나니?"

— 아빠를 이 대화에 참여시켜라(아빠 혼자 문제에 접근할 수도 있다). 엄마 혼자 다정하고 엄격한 역할을 동시에 하는 것은 어려울 때가 많다. 설령 그 두 가지가 유익하고 상호 보완적인 것이라 해도. 영향력 행사를 위한 교대(아빠)는 필수 구조이다.

— 아이가 대답하고 싶어하지 않을 경우 강요하지 마라. 그러지 않으

면 곤경에 빠질 수 있다. 아이는 그저 적절한 말을 찾는 데 시간이 좀 필요한 것일지 모른다. 인내심을 가져라. 엄마가 자신의 고통을 고려하고 있음을 아이에게 알리는 것 자체만으로도 아이가 머릿속에서 몇 발짝 진전하는 것을 도울 수 있다.

— 아이가 한 사람 혹은 여러 사람에게 무례하게 굴 경우엔 아이의 태도에 대한 벌을 주라. 그것이 아이로 하여금 현실을 고려하게 만드는 유일할 방법이다. 심리학자들의 말에 따르면 절대 권력을 갖고 있다는 아이의 느낌은 저지당해야 한다고 한다. 다만 처벌은 아이에게 모욕감을 주거나 고통을 주기 위해 마련된 것이 아닐 경우에만 효과가 있으니 주의해야 한다. 처벌은 건설적인 것이어야 하고 아이로 하여금 자신이 어떤 사람을 해치거나 물질적 재산을 훼손했을 때 사죄하거나 배상해야 한다는 것을 이해시킬 수 있는 것이어야 한다. 이를테면 용서받기 위해 저금통에 동전 하나를 넣는 방법을 채택할 수 있다. 그리고 당신도 함께 그 게임에 참여할 수 있다. 어쨌든 어른들도 가끔은 어리석은 짓을 하니까! 그다음엔 모인 돈으로 무엇을 할 것인가를 함께 결정하라. 이상적인 방법은 온 가족에게 기쁨을 주는 일에 쓰는 것이다(좋은 식당에 가는 것, 놀이공원에서 하루를 보내는 것). 그렇게 함으로써 당신의 아이는 모든 노력은 보상받을 가치가 있다는 것을 배우게 될 것이다. 또는 어떤 방법으로 피해를 보상할 생각인지 또는 친구들에게 자신의 태도를 용서받을 것인지 아이에게 물어볼 수도 있다. 이때 아이는 당신을 놀라게 할 수도 있다. 왜냐하면 아이들은 우리가 생각하는 것보다 더 자신에게 엄격할 때가 많기 때문이다.

이해를 돕기 위한 두 가지 예

■ 이혼

아이들은 부모의 결별에 대한 책임이 자신에게 있다고 느끼는 경우가 많다. 이 경우 아이는 자신이 나쁜 아이, 심술궂은 아이라는 느낌을 갖게 되고 그런 느낌을 놀이 친구들에 대한 갑작스러운 폭력성으로 표현한다. 그러므로 반드시 아이의 머리에서 그런 생각을 지워 버려야 한다. 그리고 이 경우 부모의 공동 개입이 필수적이다(두 사람이 동시에 한자리에 모이는 것을 고려할 수 없는 경우 적어도 말로라도). 아이를 안심시켜라. 비록 엄마 아빠가 헤어져도 생활 규범이나 금지 사항들은 전과 똑같다는 것을 똑똑히 말해 두라.

■ 동생의 출생

엄마가 임신중이고 출산 휴가중일 때는 자신에게 할애할 시간이 더 많았던 만큼 아이는 동생에게 질투심을 느끼게 된다.

따라서 동생이 생긴 것을 깨닫는 일은 두 배로 충격적이다. 아이는 이제 자신은 잊혀지고 버림받았다고 느끼고, 실제로 당신은 아이에게 전보다는 신경 쓰지 못하고 있다(특히 복직한 뒤부터). 아이에게 그 원인이 마음에 있는 것이 아니라(당신은 아이를 전과 똑같이 사랑한다) 그 전만큼 시간을 할애할 수 없기 때문이라는 것을 설명하라. 이것은 마음이 아니라 수학적 문제인 것이다.

두번째 과정

학교 교사와 약속을 잡아라. 문지방 위에서 하는 대화 말고 넉넉히 30분 정도 잡아서 각자(아빠, 엄마, 교사)가 문제를 보는 관점을 침착하게 개진하려고 노력하라. 이때 두 가지 해결책이 가능하다. 뜻이 서로 일치하는 영역을 찾고 공동 행동을 결심하든가, 아니면 각자 의견들이 대립하여 모든 것이 더 복잡해지든가. 그럴 경우 또 다른 관계자를 개입시켜라…….

— 학교의 상담 교사와 접촉하라. 그는 조정자 역할을 해주고 각자에게 자신의 입장에 대해 생각해 보게 해줄 것이다. 교장도 이 역할을 할 수 있다(아래의 박스 글을 참조하라).

— 당신이 아이의 공격성의 발현을 외면하고 있지 않다는 것을 이해시켜라. 대부분의 경우 그럼으로써 대화는 원만히 진행되며 교사들은 힘을 얻는다. 그리고 이 고비가 지나가는 것이 모두에게 이롭다.

— 학교 교사들은 아무것도 모른다고 생각하지 마라. 당신의 아이가 힘든 시기를 거치고 있으므로 어떤 특혜를 베풀어 달라고 부탁하지도 마라. 그것이 아이를 돕는 최고의 방법은 아닐 것이다. 세상이 자기 발밑에 있는데 아이가 무엇 때문에 노력을 하겠는가?

학교에서는 누구에게 도움을 청할 수 있을까?

학교는 아이들이 성장하고, 더 자율적이고 사려 깊은 인간이 되고, 많은 것을 배우는 곳이지만 또한 특별한 관찰의 장소이기도 하다. 그리고 교육에 종사하는 모든 구성원들은 알아내고 알리고 돕는 등의 일을 하는 데 전념한다. 당신이 기댈 수 있는 사람들에는 교사와 교장 외 다음과 같은 사람들이 있다.

● 상담 교사: 다양한 장애와 문제들을 탐지할 수 있는 특수 교육을 받았다. 아이들을 직접 치료하지는 않지만 관찰과 분석을 통해 아이의 교육과 관련된 모든 사람들(부모, 교사 등)이 학생의 어려움을 고려하도록 이끌 수 있다.

● 특수 교사: 교육학적 재교육이나 교육심리학적 재교육을 담당하며 학기 동안 개별화된 혹은 소집단으로 구성된 후원 회의를 위해 개입한다. 이를테면 학습에서 어려움에 부딪친 아이, 공간 속에서 자신의 위치를 파악하는 데 어려움을 겪는 아이를 치유할 수 있다.

● 사회복지 담당자: 약속 날짜를 잡고 만나서 당신의 가정 생활에 영향을 미치는 금전적 문제들(실업, 이혼, 입원, 갑작스런 이사, 수당을 못 받

음)을 말할 수 있다.

● 학교 의사: 교사들과의 연계 속에서 의무 검진 기간중에 학생과 부모들을 만난다. 일정에 필요하면 학교 운영 회의에도 참여할 수 있다. 대개 하나의 구역에 4천5백~5천 명의 학생이 포함된다.

9

"엄마는 나와 놀아줄 시간이 없어요.
엄마는 항상 피곤하죠."

당신의 일과는 상당히 빡빡하다. 매일 아침 아이를 학교에 데려다 준다. 저녁에는 보모가 아이를 데려와 당신이 퇴근할 때까지 돌본다. 목욕 뒤에 식사, 재우기가 이어진다. 얼핏 보기에도 놀아줄 시간이 부족한 것이다.

반드시 주의할 것

아이에게 항상 놀 시간이 없다고 대답하는 것은 이렇게 들릴 우려가 있다. "노는 것은 내가 시간을 투자할 만큼 중요한 일이 아니야." 놀이를 중요하게 생각하는 아이는 자신의 정체성 속에서 부정되고 나아가 거부된 느낌을 갖게 될 수 있다.

아이는 놀아야 한다

꿈과 마찬가지로 놀이는 아이의 정서적 심리 과정의 균형에 중요한 요소이다. 놀이는 아이가 하나부터 열까지 모든 걸 창조하는 상상의 세계 속에서 아이의 머리를 스치는 모든 것, 특히 아이 인생에서 중요하거나 지엽적인(당신이 겉으로 보기엔) 다양한 사건들을 등장시키게 해준다. 그리고 아이가 만드는 시나리오는 놀이 친구가 누구냐에 따라 많이 달라진다. 한편 놀이 친구가 다양하다는 것이 중요하다.

■ 엄마

엄마와 함께 있을 때 아이는 기꺼이 흉내 놀이를 한다("우리 가짜 놀이 하자"). 아이는 더 어린 시절로 퇴행하거나 아기처럼 굴거나 질투, 분노 등을 표현할 수 있다. 이런 표현들은 아이의 희노애락의 중요한 고비들을 지나가게 해준다. 이를테면 동생이 태어났을 때 엄마와의 놀이를 통해 아기 역할을 재연해 보는 것은 동생에게 자기 자리를 빼앗기지 않을까 하는 두려움을 몰아내는 좋은 방법이 될 수 있다.

■ 친구, 형제, 자매, 사촌들

이들과 함께 있을 때 아이는 대개 현실에서 대면한 일을 재연한다(교류의 즐거움, 친구들과의 갈등, 조롱, 가장 흥분한 일 등).

■ 혼자서

아이가 혼자 있으면서 자신의 상상력이 자유롭게 발휘되도록 내버려두는 것이 중요하다(그림, 단순한 몽상 등을 통해). 하지만 이것이 가능하려면 아이가 자기 자신의 내면의 공간을 창조해야 하고(엄마와 육체적으로는 점점 멀어지면서도 정신적으로는 어떤 연속성 안에 존재하는 것) 따라서 점차 자신의 방을 하나의 고유한 장소처럼 여기는 데 익숙해져야 한다. 그렇다고 해서 당신이 더 이상 아이와 놀면 안 된다는 뜻은 아니다. 다양한 놀이 방법들(엄마와, 혼자서, 형제자매와)을 번갈아 함으로써 아이는 조화를 찾게 될 것이다.

당신에게 물어봐야 할 세 가지 질문

— 스스로에게 지나치게 빡빡한 일과를 부여하고 있지는 않은지? (아래의 조정 가능한 사항들을 보라.)

— 만일 당신이 집안일에만 너무 매달리는 엄마인 경우 그것이 아이와 돈독한 관계를 유지하는 데 어떤 어려움을 낳지는 않는지?

— 아이와 노는 것(지적인 놀이 말고)이 당신에게는 퇴행을 의미하지는 않는지?

실제로 어떤 부모들은 어른이라는 자신의 입장을 벗어나는 데 어려움을 겪는다. 이런 두려움은 대개 자신의 위치가 흔들리지 않을까 하는 데 대한 다소 의식적인 두려움에서 온다. 자신을 아이 수준에 놓으면 위신이 떨어지거나 아이가 보기에 우스운 사람이 되지 않을까 염려하는 것이다.

만일 당신이 그런 경우라면 놀이는 위험한 것이 아니라고 생각하고 흘러가는 대로 내버려두라. 상징적 관점에서 이를테면 싸움 놀이는 나쁜 짓이 아니다. 왜냐하면 다치지 않고 싸우는 것이 바로 이 놀이의 목표이기 때문이다. 게다가 이 놀이는 부상과 죄의식을 피하면서 어른과 아이 사이에 공격성을 교환하게 해준다.

현실에서는 공격적인 친구들을 마주할 경우가 없을 때에도 아이로 하여금 싸움 놀이를 적극적으로 하게 만들어 보라(아이가 공격하게 하라). 그러면 아이는 겪기 힘든 이런 현실을 상상의 시나리오 속에서 거침으로써 그것을 쫓아낼 수 있는 시간과 공간을 갖게 될 것이다.

조정할 수 있는 몇 가지 생각들

— 놀이에 대한 당신의 이해에 변화를 가져 보라. 즐거운 시간을 보내는 데 반드시 1시간이 필요한 것은 아니다. 15분에서 20분만 있어도 충분히 연극 놀이를 하거나, 원반 위에서 말들을 경주시키는 게임을 한판 하거나, 나무 진주 목걸이를 만들 수 있다. 그리고 즐거워하는 아이의 얼굴을 보는 것은 엄마에게 얼마나 큰 기쁨을 주는가! 어쨌든 아이에게는 그것이 매번 "엄마는 절대 너랑 놀아주지 않을 거야!"라는 말을 듣는 것보다는 더 큰 만족을 주는 일이다.

또 의무적으로 해야 할 일이나 기회(이를테면 목욕)를 포착하여 놀이(물장난, 노래 등)를 유도할 수도 있다.

— 단조로움을 깨뜨려라. 이를테면 화요일 밤 당신의 아이를 8시 대신 9시에 재워 보라. 설령 다음날 아침 아이가 일찍 일어나야 하더라도 그것이 아이의 리듬을 지나치게 교란시키는 일은 아닐 것이며 그럼으로써 당신과 아이는 함께 놀 수 있는 시간을 가질 수 있을 것이다.

— 아이가 유치원에 다닌다면 저녁때 30분 더 늦게 잘 수 있도록 낮에 휴식 시간을 늘리는 방안을 교사와 함께 찾아보라. 때로 교사들은 아이들에게 가장 편히 쉴 수 있는 조건들을 마련해 주기도 한다. 이를테면 공동 침실에 자리가 몇 개 남는다면 다른 아이들에 비해 일관된 리듬을 가진 몇몇 아이들은 교실에 눕히지 않고 이곳을 이용하게 할 수 있다.

10

그래요, 방학이 긴데도 나는 아이가
여름학교에 가는 것을 원치 않아요

2개월 반이나 되는 여름방학. 당신은 아이를 할아버지 할머니 댁에 보낼 생각이었다. 하지만 불행히도 두 분은 1주일 이상 아이를 데리고 있기엔 너무 피곤하시다. 당신도 '여름학교'라는 해결책이 존재한다는 것을 잘 알고 있지만 거기에 보내자는 결정을 내리기가 어렵다.

당신이 그러는 데에는 적어도 하나씩의 이유가 있다……

■ 너무 비싸다!

실제로 여름학교에 보내는 데 드는 경비가 당신의 예산에 큰 부담이 될 수도 있지만 일부 양식들은 가족 계수를 고려하고 있다. 당신이 사는 시나 당신이 근무하는 회사의 노사운영위원회(CE)에서 제안하는 여름학교가 이에 해당된다. 이 경우 CE는 당신의 소득에 따라 총경비의 15퍼센트에서 70퍼센트까지 부담해 준다. 어쩌면 당신이 속한 직종 단체 중 일부는(건축과 공공 토목공사 노동자 단체 같은) 파격적인 가격을 제시할지도 모른다.

■ 아이가 동네 아이들이랑 가는 것이 싫다

그렇다면 억지로 보낼 필요는 없다. 아이를 당신이 사는 시에 속하지 않으면서도 유리한 금전적 조건을 제공하는 기관에 위임하면 된다.

■ 아이가 너무 어리다

4~6세 아동을 위해 기간도 짧고(5~10일) 따라서 당신의 거주지와 비교적 근접한 곳에서 열리는 여름학교도 많다. 정원도 제한되고 인솔자들도 환대해 주고 진행자 배정도 적절하다(보통 진행자 1명이 8명의 아이를 맡으며 때로는 5명을 맡을 때도 있다). 진행자들은 시험과 실습 과정을 거친 뒤 진행자 자격증을 딴 사람들이다.

이 여름학교들은 농장 견학, 조랑말 타기처럼 어린아이들이 좋아하는 주제들을 제시하고 있으며 일정도 지나치게 빡빡하지 않다(기상 시간도 몇 차례로 나누어져 있고 어떤 규칙성을 깨기 위한 휴식의 날도 하루 있는 등).

아이는 또 형제자매나 사촌 또는 학교 친구와 함께 갈 수도 있다. 그들이 같은 집단에 속하지 않는다 해도 휴식 시간이나 밤에 만날 수 있다.

■ 세상이 하도 위험해서……

그럴 확률은 적지만 그래도 당신의 아이가 소아 성애 도착자나 수상쩍게 행동하는 성인을 만나지 않을까 염려하는 것은 당연한 걱정이다. 하지만 기관장과 직접 연락을 취함으로써 인솔자들의 자질을 확인해 볼 수 있다. 기관장에게 모집 방식을 물어보라. 해가 지나도 인솔자들의 교체가 거의 없는 단체들도 있다. 이것이 선택의 기준이 될 수 있는데 그것은 학부모측의 사소한 불평도 단체를 와해시킬 수 있기 때문이다.

■ 기간이 너무 길게 느껴진다

아이가 부모와 이별하는 체험을 해보는 것은 중요하다. 그날을 뒤로 미루는 것은 아이를 위해서도 당신을 위해서도 좋은 해결책이 아니다.

아이 없이 며칠을 보내는 것이 그렇게 어려운 까닭을 알아보라. 이 어려움은 당신 자신의 과거와 관련이 있을 수 있다. 유년 시절 힘들게 경험한 이별, 기숙사에서 보낸 학창 시절, 친구들과 헤어져야만 했던 잦은 이사, 누군가의 죽음, 복잡한 가정사가 거북함의 원천이 된다.

따라서 아이가 당신의 상처를 치료해 주거나 당신의 고통을 막아주기 위해 존재하는 것이 아님을 명심하라. 아이는 무엇인가가 되어가는 존재이며 당신은 그에게 주체의 자리를 제공해야 한다.

함께 이별에 대해 준비하는 법

어린아이를 잘 모르는 사람들에게 보내는 것이 쉽지 않다 해도 아이 앞에서는 침착한 태도로 상황을 주도하는 모습을 보여야 한다. 당신을 도울 몇 가지 조언을 소개하겠다.

— 아이가 떠나기 전에 여름학교에서 하게 될 다양한 활동들을 설명해주어라. 긍정적이고 열정적인 태도를 갖되 과장하지는 마라. 기대하던 것과 반대되는 현상, 즉 실망을 초래할 수 있다.

— 아이와 함께 짐을 싸라. 그리고 가족사진 한 장과 더불어 인형, 책, 사진, 좋아하는 장난감 같은 중요한 개인 소지품도 같이 넣어라.

— 여름학교에 가는 날, 아이를 인솔자 품에 밀어넣고 금방 사라지지 마라. 여유를 갖고 아이를 소개하고 몇 마디 말을 주고받아라. 그것은 이를테면 아이가 잠자리에서 쉬를 싸는 문제들(이런 얘기는 상대적으로 작은 소리로 일러줘야 한다), 질병과 같은 개인적 특성들을 알려주는 기회가 될 수 있다.

— 당신이나 당신 아이의 사소한 걱정들을 책임자에게 털어놓아 그들이 그러한 것들을 고려할 수 있게 하라. 그렇게 하면 아이가 충격 효과와 결부된 어떤 불쾌한 반응들을 보이는 일을 피할 수 있다.

— 아직 한 번도 안 해본 일이라면 혹시 중간에 지도자나 아이를 만날 수 있는지, 원만한 활동 진행을 방해하지 않으려면 언제 그럴 수 있는지를 물어보라.

— 펜, 봉투, 우표를 준비하여 아이에게 정기적으로 편지를 보내라(적어도 이틀에 한 번). 가장 좋은 것은 아이가 출발하기 전에 엽서를 보내어 첫번째 배달 때부터 아이가 받아보게 하는 것이다.

11

저녁에 귀가할 때 아이들이 달려들어요

매일 저녁 똑같은 광경이 펼쳐진다. 당신이 집 문턱을 넘자마자 아이들이 당신을 부른다. 10분 뒤 당신은 아직도 외투를 벗지 못했다는 것을 알아차린다.

긍정적인 태도를 가져라

아이들이 당신에게 이런 식으로 달려드는 것은 그들이 당신을 열렬히 사랑하고, 하루 종일 엄마가 그리웠고, 당신의 귀가에 무관심하지 않다는 뜻이다. 몇 년 지나 사춘기가 되면 컴퓨터에 빠져 또는 이성 친구와 '엄청나게' 중요한 문제를 해결하기 위해 전화통에 매달려 있느라 엄마가 와도 코빼기도 안 내밀지 모른다.

대처법

하루 종일 아이들은 많은 질문들과 감정들을 비축해 놓았고 그걸 쏟아버리고 싶은데 이제 엄마가 그들 앞에, 그리고 적어도 그들이 생각하기엔 온전히 그들만을 위해, 있는 것이다. 사실 당신은 5분(가방을 내려놓고 손을 씻을 시간)만이라도 숨 좀 돌리고 싶은데 이것을 아이들에게 이해시킬 수가 없다.

— 아이들이 6세 이상일 때는 그래도 아이들을 이해시켜야 한다. 왜냐하면 그 나이부터는 기쁨을 조금 뒤로 미룰 수 있기 때문이다. 아이들에게 이렇게 설명하라. "얘들아, 엄마 왔다. 엄마가 곧 돌아와 너희 얘기 들어줄게. 그러니 엄마가 빨리 돌아오기를 바란다면 엄마가 짐을 내려놓고 우편물을 훑어볼 시간을 다오. 그러고 나서 너희들 얘기 모두 들어줄게."

— 아이들이 6세 이하일 경우 일은 좀더 복잡할지 모르지만 남편이 먼저 귀가해 있거나 보모가 있다면 그들에게 도움을 청해 가방을 내려놓을 시간을 벌어라. 만일 그때가 목욕 시간이고 당신 자신이 아이들을 씻기고 싶다면 보모에게 당신이 집에 올 시간이 되기 전에 아이들을 물에 들어가게 해서 조금 놀 수 있게 해달라고 청할 수 있다. 그렇게 하면 당신이 귀가했을 때 아이들은 물오리를 물 속에서 못 나오게 하거나 난파선을 구하는 데 열중하여 물을 튀기며 놀고 있을 것이다. 게다가 아이들은 목욕의 기쁨 뒤에 또 다른 기쁨, 즉 엄마와 함께 노는 즐거운 시간이 오리라는 것도 알고 있을 것이다.

— 아이들이 3세에서 6세 사이라면 비디오를 활용할 수도 있다. 재미있는 비디오가 끝날 때까지 아이들은 곧장 엄마에게 달려들지 않는다는 것을 알 수 있다.

진정한 만남의 시간을 갖도록 노력하라

만일 귀가 시간이 대화를 갖기에 적합하지 않다면(저녁 식사 시간이든가 당신이 놓치고 싶지 않은 뉴스 시간이라면) 다른 시간을 찾아보라. 아이들이 그날 있었던 일, 아이들에게 강한 인상을 준 작은 사건들(친구와의 다툼, 선생님의 칭찬, 만년필의 분실 등)을 편하게 말할 수 있어야 한다.

그 시간이 저녁에 해야 할 일들, 저녁 식사 준비 등으로 방해받는다는 것은 생각도 할 수 없는 일이다. 때로는 취침 시간을 10여 분 늦추고 그런 대화의 시간을 갖기만 해도 아이들은 차분한 마음으로 잠자리에 들수 있다. 아이들이 자신의 감정을 표현하지 못하게 되면 그들은 더 이상 엄마에게 자신의 마음을 털어놓으려 들지 않을지 모른다. 그리고 그것은 수면 장애, 다양하고 복합적인 신체적 표현, 공격성 등의 온갖 장애로 나타날 수 있다.

계획을 짜라

이를테면 당신이 막내와 이야기를 나누는 동안 큰아이에게는 침대에서 혼자 책을 읽으라고 시킬 수 있다. 물론 그다음엔 큰애에게 가서 큰애와 이야기를 나누는 데 약간의 시간을 할애하는 것을 잊어버리면 안된다.

또는 남편과 함께 교대로 아이들을 돌볼 수도 있다. 각자 매일 밤 시간을 내어 한 아이씩 돌보는 것이다.

만일 아이들이 잠든 뒤에 귀가하는 경우가 생긴다면 아침 식사 시간에는 집에 있음으로써 그들과 맺고 있는 관계 속에서 진정한 연속성을 보장해 주도록 노력하라.

12

나는 아이가 너무 자주 집에 혼자 있지 않았으면 좋겠어요. 하지만 그러려면 어떻게 활동량을 분배해야 되죠?

매일 귀가할 때마다 같은 문제가 제기된다. 당신은 아이가 지능을 계발하고 건강을 도모하는 쪽으로 바빴으면 좋겠다. 하지만 당신은 아이가 하는 과외 활동의 가짓수나 종류 면에서 항상 망설이게 된다. 학교에 안 가는 수요일을 집에서(또는 텔레비전 앞에서) 혼자 보내는 것은 말도 안 된다. 하지만 당신은 아이가 아무것도 하지 않고 아무 구속 없이 쉴 때가 필요하다는 것도 잘 알고 있다.

어떻게 선택할까?

— 아이에게 아무것도 강요하지 마라. 선택을 해야 할 사람은 아이이고 그것도 아이 혼자 해야 한다. 물론 당신은 다양한 활동의 장단점을 설명해 줌으로써 아이를 인도할 수는 있지만 그 이상은 안 된다.

— 만일 당신이 1주일에 두세 가지 여가 활동을 선택했다면 그것들이 상호 보완적인지 살펴보라. 이를테면 하나가 신체적 활동이면 하나는 손으로 하는 활동, 하나는 창조적 활동 이런 식으로.

— 아이를 도우려면 아이가 취미 활동을 할 수 있는 곳을 알아보라. 이때 활동 접근 방식이 아이의 나이와 상황에 부합해야 한다.

■ 두 가지 예

— 만일 당신의 아이가 상상력을 마음껏 펼치면서 그림 그리기를 좋아한다면 지나치게 기술을 가르치는 수업에는 반감을 가질 가능성이 크다. 이런 경우에는 자유로운 표현을 중시하는 미술학원에 보내는 편이 낫다. 그런 곳이 동네에 없다면 방에서 혼자 그리게 하고 다른 방안을 강구하라.

— 만일 당신의 아이가 공격적인 편이라면 유도나 가라테를 배우고 싶어할 것이다. 사실 어른들은 정해진 규칙이 있는 스포츠는 공격성을 한 방향으로 유도해 줄 거라고 생각하는 경향이 있다.

당신의 이런 생각은 실패할 수도 있다. 이렇게 매우 엄격한 규율들은 이미 규칙과 한계를 익히는 데 어려움을 겪고 있는 아이에게는 지나치게 빡빡한 것일 수 있다. 처음에는 가족이나 친한 사람들에게 그 문제를 털어놓음으로써 해결하려고 노력하는 편이 낫다. 유도 사범에게 아이를 맡겨서 아이를 '끽소리 못하게 만드는' 것이 해결책은 아니다.

쓰지 말아야 할 세 단어

■ 강요

학교 생활에서 받은 스트레스를 몰아내기 위해서라도 아이는 매일 저녁 자유롭게 놀 시간이 필요하다. 그러므로 아이의 저녁 시간을 두번째 마라톤 시간으로 만드는 것은 말도 안 되는 일이다. 만일 아이가 자기 시간을 마음대로 쓸 수 있는 최소한의 권리를 갖지 못한다면 그것은 아이에게 힘겹게 느껴질 것이다.

아이가 숙제를 하고 긴장을 풀기 위해 필요한 시간을 존중해 줘라.

■ 지나친 부담

마찬가지로 아이의 수요일이나 토요일을 지나치게 많은 할 일로 채우지 마라. 당신의 아이는 어른이 아니며, 따라서 어른의 것을 본뜬 시간표대로 움직일 수 없다. 시간을 많이 잡아먹지 않는 활동들을 찾아내어 월요일부터 토요일까지 골고루 분산시켜라. 한두 가지만 시키고 방학 동안 실습 계획을 짤 수도 있다.

■ 판에 박힌 일

당신의 아이는 단조로운 또는 판에 박힌 일과까지는 아니더라도 너무 순조롭게 굴러가는 일과를 필요로 하지 않는다. 1주일이 흘러가는 동안 예기치 못한 일들이 어렵지 않게, 삐걱거림 없이 끼어들 수 있도록 아이에게 충분한 시간을 주어라. 그렇게 하지 않으면 나중에 어떤 활동들을 끝없이 계속해야만 일하는 것이라 생각하고 한가한 시간이 주어졌을 때 그것을 유익하게 사용하면서 차분하게 살 수 없는 '과잉행동증'을 가진 어른을 만들어 낼 우려가 있다.

13

다시 일을 시작한 후로 아이들은
끊임없이 용돈을 요구해요

아이들이 지금 당신에게 복직의 대가를 치르게 하는 것일까? 아니면 당신의 선택이 받아들이기 힘든 것일까? 당신의 머릿속에는 수많은 질문들이 꼬리에 꼬리를 물고 이어지고 당신은 어떻게 하면 이런 상황을 벗어날 수 있을까 자문하고 있다.

아이들의 삶은 다르다…… 그렇다면?

끊임없이 되풀이되는 용돈 요구를 통해 아이들은 어쩌면 일시적인 애정 결핍을 표현하고 있을지 모른다. 여지껏 당신은 아이들의 하찮은 요구에도 즉시 응답하고 때로는 그들이 청하기도 전에 미리 대비하면서 항상 그들 곁에 있어 왔다. 오늘날 당신은 전보다 덜 한가하고 아이들은 이 새로운 상황에 적응하는 데 약간의 어려움을 겪고 있다. 그러니 설령 아이들이 당신의 복직을 잘 받아들이지 못하더라도 복직은 너무나 필요한 일이었다고 생각하라. 아이들의 태도가 그것의 명백한 증거이다. 사실 지금이야말로 당신이 아이들의 모든 것을 언제나 지켜보고 도와주기를 그쳐야 할 때이다. 시간이 흐르면서 아이들의 자율성은 점점 커질 것이다. 아이들과 당신 사이에 약간의 거리를 두는 것은 아이들에게는 책임감 있는 사람으로 클 수 있는 기회를 주는 것이고, 당신 자신에게는 어머니로서의 역할을 벗어나 당신의 능력을 꽃피울 수 있는 기회를 주는 것이다.

청소년기 이전의 아이들과 돈

10~13세의 아이들은 부모에게 자주 돈을 요구한다. 그것은 이 연령대의 특징적인 태도이므로 여윳돈을 벌기 위해 이 시기에 복직하는 것도 고려할 만하다.

이 시기의 아이들은 돈이 사람들간의 중요한 교환 요소라는 것을 이해하기 시작한다. 그들은 돈이 또한 중요한 사회적 지표라는 것도 깨닫게 된다("있잖아, 테오네 아빠는 차가 3대나 있대…… 돈도 많고…… 운이 좋지 뭐야"). 이 나이에는 유행이나 일류 메이커 선호 현상이 두드러지게 나타난다. 아이들은 이를테면 리복, 아디다스, 리바이스라는 상표가 붙은 옷들을 통해 가까운 주변 사람들 중에서 눈에 띄는 인물들(이를테면 한 집단의 리더 같은)을 닮으려고 노력한다. 같은 옷을 입음으로써 닮은 느낌, 혹은 어떤 소속감을 갖게 된다. 이런 양상이 우리 자신의 경험과는 약간 다를지 몰라도 이런 심리 기제는 새로운 것이 아니다. 사실 지금은 이미지가 이야기보다 우세하고, 도덕적 가치보다는 시각적 표지(옷의 상표, 헤어 스타일 등)에서 정체성을 확인하는 경향이 그 어느 때보다도 심한 시대이기 때문이다.

언제 아이들에게 가계 예산에 대해 말해줘야 할까?

아이들이 10~11세가 되면 온 가족(아빠를 포함하여)이 예산 문제를 함께 논의하는 것이 바람직하다. 아이들은 가계 예산을 늘릴 수 없다는 것, 매달 반드시 나가야 하는 고정 항목(집세, 식비, 전화·전기 요금 등)과 계절에 따른 변동 항목(휴가비, 의복비, 크리스마스 때의 특별비 등)이 있다는 것을 알아야 한다. 이 나이의 아이들은 뺄셈과 나눗셈을 능숙하게 할 줄 안다. 따라서 필요하다면 아이들에게 셈을 시켜 볼 수 있다. 그러면 아이들은 각자 자기 몫이 있다는 것을 빨리 이해할 것이다. 이런 훈련의 목표는 당신이 그들의 모든 요구를 들어줄 수는 없다는 것을 납득시키는 데 있다. 그리고 만일 당신이 아이들의 요구를 너무 쉽게 들어주는 경향이 있다면 가계 예산은 투명해야 한다는 것을 명심하라. 따라서 금액이 조금 큰 지출의 경우 아빠와 의논하거나 적어도 알리기는 해야 한다. 특히 쉬쉬하고 있다가 아이와 공범자가 되지 않도록 주의해야 한다!

아이들이 장난감, 옷 등을 사달라고 할 때 어떻게 해야 할까?

때에 따라서는 가끔 한 번씩 양보해도 되지만 항상 들어주어서는 안 된다! 선물은 특별한 사건으로 기억돼야 한다. 그렇지 않으면 당신은 장난감과 돈을 나누어 주는 사람으로 간주될 염려가 있다. 그러면 아이들은 끊임없이, 무제한으로 간청할 것이다(14장 '장보는 날인 토요일마다 아이들은 장난감을 사달라고 졸라요'를 참고하라).

용돈은 언제, 어떻게 줄까?

아이들이 10~12세쯤 되면 정기적으로(보름이나 한 달에 한 번) 예산을 분배하기 시작할 수 있다. 그 돈으로 사고 싶은 것(잡지, CD, 옷)을 살 수 있다는 것, 꿈에 그리던 코트처럼 값비싼 것을 사려면 몇 달 동안 용돈을 모아야 한다는 것도 말해줘라. 당신이 보기에 정당하고 합리적인 것 같은 구매라면 용돈의 액수를 약간 더 늘릴 수도 있을 것이다. 가능하다면 이 예산을 예금 통장에 입금시켜라. 그러면 아이는 돈과 자연스럽게 거리가 생겨 지출을 예측하고 계획을 세울 수 있는 기회를 갖게 될 것이다. 그래서 모든 거래를 하기 전에 생각할 시간을 가질 것이다. 아이들에게 처음에는 엄마가 통장 관리를 도와주겠지만 통장은 누가 뭐래도 그들 것이라고 설명하라. 그다음에는 당신이 조정자 재능을 발휘하여 아이들을 도와줄 차례이지만 절대로 강요하면 안 되고 그저 아이들을 인도하기만 해야 한다.

　이런 식으로 진행될 때 돈은 더 이상 보상(또는 당근)으로 느껴지지 않고 감정적 협박도 먹히지 않을 수 있다. 게다가 그것은 점차 어른들의 세계로 진입하는 것을 가능케 해준다.

14

장보는 날인 토요일마다 아이들은 장난감을 사달라고 졸라요

아이들을 데리고 장을 보러 갈 때마다 늘 똑같은 상황이 되풀이된다. 아이들은 장난감을 사달라고 한다. 그리고 당신은 '그래, 주중에 엄마 얼굴도 못 보니까……' 라고 생각하면서 아이들에게 지고 만다.

아이들은 모든 것을 가질 수 있다는 환상 속에서 산다

아이들은 아직 어리고 당신은 그들의 욕구를 억누르기 힘들다. 아이들은 마음에 드는 것은 무엇이든 즉시 손에 넣고 싶어하며 아무것도 그것을 막을 수 없다는 환상 속에서 산다. 그렇기 때문에 당신이 그들의 즉각적 욕망을 저지하면 아이들은 그것을 이해하지 못하고 강하게 분노를 표현한다. 아이들은 "엄마 나빠"라고 외치며 울기 시작함으로써 당신으로 하여금 타협을 하지 않을 수 없게 만든다.

'주중에 엄마 얼굴도 못 보는데 장난감마저 못 사게 하면 ……'

당신은 자주 아이들에게 지지만 그것이 잘하는 짓이라는 확신이 항상 드는 것은 아니다. 그런데도 그렇게 쉽게 굴복하는 것은 대개 당신이 항상 아이들 곁에 있어주지 못하는 엄마라는 죄책감을 갖고 있기 때문이다. 당신은 '좋은 엄마'라면 응당 그래야 한다고 생각하고 있다. 그렇기 때문에 그것을 보상해 주기 위해 그들의 욕구를 채워주는 것이다. 게다가 당신은 가족들이 함께 보내는 그 순간이 울음이나 원망, 나쁜 기분으로 채색되는 것을 바라지 않을지도 모른다. 가족이 모인 식탁에서, 아이들이 옷을 입어야 할 때 당신은 유연한 관계가 완벽하게 유지되기 위해서라면 아이들이 충분히 잘 해낼 수 있는 적지 않은 일들을 부담할 각오가 되어 있다. 하지만 당신은 잘못 생각한 것이다.

아이들의 모든 욕구를 채워줘야만 아이들에게 다정하고 헌신적이고 상냥하고 안정감을 주는 어머니상을 기억시킬 수 있는 것은 분명 아니다. 거세는 아이들 교육에서 반드시 거쳐야 하는 과정이다. 물론 그때버럭 화를 내면서 명령하지는 말아야 한다. 모든 게 가능한 세상은 현실의 세상이 아니다. 또한 당신은 아이들이 오늘 이 장난감을 사줘도 내일이면 거들떠보지도 않으리라는 것을 그동안의 경험으로 잘 알고 있다.

주는 것은 보상하는 것이다

선물을 주는 것은 항상 어떤 의미가 있어야 한다. 이런 행동은 생일, 재회, 크리스마스 같은 아이 인생의 중요한 한 순간을 축하할 수 있다. 또는 아이의 어떤 노력이나 그가 달성한 성과를 보상할 수 있다.

아이들이 요구할 때마다 들어주는 것은 그들에게 부족한 것이 없다는 확신을 갖기 위해 음식을 계속 먹이는 것과 같은 행위이다. 그런데 욕망을 낳는 것은 결핍이라는 것을 절대 잊어서는 안 된다.

넉넉히 준다는 것은 그렇게 보상함으로써 아이들을 보살피거나 당신의 부재를 용서받으려고 노력하기를 거부하는 것이기도 하다.

설령 아이들 곁을 항상 지키고 있지 못해서 아이들을 완전히 만족시키지 못한다는 죄책감을 느낀다면, 아이들을 '사람으로 만들기 위해' 아이들의 욕망을 꺾는 것이 당신의 부모된 의무라는 것을 기억하라.

만약 아이가 거절, 반대, 기다림 등을 경험하지 못하고 자라면 그 아이는 커서 타인과 만족스런 관계를 맺지 못하는 독재적인 어른이 될 수도 있다. 항상 모든 걸 소유하기를 원한다면 그런 인생은 살 수 없을 것이다.

끝까지 고수해야 할 몇 가지 규칙

— 아빠에게 당신이 정한 규칙, 즉 선물은 이런저런 상황일 때에만 준다는 것을 정기적으로 환기시킴으로써 당신을 도와 달라고 요청하라.

— 3개월간의 예산을 정했으면 아이들에게 2백 프랑을 주겠으며 그 돈으로는 비디오 테이프 2개, 장난감 차 4대, 책 5권을 살 수 있다고 설명해 주어라. 그렇게 하면 아이들은 물건의 가격이라는 개념에 매우 실제적으로 접근할 수 있게 된다(13장 '다시 일을 시작한 후로 아이들은 끊임없이 용돈을 요구해요' 를 참고하라).

— 욕망은 시간이 갈수록 무르익는다. "앞으로 한 달 남은 이번 생일에 무엇을 갖고 싶은지 생각해 봤니?" 당신은 아이와 함께 장난감 카탈로그를 들여다보고 동네 상점을 가보게 할 수 있다. 만약 아이가 소망하는 것이 지나치게 크면 아이에게 한 번에 모든 것을 가질 수는 없으며, 이번 크리스마스 선물로 자동차 경주 코스(또는 장난감 유모차)는 사줄 수 있다고 설명하라. 이것은 흥미로운 교육적 작업도 된다. 왜냐하면 아이는 계획하는 것을 배울 수 있기 때문이다.

15

"엄마는 집에 있을 때도 내 말을
들어줄 시간이 없어요."

7세 된 제레미는 사흘에 한 번씩은 꼭 엄마의 부재를 불평하고 지나간다. 아닌 게 아니라 낮에 일하고 와서 아이에게 할애할 시간이 거의 없는 것은 사실이다.

현실은 어떤가?

■ 당신의 현실

당신은 집에서 멀리 떨어져 있는 직장에서 하루의 대부분을 일한다. 그리고 당신이 직업 활동을 하는 것은 당신이 그것을 택했거나——당신의 정서적 균형은 거기에 달려 있다——당신이 받는 급여가 가정의 행복과 안락함을 유지하는 데 필요하고 나아가 필수적이기 때문이다. 아무도 그에 대해 당신을 비난할 수 없다. 하지만 당신이 집에 있는 엄마들만큼 아이들에게 시간을 낼 수 없다는 것은 당신도 쉽게 인정하는 바이다. 그리고 당신의 어린 아들이 매일 자기 방식대로 당신에게 환기시키는 것도 그것이다.

■ 아이의 현실

아이가 성장하는 데에는 책, 장난감, 옷 등도 필요하지만 또한 엄마의 애정과 관심도 필요하다. 엄마가 자신을 이해해 주고 사랑해 준다는 느낌은 아이의 정서적 균형에 중요하다. 사실 다른 모든 아이들과 마찬가지로 당신의 아이도 자기 이야기를 하고 싶고 일상의 사소한 사건들(누군가의 미소, 비웃음, 구슬치기에서 진 것 등)에 매우 민감한 태도를 보일수 있다. 요컨대 비록 당신의 눈에는 중요하지 않아 보이더라도 모든 사건이 아이에게는 정말로 중요할 수 있으며, 당신의 아이가 매일 어떤 평온함 속에서 새로운 감정 단계로 건너뛰는 법을 배우는 것은 이런 사소한 일상의 사건들을 공유하는 덕택인 것이다.

왜 아이에게 당신의 시간을 할애해야 할까?

왜냐하면 그래야만 아이는 엄마도 그 일에 관심이 있다는 확신을 가질 수 있으며, 그 결과 자신도 관심을 가질 것이기 때문이다. 아이는 확신을 갖게 될 것이다.

특히 사소해 보이는 아이의 걱정거리들을 무시함으로써 당신의 아이가 생존 경쟁에 대한 준비가 더 잘 된 상태로 거기서 벗어날 수 있으리라고 믿는 실수를 저지르지 마라. 엄마의 기대와 반대로 아이는 자신의 걱정을 말로 표현하기를 포기하고 침묵 속에 틀어박힐 수 있고, 그 결과 온갖 행동 장애를 나타내거나 반복적으로 병에 걸릴 수도 있다.

이제 적절한 질문을 제기하라

당신이 어린 소녀였을 때 가족, 학교, 여가 활동과 관련된 이야기를 다른 사람에게 해서 그들이 그것을 귀담아듣고 때로는 충고까지 해준 적이 없는가? 만일 있다면 왜 당신의 아이는 똑같은 상황을 체험하지 못하게 하는가? 당신 자신이 부모의 그런 태도에서 긍정적 효과를 느꼈다면 당신의 경험을 고려하여 타인들에게 다가갈 때, 친구들과 대결할 때, 나아가 먼 훗날 직장 세계에서 맞서 싸울 때 반드시 필요한 이런 신뢰를 아이에게 물려줘라. 이것은 당신이 아이에게 충분한 시간을 할애하여 아이가 자신이 부모의 관심을 받아 마땅하고 부모가 자신의 말에 귀를 기울인다는 것을 알 때에만 가능하다.

만일 당신이 그런 지지를 받지 못했다면 당신의 사춘기에 겪었던 엄청난 고독의 순간들을 잊지 않았을 것이다. 그러므로 오늘 당신의 아이에게 그런 태도를 되풀이하지 않도록 노력하라. 어쩌면 당신은 당신 어머니의 침묵 속에서 혼자 자랐다고 생각할지 모른다. 그것이 당신이 발견한 길일지는 모르지만 당신의 아이는 당신의 복사판이 아니다. 사실 아이는 어쩌면 당신이 어머니를 필요로 한 것보다 훨씬 더 많이 당신을 필요로 할지 모른다.

엄마의 존재감을 더 높이는 방법

— 이것은 일상 생활에 대한 어떤 계획, 즉 당신의 어머니가 당신에게 충분한 시간을 할애하지 못했을 경우 당신이 어머니와는 다른 사람이라는 것에 대한 동의를 거쳐 이루어진다.

— 아이에게 말하라, 당신이 더 잘하고 싶고 노력도 하겠지만 당신 자신도 그런 식의 관심을 받아 본 적이 없었기 때문에 그 일이 쉽지는 않을 거라고 말하라. 아이에게 이렇게 말하라. "어떻게 엄마 노릇을 해야 할지 잘 모르겠지만 네가 원할 때 네 말을 잘 들어주는 법을 배울 생각이야. 그리고 너도 엄마를 도와줄 걸로 믿어."

— 당신 혼자 아이를 키우는 것이 아님을 명심하라. 당신이 이런 상황에 대처할 용기가 없다면(혹은 못 하겠다면) 아이의 아빠가 도와주거나 중재자 역할을 할 수 있다.

16

"엄마는 일하지 않는 토요일에도
내가 축구하는 걸 보러 오지 않아요."

토요일 오후 집에서 보내는 일과는 규칙적이다. 남편이 아들을 축구 교실에 내려놓고 테니스 클럽에 가 있을 동안 당신은 장을 본다. 하지만 당신의 아들은 그런 방식을 좋아하지 않는다……. 아이는 당신이 가끔 한 번씩 자기가 하는 시합을 보러 와주기를 바라는 것이다.

당신은 축구를 싫어한다

게다가 당신은 조금도 흥미롭지 않은 어떤 시합을 보기 위해 2시간씩 야외에 있어야 한다는 사실이 싫다. 그리고 그것은 얼핏 듣기에는 축구 경기를 보지 않아도 될 훌륭한 이유이다. 문제는 당신의 아들이 제기한 문제가 당신의 취향보다는 자신의 취향과 관련된 것이고, 그가 자신에게 중요한 어떤 일이 벌어지고 있을 때 관람석에서 당신이 보고 있을 거라는 예상을 하면서 기쁨을 느낄 거라는 데 있다. 그러므로 축구는 남자들이 보는 거라고 응수하지 마라. 왜냐하면 아이는 여자가 아니라 엄마에게 말을 한 것이기 때문이다.

아이는 왜 그토록 당신이 시합을 보러 오기를 바랄까?

아이가 그 운동을 택한 것은 그것이 아이에게 많은 기쁨을 안겨주기 때문이다. 아이는 공동 계획에 참여한 친구들(그들은 학교 친구들과 또 다를 수 있다)을 다시 만나는 것, 그로 하여금 일류 선수들과 일체가 되게 해주는 어떤 단체에 속한다는 것이 만족스러운 것이다. 이 시기의 아이들은 남성적 정체성, 기준, 한계를 추구하는데, 축구는 본질적으로 그리고 그것이 전파하는 이미지상 이러한 기대에 매우 부응하는 운동이다.

축구는 또한 아이로 하여금 다른 어른들을 만나고 다른 방식을 배울 기회를 제공하는데, 이는 아이의 능력과 인간 관계를 맺는 방식을 확대시켜 주는 요인이다.

시합을 관람하는 것은 아이의 선택을 인정하고 아이를 지지하는 것이다. 아이는 자신의 취향, 나아가 자신의 개성에 대한 찬성으로서 그것을 원하는 것이다. 시합이 끝난 후 아이는 더 의기양양하고 의욕적인 모습으로 변해 있을 것이다. 엄마가 있으면 아이는 엄마에게 자랑스러운 아들이 되기 위해 시합에서 이기고 싶은 마음이 더 커진다. 게다가 당신은 이런 행동을 통해 당신이 아이의 학교 성적에만 관심이 있는 것이 아니라 더 폭넓게 그의 개성이 마음껏 발휘되는 것에도 관심이 있다는 것을 아이에게 보여줄 수 있다.

어떻게 할까?

설령 아들의 초대가 별로 반갑지 않더라도 긍정적으로 대답하라. 그렇다고 해서 토요일마다 운동장에 갈 필요는 없다. 한 달에 한 번 가겠다고 하면 충분할 것이다. 남편과 교대로 가는 것도 계획할 수 있다. 그러면 나름대로 바쁜 남편이라도 그에 맞춰 계획을 세울 수 있을 것이다.

17

아이들은 내가 집에서 일하는데도
전보다 훨씬 더 바쁘다고 불평해요

당신은 집에서 일을 하면 가정 생활과 직장 생활을 더 잘 양립시킬 수 있을 거라 생각했다. 그런데 결과적으로 당신의 주변 사람들, 특히 당신의 아이들은 이런 새로운 방식에 불평을 터뜨리고 있다.

얼핏 보기에 재택근무가 좋아 보이는 까닭

— 상사로부터 스트레스를 덜 받는다.

— 많은 사람들과의 공동 생활에서 오는 사소한 소란이나 수다에 덜 노출된다("저 여자는 줄담배를 피워…… 저 여자는 우리한테 물어보지도 않고 끊임없이 창문을 열어, 갱년기를 맞은 게 틀림없어……").

— 상황 판단을 위해 또는 이쪽이나 저쪽의 편을 들기 위해 불려가는 일도 적다.

— 더 조용한 분위기에서 일할 수 있다. 그리고 쓸데없이 방해받는 일도 줄어들 것으로 생각된다.

— 출퇴근으로 허비하는 시간, 그에 따른 교통비의 부담이 없다.

— 노동 시간을 자기 자신이 조정할 수 있다. 어느 날 아침 30분 늦게 시작해야 할 필요가 있으면 누구의 허락도 받지 않고 그렇게 하면 되고, 하교 시간이 되어 아이들을 데리러 가고 싶으면 그것도 가능하다.

현실에서는 그렇게 장밋빛도 아닌데 그 까닭은

— 어른도 그렇지만 아이들은 엄마가 집에 있는데도 자기들한테 관심을 기울여 줄 수 없다는 사실을 이해하기 어려울 때가 많다. 아이들에게 그 미묘한 차이를 납득시키기가 항상 쉬운 것은 아니다. 왜냐하면 당신에게는 뚜렷한 그 차이가 아이들에게는 감지하기 힘든 것이기 때문이다. 아이들은 걸핏하면 이런저런 충돌을 중재해 달라(그러면 당신은 계속 조용히 일하기 위해 하는 수 없이 그 역할을 한다) 또는 눈물을 닦아 달라고 매달리는데 그것을 보고도 못 본 척하기는 정말 힘든 일이다.

— 가정 생활과 직장 생활을 분리하기 어렵다. 이를테면 저녁 식사 시간에 전화벨이 울릴 때 상대가 친구나 가족의 일원이라면 잠시 후에 다시 전화해 달라고 말하기가 쉽지만 직장 동료나 상사라면 그렇게 하기 어렵다. 반대로 당신이 한참 일하고 있을 땐 지금 전화받기 곤란하다는 사실을 납득시켜야 한다. 그리고 친구들이 그 말을 항상 존중해 주는 것은 아니다!

— 쉽게 죄책감의 포로가 된다. 업무량이 지나치게 많다고 생각될 때도 집에서 일하는 만큼 그것을 말하기 더 쉽지 않다. 요컨대 아무도 당신이 일하는 것을 본 적이 없기 때문에 당신의 말을 확인할 수 없는 것이다. 게다가 특히 당신이 고용주로부터 집에서 일해도 된다는 허락을 받았을 경우, 이미 특혜를 받았으므로 불평할 수 없다는 생각이 들기 마련이다.

— 당신은 거의 항상 일한다. 새벽에도 일하고 밤늦게도 일한다. 그런데 이는 점차 당신의 부부 생활을 위태롭게 할 수 있다.

— 당신은 균열 없는 일정표를 제시해야 한다. 즉 비는 시간을 줄이고 그것을 잘 지켜야 하는 것이다. 또한 규칙을 정하고(불이나 홍수가 났을 때를 제외하곤 어떤 핑계로도 엄마 일을 방해하면 안 돼…… 나머지 일들은 아줌마에게 말하렴. 아니면 저녁때 엄마가 일을 마친 뒤에 다시 말하기로 하

자……) 무슨 일이 있어도 그것을 지키게 한다.

— 사무실에서 집까지 가는 길을 긴장을 푸는 특별한 시간으로 삼을 수 없다.

— 자신을 방치하기 쉽다. "아무도 없는데 화장할 필요가 있겠어?" 또는 "이 낡은 슬리퍼가 더 편해." 그런 광경을 상상해 보라.

재택근무가 원활히 돌아가게 하려면 어떻게 해야 할까?

— 아이들이 당신이 집에 있지만 자신들에게 시간을 내줄 수 없다는 것을 잘 이해하지 못한다면 이런 새로운 노동 일정이 그들에게 얼마나 유리한 것인지를 설명해 줄 수 있다. "너희들만 엄마를 방해하지 않는다면 이렇게 집에서 일하는 게 더 빠르고 너희들을 데리러 학교로 가는 시간도 낼 수 있어…… 그리고 엄마가 원할 때, 이를테면 너희들이 집에 왔을 때 너희를 맞아주기 위해, 너희들과 간식을 먹거나 이야기를 나누기 위해 잠시 휴식을 취할 수도 있지."

— 당신 스스로 가정 생활과 직장 생활을 잘 구분해야 한다. 따라서 이를테면 가족에게 할애된 시간을 위해 자동응답기가 딸린 제2의 전화선을 설치하라. 가능하면 가장 방해를 덜 받는 집안 한 구석에서 일하라. 집에 손님방이나 다락방이 있다면 거기서 일하는 편이 더 좋겠다.

— 어떤 선을 넘지 않도록 조심하라. 이를테면 어떤 일을 매듭짓기 위해 밤에 일하는 것은 예외적인 일로 남아야 한다.

— 당신이 재택근무라는 상황을 계속 잘 이용하고 있는지 정기적으로 분석을 하라. 때로는 가능하다면 옛날 방식으로 돌아가는 것이 나을 때도 있다.

18

아이가 낮 동안 함께 놀아줄 개를 키우고 싶어해요

당신의 아이가 집에 있을 때 가끔씩 외로워한다. 아니면 단순히 외동아이이다. 아이는 털 달린 작은 친구를 갖는 게 꿈이다. 이것이 좋은 해결책일까?

왜 모든 사람이 언젠가는 개를 키우겠다고 생각할까?

애완동물은 무시할 수 없는 감정의 극점이 될 수 있다. 그것은 아이가 애완동물을 쓰다듬고(연구 결과 이 단순한 동작이 동맥압을 감소시키고 심장 박동을 늦추고 불안을 감소시키는 것으로 밝혀졌다) 돌봐주고 놀아줄 수 있기 때문이기도 하지만 또한 그것에 애증의 감정을 투사할 수도 있기 때문이다. 애완동물은 또한 집에 항상 있는 존재, 모든 집안 식구들이 항상 그 주변을 맴도는 존재를 상징한다. 요컨대 애완동물은 흔히 속내 이야기를 털어놓을 수 있는 대상이 된다. 아이는 자신의 작은 비밀이나 큰 슬픔을 애완동물에게 털어놓을 수 있다. 또 다른 연구들에 따르면 동물을 키우는 아이들은 개, 고양이 등에게 감정을 털어놓는 데 익숙한 만큼 그들의 감정을 더 쉽게 표현하는 것으로 나타났다.

조심하라!

당신의 아이가 혹시 자신에게 유리한 결정을 이끌기 위해 어떤 상황(당신이 일하는)을 이용하고 있지는 않은지? 아이가 그런 전략을 쓸 것으로 예상되지 않는다면(너무 어려서 등) 왜 그런 요구를 하게 되었는가 물어보라. 만일 아이가 외롭다고 느낄 때가 많아서 그렇다고 대답하면 함께 해결책을 찾아보려고 노력하라. 가끔씩 친구를 오라고 할 수도 있고, 다른 엄마와 돌아가며 아이들을 봐줄 수도 있고, 베이비시터나 할머니에게 도움을 청해 아이와 어떤 활동을 하게 할 수도 있다. 동물을 키우는 것이 많은 구속을 내포하는 만큼 그것만이 유일한 해결책은 아니다(설령 아이는 그것만 바라더라도).

당신은 망설이고 있고 그것이 옳다

모든 수의사들은 당신에게 이렇게 말할 것이다. 집에서 동물을 키울 때는 반드시 생각을 해보고 결정해야 한다고. 이런 일은 즉흥적으로 이루어져서는 안 되며 동물을 아이에게 해줄 수 있는 어떤 선물처럼 생각해서는 곤란하다. 실제로 결정을 내리기 전에 당신이 그것을 돌봐야 한다는 것을 염두에 두어야 한다. 훈련도 시켜야 하지만(여기에도 상당량의 인내심이 요구된다) 먹이도 줘야 하고 산책도 시켜야 하고 때로는 치료도 해줘야 하고 예방주사도 맞혀야 하고 보험도 들어줘야 한다. 그리고 이 모든 것을 여러 해 동안 해야 한다.

당신은 추가적인 구속들을 자청할 각오가 돼 있는가? 당신은 정신없는 삶을 살고 있다고 자주 생각하지 않는가? 가족, 특히 당신 자신에게 할애할 시간이 충분치 않다고 생각하지 않는가?

당신의 집은 충분히 넓은가? 당신은 동물의 생활 리듬을 존중해 주고 당신들의 리듬을 무조건 강요하지 않을 만큼 융통성이 있는가? 요컨대 당신은 동물에게 자리를 내줄 준비가 정말로 돼 있는가?

아이에게 어떻게 말해야 할까?

— 만일 당신이 애완동물을 키우는 일에서 별다른 어려움을 찾지 못하겠다면 아이에게 최소한의 돌봄은 해야 한다는 것을 분명하게 설명하라. 아이가 전적으로 맡는 것이 불가능하다면(아이가 너무 어릴 경우 그것은 근심거리가 될 수도 있다) 적어도 먹이 만드는 것을 돕는다거나 애완동물이 순하다면 가끔씩 털을 빗겨주는 것 같은 일들은 해줘야 한다. 모든 전문가들은 이렇게 말한다. 10세 이전의 아이가 정말로 동물을 잘 돌볼 수는 없다고. 당신은 아이가 자기 동물을 존중해 주는지도 감시해야 한다. 모든 것이 학습인 것이다!

— 만일 당신이 애완동물을 키우는 것이 정말로 싫다면(이를테면 개를 키우는 것이 새로운 긴장의 원천이 될 거라고 생각한다면) 당신이 아이의 요구를 들어줄 수 없다고 생각하는 까닭을 아이에게 분명히 설명하라. 아이는 동물은 장난감이 아니며 온 가족이 찬성해야 키울 수 있다는 것을 이해해야 한다. 개를 키우는 것이 개를 포함하여 모든 사람에게 득이 돼야 한다. 개가 이를테면 갈등의 촉매 역할을 해서는 안 된다(이를테면 "지금은 네가 산책시킬 차례야…… 아무튼지 항상 이런 식이야, 이 집에서는 내가 다 해야 한다니까……").

— 이럴 경우 세번째 대안을 채택할 수 있다. 그것은 아이에게 우선 보기에 손이 덜 가는 기니피그나 미니토끼, 햄스터를 제안하는 것이다. 일부 수의사들은 이런 상황에서 고양이를 키우는 것은 만류한다. 왜냐하면 고양이는 아이의 반복되는 많은 요구들을 싫어할 수 있기 때문이

다. 고양이는 자기 시간의 3분의 2를 자는 데 써버리는 독립적인 동물
이다.

19

저녁때 가끔 나는 집에 들어가야
한다는 것이 강박 관념처럼 느껴져요

피곤한 하루의 스트레스를 푸는 시간을 가져 볼까 생각하기가 무섭게 아이들이 당신에게 기쁘게, 때로는 격렬하게 덤벼든다. 그런데 당신은 그런 환대가 좋지만은 않다. 왜냐하면 당신은 그때부터 잠자리에 들 때까지 분주히 왔다갔다해야 하고 그러다 보면 또 까닭 없이 짜증이 나리라는 것을 알고 있기 때문이다.

엄마와 이야기를 나누고 싶어하는 아이들의 욕구를 한 방향으로 유도하는 법

하루 동안 아이들은 온갖 감정들을 축적해 놓았다. 그래서 당신이 귀가하는 저녁때 그것들을 쏟아 버리고 싶은 것이다. 엄마가 그 이야기들을 들을 준비가 안 된 것 같다고 느끼면 아이들은 결국 지쳐서 침묵 속으로 빠질 것이다. 그런 일을 피하고 그밖의 다른 많은 사춘기 문제들을 피하기 위해(27장 '집에 들어갈 때 왜 아들 녀석이 나를 피하는지 모르겠어요'와 26장 '주말은 우리가 정말로 함께할 수 있는 유일한 시간인데 올해 14세인 쥘리앵은 자기 방에서 혼자 보내요'를 참조하라) 아이들이 마음 편히 이야기를 할 수 있는 시간들을 낼 수 있는 사람은 당신밖에 없다(11장 '저녁에 귀가할 때 아이들이 달려들어요'를 참조하라).

당신이 처한 이런 상황을 예방하려면

가능한 한 가장 적게 짜증을 내려면 해내야 할 일들 가운데 당신이 꼭 해야 하는 것과 다른 사람(베이비시터, 애 봐주는 아줌마 등)이 당신 대신 매우 잘 해낼 수 있는 것을 지혜롭게 선별하는 편이 좋다. 이를테면 당신은 다른 사람에게 당신이 집에 들어오기 전까지 아이들 숙제도 다 시키고 샤워도 시키고 식사 준비도 해놓아 달라고 요구할 수 있다. 그러면 당신은 식탁으로 가서 그 식사 시간을 가능한 한 풍요로운 순간으로 만들기만 하면 된다. 각자 돌아가며 말하고(이것이 진짜 학습이다!), 대화를 끊지 않고 타인에 대한 참된 존중심을 만들어 내는 규칙들(식사 도중 식탁을 뜨지 않는 것, 깨끗이 먹는 것, 다른 사람들보다 먼저 식사를 마쳤을 때 "난 다 먹었는데"라고 끊임없이 말하지 않으면서 다른 사람들이 식사를 마칠 때까지 기다리는 것 등)을 준수하는 그런 시간으로. 이때 남편과 직장 문제를 가지고 길게 이야기하는 일은 피해야 한다. 그러면 아이들은 소외감을 느끼고 당신이 자신들에게 충분히 시간을 내어주지 않는다고 생각할 것이다(그리고 그들이 옳다!). 남편과의 대화는 밤에 아이들이 자러 들어갔을 때로 미루라. 아이들은 육체적인 현존과 정신적인 현존을 매우 잘 구별해 낸다. 당신은 행동 속에서 자유롭기 전에 머릿속에서 먼저 한가하다고 느껴야 한다. 다시 말해 사회 생활의 우여곡절들은 잠시 잊어버려야 하는 것이다.

— 만일 당신이 식사 후에 귀가한다면 잠시 소파에 앉아 그들의 이야기에 귀를 기울여라. 얼핏 너무나 쉬워 보이는 이 충고가 당신과 아이들의 생활에서 진정한 의식으로 자리잡으면 감정의 분출구 역할을 할 수 있다. 개중에는 실험을 해본 사람들도 있는데 반응이 좋다.

— 취침 시간에 대해 지나치게 엄격하게 굴지 마라. 가끔 한 번씩 아이들은 이야기할 시간을 갖기 위해 30분쯤 늦게 잠자리에 들 수도 있

다. 그런다고 해서 그들의 학교 생활이 위태로워지지는 않는다. 특히 무슨 일이 있어도 일정 시간은 아이들과 보낸다는 원칙을 지켜라.

— 방해할 수 있는 모든 요소를 차단함으로써 그 순간을 질적으로 우수한 시간으로 만들어라. 전화벨은 울리게 내버려두거나 자동응답기를 켜놓아라. 그렇게 하지 않으면 이 약속을 지키지 못하게 될 우려가 크다.

— 이 상황이 행복한 해결책을 찾을 수 있다고 확신하라. 반대의 경우를 자꾸 상상하면 긍정적인 결과를 거두기 어렵다.

그 시간 동안 아빠는 무엇을 할까?

만일 남편이 당신보다 조금 늦게 혹은 조금 먼저 들어온다면 함께 계획을 짜라. 그러면 당신의 부담은 줄어들 것이고 아이들을 교대로 돌볼 수 있을 것이다.

반대로 남편이 매우 늦게, 이를테면 당신이 아이들을 재울 시간에 들어온다면 남편과의 사이에 진정한 대화가 필요하다. 그것은 남편의 늦은 귀가의 정당성을 의심하기 때문만이 아니고(개중에는 집에서 가장 바쁜 시간이 지나기를 기다리며 일부러 사무실에서 지체하는 남자들도 있다고 한다) 당신이 힘들다는 것을 표현해야 하기 때문이다. 당신이 모든 것을 혼자 짊어질 수는 없기 때문이다.

20

남편과 아이들은 저녁마다 전쟁이에요. 내가 끼어들어도 아무 소용없고 더 나빠지기만 할 뿐이에요

당신과 남편은 역할을 분배했다. 남편이 큰아이들의 숙제를 봐주는 동안 당신은 막내를 돌보며 저녁 준비를 한다. 하지만 곧 아이들 방에서 고함이 들리고 울음소리가 이어진다. 당신이 개입해 보지만 별다른 효과는 없다.

왜 항상 똑같은 일이 벌어질까?

아이들은 부모의 금지 사항에 기쁘게 복종하지 않는다. 아이들은 그들의 본능적인 행동("나는 내 마음대로 하고 싶고 아무것도 나를 막지 못해")과 어른들이 정해 놓은 한계 사이에서 타협점을 찾으려고 노력한다. 어른들이 아이들의 기쁨 추구를 중단시키려면 분명하고 결정적인 방식으로 행해야 한다.

금지 사항이 명백하게 표명되지 않으면 아이들은 그들의 충동을 저지받아 본 적이 없기 때문에 같은 상황을 되풀이한다. 아이들은 반복을 통해 그들을 진정시킬 수 있는 해답을 찾으려고 노력한다. 왜냐하면 한계의 부재는 그들을 불안하게 만들기 때문이다.

당신이 긴장을 누그러뜨리고 미묘한 변화를 주고 상황을 되돌리기 위해 개입하는 것은 어떤 면에서 남편의 권위를 깎아내리는 짓이다. 그리고 아무리 작은 사안이라도 부모의 의견이 같지 않다는 것을 느끼면 아이들은 승리를 쟁취하기 위해 그 틈을 파고든다. 하지만 당신이 아빠의 권위를 비꼬면 아빠는 규범의 보증인으로 인정받을 수 없고 아이들은 신뢰할 수 있는 한계를 잃어버리게 된다. 당신은 갈등이 커지는 것을 피하려다가 그것을 연기시킬 뿐이다. 다음 날 저녁에도 같은 상황이 되풀이될 것이다.

이것은 또 다른 무시할 수 없는 위험을 야기할 수 있다. 당신의 거듭된 개입으로 인해 당신은 아이들에게 권위 있는 존재로 여겨지지 않게 된다는 것이다. 결국 아이들은 더 이상 당신을 존중하지 않게 될 수도 있다. 당신의 태도는 아마도 당신의 개인적 과거와 관계가 있을 것이다. 실제로 이것은 매우 관대한 어머니와 엄격한 편인 아버지 사이에서 갈팡질팡하던 유년기를 보낸 사람들에게서 흔히 나타나는 특징이다.

다른 방식이 요구된다

아이들이 학교에서 돌아왔을 때부터 당신이 귀가할 때까지 아이들을 봐주는 사람에게 아이들에게 숙제를 시켜 달라고 청하라. 아이들은 이런 유형의 활동에 열린 마음으로 임할 것이고 하루 동안 배운 개념들도 기억하게 될 것이다. 그렇게 30~40분이면 모든 게 해결될 수 있을 것이다. 이런 식으로 하면 당신은 저녁 7시 30분경 아이들 공책을 한번 쓱 훑어보기만 하면 된다.

아이들이 엄마가 돌아올 때까지 기다렸다가 숙제를 하면 더 피곤해져 있을 테고 따라서 여러 가지 구속들을 참기가 더 힘들 것이다. 그러면 가장 나쁜 상황에서 아이들을 만나게 되고 거부 반응을 야기할 수 있다.

반드시 필요한 몇 가지 행동 방침

— 아이들 앞에서 남편은 아내의, 아내는 남편의 지위를 존중해 주고 할 말이 있으면 나중에 아이들이 없을 때 다시 말하라.

— 부부 중 다른 한편이 찬성하지 않을 것이 확실한 일은 절대로 혼자 결정하지 마라. 엄마와 아빠 사이에 대화가 원활히 오가야 한다. 아이들에게 이렇게 말하라. "오늘 저녁 아빠가 돌아오시면 다시 이야기해 보자." 그러면 아이들은 부모의 권위가 공평하게 양분돼 있으며 결정도 같이 내려야 한다는 것을 깨닫게 될 것이다. 이런 태도가 바람직한 것은 아이들로 하여금 그들의 한계를 알게 해주기 때문이다.

21

"엄마는 항상 아빠와 대부분의 시간을 보내기 때문에 남는 시간이 별로 없어요……."

믿을 수가 없다! 이따금 딸의 행복을 위해 부부의 삶을 희생한 것 같은데도 딸은 뻔뻔스럽게 부모가 아무 도움이 못 된다고 비난한다…….

만일 당신이 이랬다면 딸의 비난은 인정된다

— 1주일에도 여러 번 집에 들어오기 무섭게 아이를 베이비시터에게 떠맡겨 버리고 다시 나갈 준비를 했다.

— 아이를 조부모, 친구 등에게 맡기고는 남편과 함께 정기적으로 주말여행을 떠났다.

— 아이 없이 정기적으로 그리고 자주 휴가를 떠났다.

이 경우 아이는 기분 좋은 순간들을 당신과 함께하지 못한다는 생각에 어떤 질투를 느낄 수 있다. 따라서 당신의 삶에서 자신이 소외됐다는, 심지어 자신이 엄마가 진정으로 기다리던 아이가 아니라는 느낌을 가질 수 있다.

부부에게 둘만의 시간(밤의 외출, 주말의 연장, 1주일의 휴가 등)을 정기적으로 마련하는 것이 필요한 만큼 아이에게는 가족과 함께 있는 것이 필요하다. 반대의 경우 아이에게 심각한 결과를 낳을 수 있다. 실제로 정말로 참을 수 없는 상황이 되면 그것은 아이의 자아를 위태롭게 하는 현상(학교 생활의 실패, 우울증, 자살 시도 등)으로 나타날 수 있으며, 이는 "나한테 관심을 가져주세요……. 내가 여기 있다구요……"라고 말하는 것과 다름없다.

대개 이것은 매우 주관적인 인상일 뿐이다

때로는 단 한 번의 외출만으로도(특히 아이들이 아주 어렸을 때 이후로 그런 적이 별로 없다면) 아이들의 강력한 비난을 살 수 있다. 그럴 경우 지금이 악화된 상황을 바로잡을 때이다.

— 절대 아이들로 하여금 그들의 생각이 옳고 엄마의 자리는 아빠 곁이 아니라 자기들 곁이라고 생각하게 내버려두어서는 안 된다.

— 당신이 어떻게 행동해야 할지 가르쳐 줄 사람은 아이들이 아니다. 아이들에게 그 점을 이해시키기 힘들다면 남편에게 도움을 청하여 당신에게는 부모로서의 삶뿐 아니라 아내, 반려자 등으로서의 삶도 있다는 것을 이해시켜라. 아이들은 실망할지 모르지만 각자에게 자식, 형제, 자매, 아빠, 엄마 등으로서의 제자리를 찾게 해준다면 그런 것도 필요하다. 분명히 말하지만 이런 과정은 세대간의 구별이 없어지는 현상이 굳어지는 것을 미연에 방지해 준다.

— 어른의 대화 속에 항상 아이들의 자리가 있는 것은 아니라는 것, 그리고 그렇기 때문에 부모도 때로는 아이들과 떨어져 있는 시간이 필요하다는 것을 아이들에게 이해시켜라. 실제로 유산, 가족간의 관계, 이사, 취업과 관련된 이야기일 경우 아이들에게 말하기 전에 어른들끼리 먼저 이야기하는 편이 항상 더 바람직하다. 그렇다고 아이들을 그런 염려들로부터 너무 오랫동안 동떨어져 있게 해서는 안 된다고 생각한다면 (아이들은 매우 빨리 눈치 채며 암묵적 발화 내용이 현실보다 훨씬 더 혼란스러울 수 있다) 당신이 행동 노선을 정했을 때 또는 어떤 결정들을 내렸을 때 아이들에게 부모의 대화 내용을 공개하는 편이 낫다. 실제로 아이

들은 긴장의 원천이 되는 대화에 참석하면 안 된다. 왜냐하면 그런 대화에서는 각자 자신의 관점을 드러내고, 그것이 때로는 다른 사람의 관점과 근본적으로 대립하기 때문이다. 그런 소란스러운 대화는 불안과 불안정의 원인이 될 수 있다.

— 아이들로 하여금 당신이 회사 업무에서 벗어나면 온전히 아이들만을 위해 시간을 낼 수 있다고 생각하지 못하게 하라. 그런 생각은 당신의 삶이 오직 그들과 있을 때에만 의미가 있다는 환상을 초래할 수 있다. 그런데 그런 환상은 그들에게나 당신에게나 해롭다. 왜냐하면 언젠가 아이들은 가정이라는 둥지를 떠날 테고, 그동안 결속력 있는 부부 생활을 만들지 못했다면 당신은 큰 동요를 겪을 것이 틀림없다. 당신은 아이들을 위해 모든 것을 다 해줬는데 어떻게 그들이 감히 당신을 떠날 수 있는지를 이해하지 못할 것이다.

아이들에게 결핍을 경험시키는 것은 부모와 자식 간에 서로를 소외시키고 죄의식을 느끼게 하는 관계가 형성되는 것을 미연에 방지하는 것이다.

22

"엄마는 일하느라 내 옷을
함께 사러 갈 시간이 없어요."

당신은 상당히 계획성 있는 여성에 속한다. 점심 시간에 틈이 나면 그 시간을 이용해 식구들의 옷을 산다. 그럼으로써 토요일에 지겨운 장보기를 안할 수 있기 때문이다. 하지만 올해 10세 된 딸은 당신이 골라준 옷들이 이젠 마음에 들지 않는 눈치이다……. 딸은 일류 메이커를 선호하며 자기랑 같이 상점을 돌기를 원한다.

아이의 취향이 확실해진다

의복 분야에서 사춘기 전 아이들과 사춘기 아이들 간에는 어떤 경쟁이 존재한다. 사춘기 아이들은 가능하면 일류 메이커의 최신 유행 차림을 과시하는 반면 사춘기 전 아이들은 아직까지는 부모의 선택에 따른다. 그럼에도 불구하고 그들도 연장자들의 패거리에 합류하려면 그들의 식별 표시를 자기들 것으로 삼아야 한다는 것을 예감한다. 그리하여 선배들에 의해 표명된 일류 메이커에 대한 애착이 서로(하나의 문화 보급 집단)를 연결하는 공통 코드를 가져야 한다는 필요성과 부합하는 것이다. 그것은 피부색과 마찬가지로 어느 정도는 정체성을 나타내는 표시라 할 수 있다. 반대로 일류 메이커의 옷을 절대 입지 않는 것은 그들을 무시해도 좋다는 뜻으로 받아들인다. 하지만 주의하라, 그렇다고 그들의 욕구를 하나부터 열까지 모두 충족시켜 줘야 하는 것은 아니다.

아이의 요구를 들어주되 매번 양보하지 않는 법

아이에게 노골적이고 퉁명스럽게 안 된다고 하거나 당신이 어렸을 때에는 이런 것이면 대만족이었다고 말하지 말고(이렇게 하면 당신은 분위기에 찬물을 끼얹는 구닥다리 취급을 받을 수 있다), 대신 처음에는 엄마가 먼저 한번 둘러보겠다고 말하면서 아이와 함께 상점에 가는 것부터 시작하라.

아이에게 가격표를 보이고 다양한 상품의 품질을 비교시켜 보라(십중팔구 일류 메이커의 옷은 품질은 같은데도 불구하고 25퍼센트나 비쌀 것이다). 그 가격의 차이는 당신의 1시간, 2시간, 3시간의 임금에 해당하며 원하는 일류 메이커 옷을 몽땅 살 경우 그 금액을 1년 동안 합치면 온가족이 함께 떠나는 휴가의 하루, 이틀, 또는 사흘치 예산과 맞먹는다는 것을 설명하라. 물론 이것은 아이에게 죄책감을 갖게 하기 위해서가 아니라 당신이 아이의 요구를 다 들어줄 수 없다는 것을 이해시키기 위함이다.

대신 제조사의 연중 계획표에 따라(일류 메이커에서도 두 달에 한 번씩은 거품을 뺀 가격의 상품이 나온다) 아이를 어느 정도는 만족시켜 줄 수도 있고 아니면 갈등의 소지를 없애기 위해 예산을 함께 짤 수도 있다. 용돈과 의복비를 합쳐 한 달에 6백 프랑(약 9만원) 정도 줄 수 있다(13장 '다시 일을 시작한 후로 아이들은 끊임없이 용돈을 요구해요'를 참조하라). 아이는 스스로 자신의 예산을 관리해 봄으로써 현실 세계로 대뜸 발을 들여놓게 될 것이다. 원하는 것을 얻으려면 욕망만 가지고서는 안 된다. 때로는 절약해야 하고 기다려야 하고 나중으로 미루어야 하고 선택해야 한다. 바로 이런 연기가 욕망을 두텁게 만든다.

함께 기쁨을 나누는 순간에 대한 바람

딸아이는 자신의 요구를 통해 당신과 함께하는 잠깐 동안의 즐거운 시간을 갖고 싶은 욕구를 표현하는 것인지 모른다. 그것은 감정의 문제들, 나아가 마음속에 있는 문제들에 접근할 수 있는 기회가 될 수 있다. 만일 그렇다면 딸의 기대를 저버리지 않도록 주의하라. 딸이 원한다면 당신의 생각을 표현하라. 이를테면 만일 딸이 당신에게 자신의 남자친구, 그들의 관계에 관해 어떤 이야기를 하면 비밀을 지키고 그것은 그 애 인생의 경험이며 당신에게 보고하지 않아도 된다고 말하라. 딸이 당신에게 많은 질문을 하면 대답은 해주되 당신의 호기심은 자제하라.

본인이 선택하게 내버려두라: 6~7세부터 이런 훈련을 해보면 좋다

아이에게 자기 옷을 고를 기회를 많이 주면 아이의 개성적인 취향을 개발시킬 수 있다. 아이들도 아주 어릴 때부터 색깔, 소재, 스타일, 형태들의 배합을 익혀 나가야 한다. 이런 훈련을 한 아이들은 분명히 훗날 20세가 될 때까지 어머니가 골라준 옷을 입는 아이들처럼 우유부단하지는 않을 것이다.

아이의 선택이 당신의 마음에 들지 않더라도 비정상적이지만 않다면 그것을 받아들여라. 세대간의 차이가 때로 옷차림을 통해 드러나는 것은 당연하다고 생각하라. 사실 당신과 다른 자신만의 정체성을 구축해 나가는 것이 나쁠 것은 없지 않은가?

23

딸아이는 화장하기에 너무 어려요……. 아니면 시간이 너무 빨리 흘러 내가 그 애가 큰 것을 보지 못한 걸까요?

올해 12세인 당신 딸 쥘리가 화장실에서 나오고 있다. 쥘리는 들키지 않으려고 노력하지만 당신은 한 번 더 확인할 수 있다. 쥘리는 화장을 한 것이다. 당신이 그렇게 엄격하게 금지했는데도. 절대 안 되지……. 당신은 아이가 아직 너무 어리다고 생각한다.

12세에 화장하는 것이 정상적인 일인가요, 흔한 일인가요, 염려스러운 일인가요?

그것은 정상적이고 흔한 일이며 절대 염려스러운 일이 아니다. 그 나이의 소녀들은 여성스러워지기 위해 온갖 전략을 사용한다(화장, 옷차림, 문학적 취향 등). 소녀들은 그들의 성 정체성을 '확고히' 하고 분명히 하기 위해 그렇게 한다. 동시에 소녀들은 소년들의 세계에 관심을 가지면서 이성애를 발견하고 첫사랑이라는 떨리는 감정을 경험한다. 소녀들은 자신이 매력적인 소녀로 비치기를 원하며 자신에게 다른 사람의 마음을 사로잡거나 호감을 살 수 있는 능력이 있음을 알고 기뻐한다. 그렇다고 그것을 바로 행동으로 옮기거나 위험한 상황을 자처하는 것은 아니며 단지 자신을 좀더 알고 싶어하는 것뿐이다. 그리고 그것이 그런 행동 유형을 거치는 것이다. 이때 만일 당신이 그것을 반대하면 아이는 자기만의 세계에 틀어박히거나 침묵 속에 빠져들거나 사사건건 거세게 반발할 수도 있다.

왜 그 일이 당신을 그토록 당황시킬까?

당신이 온전히 의식하지는 못하지만 온갖 감정들이 당신을 불안하게 만들 수 있다.

■ 향수와 약간의 질투
— 당신은 아이가 크는 것을 보지 못했기 때문에 아이가 표면적으로는 도에 지나치게 보이는 요구를 통해 사춘기로 진입하는 것을 거부하고 있다.

— 당신은 아이가 당신으로부터 멀어지고 있고 당신이 전처럼 아이와 가깝지 않다는 것을 느끼고 있다. 얼마 전까지만 해도 당신은 아이에게 하루 있었던 일을 이야기하고, 함께 아이의 옷을 고르고, 조심스럽게 머리를 잘라주었는데…….

— 당신은 더 이상 당신이 아이의 유일한 모델이 아니라는 것을 깨달았다. 아이는 이제 자신을 스타들과 동일시한다. 아이 방의 벽은 온통 머라이어 캐리의 포스터로 뒤덮여 있다. 물론 당신은 아이가 그들에게서 뭘 배울지 염려스럽다.

— 딸이 커가고 성숙해지면서 당신은 갑자기 자신이 늙은 것처럼 여겨진다. 마치 딸아이가 당신의 여성스러움을 조금 훔쳐 가기라도 한 것처럼. 당신은 더 이상 집안의 유일한 여성이 아니며 그 점이 당신을 약간 혼란스럽게 한다.

■ 두려움과 이해 부족
— 당신은 딸이 벌써부터 남자들을 유혹할까 봐, 좋지 않은 만남을 갖

게 될까 봐 염려스럽다.

— 당신이 딸의 화장하고픈 욕구를 이해하지 못하는 것은 당신의 어머니가 그것을 엄하게 금했기 때문이기도 하고, 그래도 당신이 여성으로서의 삶을 잘 살아왔기 때문이기도 하다. 하지만 곰곰이 생각해 보면 당신이 그 시기를 제대로 거치지 못했다는 것이 기억날 것이다. 그렇다면 당신의 딸에게 똑같은 상황을 되풀이시키는 것이 유익한 일일까?

바람직한 태도

— 존중하는 태도로 딸에게 말하라. 어휘를 신중히 선택하라. 일부 비난조의 부적절한 단어들('매춘부' '화냥년')은 절대 입 밖에 내서는 안 되는데, 왜냐하면 그런 말들은 아이를 혼란에 빠뜨리거나 심지어 모녀 관계의 단절을 야기할 수도 있기 때문이다.

— 아이에게 동반 외출을 제안하라. "네가 원한다면 토요일에 네 화장품 부족한 것 사러 가자. 나도 마스카라 사러 가야 하거든……." 기회가 되면 백화점 등에서 열리는 메이크업쇼에도 같이 가보라.

— 만일 아이가 거절하면 화내지 마라. 특히 그것을 아이가 당신을 더 이상 사랑하지 않거나 당신이 아이에게 더 이상 중한 사람이 아니라는 의미로 해석하지 않도록 주의하라. 당신은 여전히 그 아이의 엄마일 것이다. 딸은 아마 엄마보다는 다른 사람과 친해지고 싶은 모양이다.

— 당신의 발언과 태도에 세심하게 신경을 쓸수록 아이도 당신을 유익한 대화 상대로 인식할 것이다. 그러면 아이가 필요성을 느낄 때 당신에게 도움을 청할 것이다.

– 이 문제에 아빠는 개입시키지 않고 여자들끼리 해결하는 편이 낫다. 아빠들은 딸이 남자들의 시선에 노출되는 것을 엄마들보다 훨씬 더 싫어할 것이다.

24

"엄마는 한 번도 내게 생리나 피임법, 성병에 관해 얘기해 준 적이 없어요……."

만반의 준비를 한 덕에 당신은 직장 생활과 가정 생활을 모두 잘 영위했다. 몇 년 뒤 당신의 딸은 자율적인 인간으로 성장했다. 그런데 오늘날 딸은 성과 관련된 모든 것들을 충분히 말해주지 않은 것을 가지고 당신을 비난한다.

사춘기를 알리는 고전적인 표시

지금 딸의 몸은 변화하는 중이고 딸은 궁금한 것 투성이이다. 딸은 엄마와 함께 이 문제에 접근하고 싶다. 그것은 기술적인 정보들을 얻기 위해서가 아니라 자신을 안심시켜 줄 사람이 필요하기 때문이다. 그런데 평소 엄마가 자신에게 이야기하던 식으로는 이런 종류의 대화를 나눌 수 없다고 느낀 아이는 갑자기 대화와 경청의 부족을 가지고 당신을 비난한다.

딸은 이 문제를 친구들에게 말할 수도 있지만 이처럼 은밀한 문제를 친구들에게 이야기할 용기가 나지 않는 듯하며 주위에서 듣거나 책에서 읽은 것만으로는 성에 차지 않는다.

딸은 이 문제를 놓고 이야기를 나누고 싶어한다. 그리고 그 애에게 몸의 은밀한 변화들(생리 시작 등)에 대해 이야기하고 "와, 너는 지금 성숙한 여성이 돼가는 중이야"라고 말하면서 딸을 인정해 주기에 엄마만큼

적당한 사람도 없다. 그렇다고 딸과 약간의 거리도 있으면 안 되는 것은
아니다. 딸이 느끼는 모든 것을 알아야 할 필요는 없으며 딸도 최소한
의 사생활을 지키는 법을 배워야 한다. 이 시기에는 또한 딸이 자기 아
빠에게 호기심의 대상이 된 듯한 느낌을 갖지 않도록 주의해야 한다.

지금까지 당신은 이런 문제에 대해 말하는 것이 유익하다고 생각지 않았다

■ 거기에는 여러 가지 이유가 있다.

— 당신은 너무나 일을 중시하고 일에서 개인적인 만족을 충분히 이
끌어 내기 때문에(당신은 자기도취에 빠져 대만족하고 있다) 가족들이 있
다는 것을 약간은 잊고 있다. 그렇다고 가족들을 사랑하지 않는 것은 아
니지만 당신은 엄마일 때보다 직업인일 때 더 많은 만족감을 얻는다고
느낀다.

— 어쩌면 당신은 성이 금기시되는 사상 속에서 교육을 받아서 이 문
제를 남편과도 잘 언급하지 않을지 모른다. 어쩌면 당신은 사전에 한
번도 말해 본 적 없이 스스로 성을 발견한 여성들에 속할지 모른다.

아이들과 함께 어떻게 이 문제에 접근할까?

아주 어릴 때부터 신체의 모든 부분에 이름을 붙이는 것이 중요하다.
아이의 머릿속에서 이름이 없는 것은 아예 없는 것과 마찬가지이다.

여자 아이가 자신의 성기를 만지고 쓰다듬는 데에서 성적 쾌감을 느끼
는 것이 분명할 때에는 엄마가 봤다는 것을 분명히 알리는 것이 중요하
다. 그리고 아이에게 모든 소녀들과 모든 엄마들처럼 엄마도 신체의 바

로 그곳에서 느껴지는 그런 종류의 쾌감을 알고 있다고 말해야 한다. 또 이렇게 덧붙여야 한다. "너도 기쁨을 누릴 권리가 있지만 그건 너만의 비밀이니 혼자 네 방에서 하는 게 좋겠다……."

자신의 몸이 변화함에 따라 아이는 자신의 기원에 대해 그리고 자신의 신체 탐색 과정에서 이끌어 낸 기쁨에 관해 질문하게 된다. 당신의 대답은 아이의 질문에 대한 충분한 답이 될 수 있을 만큼 적적히 배합돼야 하지만 아이가 정말로 기대하는 것 이상을 말할 필요는 없다. 언젠가 아이가 그 이상을 알기를 원하면 언제라도 엄마에게 물어볼 수 있다는 것만 알려줘라. 아이는 신체가 성숙함에 따라 자신이 직접 추가 정보들을 찾아보게 될 것이다. 그리고 잠시 아이가 적어도 표면적으로는 궁금해하기를 멈춘 듯이 보이면 아이의 침묵을 존중해 주라.

성병과 관련하여 부모의 의무는 무엇인가?

성병이 증가하는 시기에는 우리 아이들에게 에이즈, 간염 등에 관한 정보를 열심히 일러주지 않을 수 없다.

이 병들이 얼마나 위험한가를 언급하지 않는 것은 아이들로 하여금 벌받은 사랑이라는 가혹한 경험을 하게 내버려두는 것이다.

모든 어머니가 딸에게 말할 수 있어야 하는 것

"네 몸은 지금 변모하고 있는 중이고 그것은 네가 아이를 낳을 수 있게 된다는 걸 뜻해. 너는 남성과의 육체적 접촉을 점점 더 원하게 되겠지만 그것은 서로 사랑하는 감정이 전제돼야 해. 또한 너를 존중하는 상대, 네가 정말로 준비가 될 때까지 기다려 줄 줄 아는 상대를 만나야 해. 절대 네게 이롭지 않은 상황에 처하도록 자신을 내버려두어서는 안 된다.”

 “네가 피임법을 사용해야 할 필요성을 느낄 땐 네가 원하는 산부인과 의사에게 물어보면 그가 성병과 관련된 위험들을 알려줄 거야. 우리가 서로 진심으로 사랑하고 함께 있는 것에서 많은 즐거움을 느낄 때에도, 병은 옮을 수 있고 그것은 때로 끔찍한 결과를 낳는단다.”

25

딸애는 항상, 특히 저녁 식사 시간에 전화통에 매달려 있어요. 그건 우리가 얼굴을 마주할 수 있는 유일한 시간인데……

마침내 온 가족이 한자리에 모인 바로 그 순간 전화벨이 울리기 시작하면 당신은 굉장히 화가 난다. 하지만 딸을 제지할 수도 없다. 당신이 대응하기도 전에 딸이 이미 수화기를 들었기 때문이다.

왜 사춘기 아이들은 전화에 그렇게 집착할까?

젊은이들에게 전화는 또래 집단과 항구적인 접촉을 취할 수 있는 수단이다. 그들은 주로 새로 만난 이성 친구, 사랑의 괴로움, 그리고 오직 친구들만이 이해할 수 있는 고민들에 관한 이야기들을 나눈다. 그것은 만일 학교에서 말했다가는 입이 가벼운 친구들의 귀에 들어갈 수도 있는 내용들이다.

친구들과 은밀히 속닥거리는 것, 얼굴을 보면서는 말하지 못할 것들을(많은 아이들이 수줍어한다) 서로 이야기하는 것이 그들에게는 활력소가 된다. 전화는 외로움을 덜 느낄 수 있게 해주는 수단(대부분의 전화는 하교 시간과 저녁 식사 시간 사이에 걸려온다), 부모에 대한 그들의 독립을 강조하는 수단이 되고 있다. 아이들은 그들에 관한 이야기를 부모가 아닌 다른 사람들에게 할 것이다. 더 이상 당신은 그들의 특별한 대화 상대가 아니며, 어떤 주제의 경우엔 그게 오히려 잘된 일이기도 하다. 그러니 당신 딸이 더 이상 당신과 말하기를 원치 않는다고 속단하지 마라. 반대로 가정 생활의 규칙이라는 한계 안에서 외교적 수완을 발휘하라. 그리고 그럼에도 불구하고 딸과의 대화를 위해 열린 태도를 유지하라.

몇 가지 간단한 원칙

— 딸과 우선 짧은 대화를 나누는 것부터 시작하여 당신이 가족간에 조화를 유지하는 데 식사 시간이 얼마나 중요하다고 생각하는지 설명하라. 기회가 좋다면 아이에게 엄마 아빠는 빠져나오기 힘든 직장 일이 많은데도 불구하고 그 시간을 지키려고 항상 최선의 노력을 다해 왔다는 것을 설명할 수도 있다.

— 아이에게 그런 응집력을 유지하려면 모든 가족 구성원들의 협조가 필요하다고 말하라. 따라서 아직까지 실시하지 않았다면 길어 봤자 30~40분밖에 안 되는 저녁 식사 시간 동안 전화를 받는 것은 안 된다고 말하라. 자동응답 전화기가 있다면 그것을 켜놓아라. 응답기가 없다면 전화벨이 아무리 끈질기게 울려도 그것을 무시하라. 개중에는 이를테면 두 번 세 번 연거푸 다시 전화를 걸어옴으로써 특별히 호전적인 모습을 보이는 데 능한 사람들도 있는 게 사실이다.

— 그다음엔 전화 사용을 제한해 줄 것을 아이에게 요청하라. 그리고 당신이 가족과 함께 보내는 시간이 너무 적은 것 같으며 그 소중한 시간들을 방해받는 것을 원치 않는다고 말하라.

— 전화 요금이 눈에 띄게 증가하면 그 사실을 경고하고 어떻게 문제를 해결할 것인지 아이에게 물어보라. 오늘날 많은 부모들이 사용을 제한할 수 있는(충전해서 사용할 수 있는 전화 카드를 통해) 휴대 전화를 사 주고 있는데, 그것은 지출을 억제하고 아이들로 하여금 통신비에 관심을 갖게 하며(통신비를 조달하기 위한 예산을 마련하는 것을 그들에게 맡겨

라) 온 가족이 사용하는 전화기를 독점하지 못하게 하는 효과가 있다. 이렇게 하면 아이들은 모든 사람이 그들에게 빚을 진 것은 아니라는 사실을 알게 될 것이다. 또한 당신 편에서는 귀가가 늦어질 거라고 알리고 싶을 때 전화가 항상 통화중이어서 화낼 일이 없어지게 된다. 따라서 직장에서 돌아오자마자 아이와 싸우는 일도 피할 수 있다.

— 당신은 딸이 친구들과 수다를 떠는 것을 조금도 나쁘게 생각지 않지만, 딸도 주변 사람들을 존중하면서 수다를 떨어야 한다는 것을 딸에게 설명하라. 호의의 표시로 남자친구들 중 몇 명을 집에 초청하라. 처음엔 당신도 참석하라(29장 '엄마는 집에 엄마가 없을 때 친구들을 부르는 걸 싫어해요'를 참조하라). 또는 딸의 가장 친한 친구인 아멜리의 집에서 자고 오게 하라. 물론 아멜리의 부모와 미리 합의가 된 연후에 말이다.

— 전화 사용(비용, 기능 등)을 관리하는 법을 배우는 것은 특히 훗날 아이가 어른이 되어 직장인이 되었을 때 도움이 될 것이 틀림없다. 친구들에게 전화할 때에는 전화 카드를 사용하게 하고 집의 전화로는 문화, 운동, 학교 생활에 관한 이야기만 할 수 있게 하는 것도 가능하다. 그렇지만 때로는 경계가 모호해 보일 수 있으니 주의하라. 두번째 전화선이나 두번째 전화기를 설치하여 카드로 결제하게 해서 아이들에게 이를테면 3분의 2 정도를 분담하라고 요구하는 것도 생각해 볼 수 있다.

아니면 더 간단하게 상세한 청구서를 요구하거나 어떤 사람이 당신을 만나고 싶어한다는 것을 알려주는 기능인 '호출 신호'를 설치하는 것부터 시작할 수도 있다. 이때는 아이에게 공손하게 전화를 받고 당신이 그 사람에게 다시 전화 걸 수 있도록 빨리 전화를 끊게 하라.

26

주말은 우리가 정말로 함께할 수 있는 유일한 시간인데 올해 14세인 쥘리앵은 자기 방에서 혼자 보내요

정말이지 너무한다! 당신이 늦게 귀가하는 탓에 주중에는 아이 얼굴을 거의 못 보는데 지금은 또 아이가 자기 방에 틀어박혀 꼼짝도 안한다는 느낌이 든다. 게다가 밥을 먹으러 식탁에 올 때도 얼굴을 찌푸리고 있다.

고전적인 상황······

사춘기 아이들은 우리들, 즉 어른들과 구별되고 싶어하며 항의의 표시로 자기 방에 틀어박혀 있기도 한다. 그것은 자신은 우리와 다르며 가정 생활의 원칙을 따르고 싶지 않다고 그만의 방식으로 말하고 있는 것이다. 최소한의 시간을 온 가족이 모여 대화를 나누는 데 쓰는 것이 그들에게는 전혀 득될 것이 없어 보인다. 그리고 때로는 엄마가 불러서 간신히 식탁에 나타나는 일조차 부담스러워하는 듯하다. 이럴 땐 우리 어른들이 인내심으로 무장한 외교관 역을 맡아서 우리가 함께 살아갈 때는 몇 가지 규칙들을 지켜야 하며, 그러지 않으면 일상 생활이 모두에게 고역이 될 수 있다는 것을 상기시켜야 한다. 네가 무엇을 표현하고 싶어하는지는 잘 이해했지만 어떤 것들, 이를테면 각자 자기 먹고 싶은 시간에 먹는 것은 가끔은 가능하지만 매일 그럴 수는 없다고 분명히 말하라.

그래도 스스로에게 물어보라

다음과 같은 몇 가지 질문을 자신에게 던져 보라.

— 전에 당신의 청소년기 자녀는 어떻게 행동했나?

— 아이는 다른 가족 구성원들에 대해 항상 위축된 태도를 보였나 아니면 지금보다 더 가까웠나? 그랬다면 어떤 식으로?

— 아이가 자기에게 일어나는 일을 이야기했나?

— 아이가 자기 감정을 표현했나?

— 주로 누가 아이의 말에 귀를 기울여 주었나?

— 아이가 무엇을 하고 놀았나?

— 당신은 아이와 놀아줄 시간이 있었나?

— 아이에게 친구는 있었나?

— 아이는 또래(반 친구, 유도학원 친구 등)와 있을 때 편안해 보였나 아니면 혼자 있을 때 편안해 보였나?

— 아이가 공격적이었나 아니면 또래 집단에 잘 동화됐나?

— 만일 당신이 아이의 행동에서 어떤 변화를 발견했다면 그것은 언제로 거슬러 올라가는가?

— 바로 그 시기에 아이가 인생의 어떤 큰 변화, 이를테면 가까운 사람의 죽음, 동물의 사망, 이사, 전학과 그로 인한 친구들과의 이별, 부모의 이혼, 친지의 입원, 가족간의 언쟁, 엄마나 아빠의 복직과 그로 인해 아이에게 할애하는 시간이 줄어든 일 등을 경험하지 않았나?

— 아이가 신체적 혹은 정신적 쇼크를 받았나?

— 부모 중 한 사람 혹은 두 사람 모두와 크게 대립하는 문제가 있나?

있을 수 있는 몇 가지 전형적인 예

■ 아이는 항상 혼자였다

사춘기로 진입하기 전에도 아이는 항상 혼자였다. 이 경우 이것은 성격의 문제이며 걱정할 것이 없다. 그래도 경계를 게을리 하지 않고 혼자 있는 시간이 증가할 때에는 그에 대처할 준비를 하고 있어라.

■ 이런 태도를 보인 것이 최근의 일이다

이 경우 앞서 제기한 질문들을 자세히 검토해 봐야 한다. 검토 결과 다음과 같은 두 가지 가능성에 귀착할 수 있다.

● 고립이 일시적 현상이다.

혼자 있으면 이를테면 엄마와의 불화 상황을 피할 수 있다. 이 경우에는 각자 상대가 나를 판단하지 않고 내 이야기를 들어준다는 느낌을 갖기 위해 대화할 수 있는 발언 공간을 찾아야 한다. 사춘기에 접어든 당신의 자녀는 지금 자신의 정체성을 찾는 중이며 그의 눈에 비친 당신의 모습과 구분되고 싶어한다는 사실을 기억하라.

● 고립하려는 성향이 이미 몇 주 전 혹은 몇 달 전부터 정착됐다.

이것은 커다란 정신적 고통의 표현일 수 있다. 이런 행동은 이를테면 청소년기 자녀가 사춘기 전에 독립성을 충분히 획득하지 못했을 때 갑자기 나타난다. 이때 아이는 자신의 독립성을 획득하는 데 필요한 신뢰를 받지 못했다는 느낌을 갖고 있기 때문에 이런 고립 성향이 더욱 극심하게 표현된다.

— 정신적으로 취약한 일부 청소년들은 불건전한 혹은 상식을 벗어난 생각들 속에 빠지기도 한다. 고립은 촉각을 곤두세우고 관심을 기울여야 하는 호소의 한 형태이다.

— 이 경우 즉시 아이에게 심리학 전공 상담원이나 정신과 의사의 도

움을 제안하라. 아이가 주저하는 태도를 보이면 그것은 그의 문제일 뿐
만 아니라 당신의 문제이며 당신도 전적으로 관련되고 연루되어 있다
고 생각한다는 것을 설명하라.

— 만일 아이가 이를 단호히 거절하면 부모의 자격으로 상담원이나
정신과 의사에게 주저 없이 문의하라. 그가 자녀와의 관계를 유지하는
데 도움을 줄 것이다. 이런 과정의 효과가 어쩌면 아이가 고립에서 빠
져나올 수 있는 문을 열어줄지도 모른다.

27

집에 들어갈 때 왜 아들 녀석이
나를 피하는지 모르겠어요

고등학교에 간 뒤 아들은 매일 저녁 소파에 파묻혀 텔레비전만 보고 있다. 식탁에서는 몇 번씩 반복해 물어야 억지로 한마디 하고 식사를 마치기가 무섭게 자기 방에 들어가 버린다. 당신은 아들의 태도가 신경에 거슬리기도 하지만 걱정스럽기도 하다.

온 가족에게 필요한 위기

청소년기의 젊은이들은 자기 자신에 불만족스러워한다. 그들의 몸은 자신도 통제할 수 없는 변화를 겪고 있다. 머릿속도 어수선한 것이 어떤 혼돈 속을 헤엄치는 듯하다. 그들은 누구인가? 어디로 가고 있나? 무엇을 원하나? 그들 자신도 잘 모른다. 인생의 이 전환기에서 젊은이들은 모든 방식에 거의 무조건, 하지만 크게 드러내 놓지는 않고 저항한다. 그렇기 때문에 시간마다 의견이 바뀌고, 그 결과 불안정한 세상에서 살게 되는데 이는 불편함과 불쾌감만을 초래하며 흔히 다른 세대, 특히 부모 세대와의 충돌로 귀착한다. 그들이 보기에 어른들은 늙고 무능하다. 왜곡되고 어리석어 보일 수 있는 이런 태도 앞에서 부모들은 때로 매우 엄한 태도를 보인다. 이때 부모와 자식 간의 가치관의 차이는 화약에 불을 붙이는 결과를 가져온다. 충돌이 발생한다. 충돌을 겪는 것은 양쪽 모두에게 힘들 때가 많지만 당사자들을 자신의 역할과 세대 속에 다시 데려다 놓는 장점이 있다. 기성 세대들은 그들의 청춘이 완전히 끝났다는 것을 알게 되고, 청소년들은 자신들은 부모와 다르며 자신들의 혁신적인 생각으로 세상의 모습을 바꿀 수 있을 거라는 생각을 굳힌다. 하지만 모든 젊은이들이 그들의 불만을 말로 표현하는 것은 아니다. 개중에는 은둔과 침묵 속으로 도피하는 젊은이들도 있다.

왜 자신을 괴롭히는 것을 분명히 표현하지 않는가?

1주일에도 며칠씩 당신의 직장 경력, 생활 환경 등을 끊임없이 비방하는 아이와의 대결에 몰두하고 싶지 않다고 해서 아이로 하여금 침묵 속에 빠져 있게 내버려둘 수는 없다. 무엇보다도 먼저 만일 아이가 은둔을 선택한 것은 그런 태도가 아이에게는 당신과 거리를 둘 수 있는 유일한 방법이기 때문임을 알아두어라.

두 가지 행동 지침: 애정과 신중함

— 부드럽게 하라. 지나치게 강요하는 듯한 태도로 나가면 아이의 반발을 초래할 수 있다. 어쩌면 아빠가 아들과의 대화를 더 쉽게 시작할 수 있을지 모른다. 청소년기의 아이들은 흔히 동성의 부모와 더 친하다.

— 아이가 어떤 식으로 또래들과 어울리는지를 관찰하라(29장 '엄마는 집에 엄마가 없을 때 친구들을 부르는 걸 싫어해요'를 참조하라). 친구들과 있을 때 어떤 태도를 보이는지를 알면 아이의 현재 상황을 어느 정도는 파악할 수 있을 것이다.

— 마지막으로 공통 취미(테니스, 낚시 등)를 핑계 삼아 계속 아이와의 접촉을 시도하라. 이를테면 어떤 게임, 함께 보낸 어떤 휴가 등에서 관

계를 회복할 수 있을지도 모른다. 다만 당신을 '친구 같은 부모'와 자식 간의 관계로 빠지지 않도록 주의하라. 그런 태도는 아이로 하여금 안정을 찾는 데 도움을 주기보다는 아이를 더욱 혼란에 빠뜨릴 수 있다. 특히 애정과 신중함을 갖고 아이가 성숙해 가는 과정에 동반할 수 있도록 노력하라.

그리고 아이의 안전이나 미래에 속하는 것에 대해서는 강경한 태도를 유지하되 중요하지 않은 것들에 관해서는 양보할 줄도 알아야 한다.

집에 들어가면 아이가 틀어 놓은
랩 음악으로 집 안이 들썩들썩해요.
나는 집이 좀 조용하면 좋겠는데……

청소년기에 접어든 당신의 자녀는 언제나 랩을 듣는 듯하다. 가끔씩은 듣는 음악 장르를 바꿔 보라고 아무리 권해도 매일 저녁 당신이 현관문을 밀고 들어갈 때 들리는 리듬은 늘 똑같다……. 아이가 당신을 화나게 하려고 그러는 것일까?

대체 랩이 무엇이길래?

랩이라는 음악은 비판의 한 형태로 등장했다. 사실 랩은 경찰, 권력 기관, 사회의 토대 자체, 부모들의 원칙을 비난한다. 랩은 오늘날의 젊은이들, 특히 대도시의 변두리에 사는 젊은이들에게 앞이 보이지 않는 꽉 막힌 세상에 대한 그들의 시각과 원한을 표현하는 하나의 방식이다. 랩은 또 때로는 그룹을 만들어 유명해진 또 다른 젊은이들처럼 그곳에서 빠져나올 수 있다는 희망을 주기도 한다.

하지만 내 아들은 살기 힘든 변두리 젊은이도 아닌데……

맞다. 하지만 당신 아들은 또래의 모든 젊은이들과 마찬가지로 자신의 정체성을 탐색중인, 가족의 선택이나 취향과 구분되고 싶어하는 젊은이이다. 그에게는 공통 기준의 선택에서 자신의 연대성을 발견하는 집단에 합류하는 것도 필요하다. 따라서 아이가 예상대로 휴대용 카세트, 거꾸로 쓴 모자 또는 자기 같은 아이 셋은 들어갈 정도로 통 넓은 바지를 과시하고 다닌다면 그것은 당신을 화나게 하기 위해서만이 아니다. 그것은 모든 청소년들이 공통적으로 겪는 정상적인 과정의 하나인 것이다. 갑자기 그런 음악을 못 듣게 하거나 아이가 좋아하는 액세서리를 걸치지 못하게 하는 건 아들에게 정면으로 도전하는 행위이다. 그것을 피하려면 아이에게 음악듣는 시간을 줄일 것, 집이 떠나가도록 크게 틀어 놓지 말 것, 다시 말해 부모를 존중할 것, 카세트 **CD**를 사되 자신의 용돈으로 살 것 등을 요구하라. 아이가 진정으로 랩을 사랑한다면 그것을 금전적으로도 수용해야 한다.

그다음에는 문제를 객관적으로 바라보라. 설령 그것이 비판을 논한다해도 그건 고작 노래일 뿐이다. 잠시 뒤로 물러나 그 나이 때 당신 자신의 상태가 어떠했는지를 회상해 보라. 60년대의 록이나 80년대의 펑크 음악도 의도적인 선동이라는 분야에서 랩에 전혀 뒤지지 않았고, 노랫말도 은근과 끈기를 가지고 노력하자는 내용은 아니었으므로…….

참고 서적

《청소년기 아이들이 열광하는 것》, 필립 브레노, 〈부모 편에서 중요한 것들〉, 밀랑 출판사.

II

아이들의 친구들

29

"엄마는 집에 엄마가 없을 때 친구들을 부르는 걸 싫어해요."

당신은 딸이 친구들을 집에 부르는 것을 흔쾌히 허락하는 편이었지만 저녁에 귀가했을 때 집안 꼴이 그 지경이 될 거라고는 예상치 못했다. 개수대에는 설거지할 그릇이 산더미처럼 쌓여 있었고, 재떨이마다 담배꽁초들로 넘쳐났다……. 물론 딸은 엄마를 골탕 먹이는 짓은 두 번 다시 안하겠다고 약속했다!

그래도 집을 계속 개방하는 것, 그것이 중요하다

친구들과 함께 즐거운 시간을 보내기를 바라는 것은 당연하다. 세상에 대한 폭넓은 개방을 특징으로 하는 인생의 이 시기에 아이의 교류는 증가하고 그것은 오히려 좋은 신호이다.

— 개방된 집은 밖으로만 나가려 하는 아이의 욕구를 억제해 주며, 아이는 느끼지 못하겠지만 아이를 좀더 집에 있도록 잡아준다.

— 집을 아이의 친구들에게 개방하는 것(어떤 규칙과 한계를 지키면서), 그것은 어느 정도는 딸의 사회 생활을 공유할 수 있는 가능성을 당신에게 주는 것이다. 그리고 딸로 하여금 어떤 함정들을 피해 가도록 도와주는 데 더욱 적합하다.

— 아이가 자주 어울리는 친구들을 알아둠으로써 딸이 친구들과 맺고 있는 관계의 성격을 더 잘 이해할 수 있다. 딸이 무엇을 하고 누구와 대

부분의 시간을 보내는지 모른다면 당신은 딸과 친구들과의 관계에 관해 곧 할 말이 없어지고, 딸도 그에 관해 의견을 묻는 일이 점점 줄어들지 모른다. 가정이라는 고치 안에 새끼들을 가둬두지 않는 한 당신은 피할 수 없는 문제들에 부딪칠 것이고, 그것들이 언젠가는 폭발하면서 어떤 피해를 야기할지 모른다.

— 친구들과 함께 있는 딸의 모습을 관찰함으로써 당신은 그 아이의 행동에서 나타날 수 있는 갑작스러운 변화(회피, 식습관의 변화, 잦은 용돈 요구 등)를 더 잘 알 수 있고 가능한 한 빨리 대처할 수 있다.

그리고 그럼으로써 조만간 아이들과의 추가적 충돌이 시작되는 것을 막을 수 있다.

상황을 규정하라

이럴 때에는 부모가 규칙을 분명하게 정해 놓아야 한다.

당신과 남편은 부모로서 존중받아야 하며, 딸의 무절제를 참아야 할 이유가 없다는 것을 알려야 한다. 왜냐하면 부모의 하루하루는 그러지 않아도 이미 그런 일들로 가득 찼기 때문이다.

— 처음에는 당신이 집에 있을 때 친구들을 초대해도 좋다고 하라. 그 런 다음 별 문제가 없으면 당신이 항상 집에 있을 필요는 없다는 것을 인 정하라.

— 그다음에도 아이가 당신을 실망시키지 않으면 집을 개방해 작은 파 티를 열어도 좋다고 허락하라.

— 파티를 열되 가장 불편을 적게 하려면 몇 가지 규칙을 정해주어라 (몇 시까지는 집을 치워야 해…… 내 방에 들어가면 안 돼…… 언제까지 장 을 볼지 계획을 세워 둬……). 그리고 아이와 그 친구들이 규칙을 준수하 는지 살펴보라.

30

아이들이 이제는 뭐든지
제 맘대로 하려고 해서 외출하는 것도
더 이상 막을 수가 없어요

시간이 흐름에 따라 아이들은 어느 정도 자율성을 획득했다. 그런데 몇 주 전부터 당신은 더 이상 아무것도 통제가 안 된다는 느낌이 든다. 저녁 때 아이들이 외출하기 전에 마주쳤을 때에만 겨우 대답을 들을 수 있을 정도이다.

당신은 불안하다

최근 몇 년 동안 당신은 계속 일했고, 그러는 동안 아이들은 수요일마다 친구들과 약속을 잡아 왔다. 아이들이 어렸을 적엔 그것이 좋게만 여겨졌고 그 나이에 맞는 일이라고 생각했다. 하지만 이제 하루하루는 전혀 다른 방향으로 흘러가고 있고, 당신은 아이들이 나쁜 친구들을 만나는 것은 아닌지 의심스럽다……. 아이들이 거리를 배회하는 불량한 아이들에게 끌려가거나 이용당하지 않을까 걱정되는 것이다.

당신과 아이들 간의 관계의 성격은 어떠했나?

스스로에게 몇 가지 질문을 던져 보라.

— 당신은 지금까지 아이들과 지속적인 신뢰 관계를 형성해 왔다고 생
각하는가?

— 아이들은 학교나 친구 문제로 인한 걱정을 당신에게 알리는가?

— 아이들은 당신이 집에 없거나 일 때문에 너무 바빠서 불만이라는
기색을 보인 적이 있는가?

— 아이들은 안정돼 보이는가, 아니면 당신 앞에서 도망쳐 버리는가?

— 최근까지 당신은 아이들이 원하는 만큼 밖으로 나가게 내버려두었
는가, 아니면 그들의 움직임을 예의 주시해 왔는가?

— 당신은 자녀의 친구들을 잘 알고 있는가, 아니면 자녀들이 친구들
을 집 밖에서 만나는가? 아이들이 친구들을 숨기려 한다는 느낌이 든 적
은 없는가?

청소년들을 대할 때 어떤 입장을 취해야 할까?

청소년기에 접어든 당신의 자녀가 바깥 세상에 열린 태도를 갖고 가정
이라는 울타리를 조금쯤 벗어나는 것이 중요하다면, 그런 과정에 아이를
동참시키고, 그들에게 피해야 할 함정들을 보여주고, 예기치 않은 상황
에 휘말리지 않도록 거절하는 법을 가르쳐 주는 것도 중요하다.

— 아무 제안에나 혹은 아무 상황에나 대뜸 동조하지 않도록 아이들의
비판 정신을 훈련시켜야 한다. 아이들이 "저 애는 짜증나. 항상 명령하
려고만 든다니까……" "저 애는 자기 부모에 대해 어떻게 저런 식으로
말할 수 있는지 이해를 못하겠어……" 같은 문장을 표현할 수 있다면 그
것은 그들이 옳은 길로 가고 있다는 표시이다.

— 아이들의 교우 관계를 살펴볼 시간이 없다 해도 최소한의 관계를
알고 있고 시간을 내어 그들의 행동을 관찰하고, 그들의 말을 듣고 그들
이 일상에서 만나는 상황들을 해결하는 것을 돕는 것은 여전히 중요하다

(29장 '엄마는 집에 엄마가 없을 때 친구들을 부르는 걸 싫어해요'를 참조하라). 친구들을 잃으니 어떤 압력에 굴복하는 편이 낫다고 말하는 청소년을 만났을 땐 우선은 그를 안심시키고, 그다음엔 만일 그것이 "그걸 내놔, 안 그러면 더 이상 너를 친구로 생각하지 않겠어"라는 협박 위에 세워진 우정이라면 거기에 굴복하지 않아도 아무것도 잃을 게 없다는 것을 보여주는 편이 낫다. 친구들, 그를 더욱 존중해 주는 다른 친구들을 얼마든지 찾을 수 있으니까……

— 집에서보다 밖에서 더 많은 시간을 보내는 청소년은 흔히 가정에서 제자리를 찾지 못할 때가 많다. 편안함을 느끼려면 아이는 부모(설령 부모가 별거중이라 해도)의 품 안에 있어야 한다. 그리고 그 부모는 공통 화제가 있는 부모, "저녁 8시에는 온 가족이 모여 식사를 한다……. 아무리 늦어도 자정까지는 집에 들어와야 한다……. 그 나이트클럽은 불량한 아이들이 드나드는 곳이기 때문에 네가 가는 것을 허락할 수 없다……" 등과 같은 분명한 규칙들을 단호하게 요구하는 부모이어야 한다. 설령 어떤 상황에서 그 규칙들은 유연해질 수 있다 해도.

그것은 아이의 기쁨을 구속하는 것이 아니라 서로 존중하면서, 다른 사람을 존중할 줄 알면서 행동하는 법을 가르쳐 주는 것이다.

31

우리애가 다른 아이들로부터 공갈 협박을 당하고 있다면 어떡하죠? 내가 낮에 집에 없는데 어떻게 알 수 있겠어요?

당신은 아이에게 항상 자기 일은 자기가 하도록 부추겨 왔다. 이제 아이는 자기 옷, 자기 CD, 자기가 볼 잡지를 혼자 산다. 그래서 아이가 당신에게 돈을 요구해도 당신은 놀라지 않는다. 그런데 요즘 아이가 끊임없이 돈을 달라고 요구하는 것 같다. 당신은 의문이 생기기 시작한다.

당신의 느낌

당신은 아이가 위험에 처했다고 생각한다. 당신은 불안해하면서 만일 이 문제가 공갈 협박하는 아이들과 관련된 거라면 당신이 나서서 무언가를 하지 않으면 안 된다고 생각할 것이 틀림없다. 이제 당신은 당신이 보지 못한 학교의 그 모든 출구들, 식사 도중에 언급된 아이들의 이름 중에서 당신이 얼굴을 떠올릴 수 없는 이름들을 떠올려 볼 것이다……. 결국 당신은 죄책감을 느끼게 되고 아이가 즉시 말하지 않았다는 사실에 더 큰 죄책감을 갖게 된다. 당신은 당신이 아이 곁에 없었을 뿐 아니라 속내 이야기를 하기에 알맞은 신뢰와 경청의 분위기를 만들지 못했다고 생각한다.

당신은 이렇게 생각해야 한다

친구의 돈을 빼앗는 행위는 불행히도 많은 아이들이 흔히 겪는 현상이며, 엄마가 집에 있거나 없다는 사실이 이 문제를 변경시키지는 않는다. 가정에서 항상 자녀의 말을 귀담아듣는 분위기가 유지돼 왔다면 아이는 그만큼 자신의 이야기를 털어놓기 쉬울 것이다. 하지만 반드시 그런 것만은 아니다. 감정적인 면에서 가장 취약한 아이들은 공갈 협박하는 아이들이 선호하는 표적이 된다. 그런 아이들은 대개, 적어도 어린 아이들을 상대로 할 때에는 감정적 협박이라는 무기를 사용하기 때문이다("네 필통 안 주면 너랑 안 놀 거야……"). 사랑을 갈구하는 아이들은 쉽사리 이 게임에 빠져들고 자기에게 책임이 있다고 생각한다. 얼마 후 아이들은 침묵 속으로 빠져들고 그것은 사태를 악화시킬 뿐이다.

어떻게 알 수 있나?

얼마 전부터 아이가 돈을 달라는 일이 많아졌다. 그 요구들이 항상 정당해도(CD-Rom을 사야 해요, 영화관에 갈 거예요 등) 아이가 거기서 어떤 이익을 얻는지에 관한 증거를 확보하기가 어렵다. 영화가 재미있었는지, 전에 산 책의 내용이 만족스러운지 등을 물어보면 아이는 항상 당신의 질문을 피하든지 아니면 단편적으로 대답하는 경향을 보인다. 아이가 당신이 준 돈을 이용하지 못하는 것 같은 느낌이 점점 더 강하게 든다. 그리고 당신이 아이의 비싼 만년필이나 새로 산 잠바가 어디 있는지 물어보면 아이는 당연히 잃어버렸다고 대답한다.

아이의 태도는 점점 더 이상해져 가는데도 당신이 아이에게 학교에서 남의 물건이나 돈을 빼앗는 친구들이 없냐고 물어보면 아이는 무뚝뚝하게 "있죠. 가끔 그런 일이 있지만 전 아니에요"라고 대답할 뿐이다. 아이가 이렇게 말하면 당신은 그가 그런 무리 속에 속하지만 당신에게 말할 용기를 내지 못하는 거라고 생각할 수 있다.

어떤 태도를 취해야 하나?

― 만일 그런 의심이 들면 일반적인 공갈 협박에 관한 이야기부터 시작하라. 아이에게 너무 직접적으로 그 문제에 관해 물어보면 아이의 반발을 초래할 수 있다. 실제로 공갈 협박을 당하는 아이들은 수치심과 무력감을 느낀다. 아이에게 만일 친구들 중에 그런 상황에 처한 아이들이 있으면 그 사실을 부모나 학교 책임자들에게 알리는 것이 중요하다고 말하라. 왜냐하면 공갈 협박은 없어져야 할 현상이기 때문이다. 그런 짓을 하는 아이들에게 그럴 권리가 없다는 말을 대화중에 넌지시 암시하고, 부모는 자식을 보호하기 위해 존재하며 힘든 일이 있으면 털어놓아야 한다는 것을 상기시켜라. 이렇게 덧붙여도 좋다. "만일 네가 그런 상황에 있다면 우리는 너를 혼자 내버려두지 않을 거야. 네 곁에 있으면서 그 문제를 종결지어 줄 거야. 그런 애들에게 굴복하는 건 그들에게 그런 짓을 계속할 동기를 제공하는 거야. 그런 짓은 자발적으로 그만둘 수 없거든."
― 그런 다음 그 말이 효력을 나타낼 시간을 주어라. 아이는 상황을 다른 식으로 파악할 수 있다는 것을 깨달았을 것이다. 만일 그래도 입을 열지 않고 그와 동시에 용돈을 달라는 요구가 거듭되면 아이의 친구들에게 조심스럽게 물어보라. 그들이 당신의 의심을 확인해 주면 그때는 이 문제에 정면으로 접근해야 한다.
― 특히 아이에게 어떤 비난도 하지 말고(아이는 가족들이 자신을 신뢰하고 있다고 느껴야 한다) 겁먹지 않은 당당한 모습을 보여줘라. 엄마랑 같이 학교에 가서 교장에게 이 문제를 말하자고 제안하라. 학부모회와

연락을 취해 이런 짓을 막고 자녀들을 안심시킬 수 있는 집단 행동을 계획하라.

— 사태를 그대로 놔둘 수 없으며 이럴 때 침묵하는 것은 법을 벗어난 모든 행동에 문을 활짝 열어주는 일일 뿐이라고 아이에게 설명하라.

— 공갈 협박이 학교 밖에서 자행되고 있을 경우 필요하다면 망설이지 말고 경찰 당국에 이 사건을 의뢰하라. '재물, 재화 강탈' 또는 '폭력을 동반한 도둑질' 혐의로 상대를 고소할 수도 있다. 보복이 두렵다면 검사의 승인하에 당신의 주소 대신 경찰서의 주소를 기입해도 된다. 당신 아이의 안전을 지키는 것이 경찰의 할 일인 것이다.

어떤 교훈을 얻을 수 있나?

공갈 협박이 나타나는 연령이 점점 더 낮아지고 있으며 가장 어린 아이들도 안전하지 않다. 당신의 자녀가 그 피해자가 되는 것을 막으려면 매일 저녁 시간을 내어 대화를 나누고 아이가 걱정을 털어놓을 수 있는 분위기를 만드는 것이 중요하다. 부모와 끊임없이 대화를 나누는 아이는 자신감을 갖고 이런 상황에 대처하는 법을 배울 수 있다. 대화 중간중간에 만일 유치원 때부터라도 여자친구가 자신의 사랑에 대한 대가로 뭔가를 달라고 요구하면(아이가 그런 식으로 행동할 만한 이유가 있을지도 모르지만) 그건 그 애가 사랑을 공짜로 주는 법을 몰라서 그러는 거라고 설명해 주어라. 그러므로 아이가 친구 고르는 법을 배우는 것, 그리고 그 친구들은 함께 있는 데에서 오는 기쁨 외에 다른 것을 바라지 않고 그와 시간을 공유할 줄 아는 것이 중요하다.

32

딸의 새 친구들이 그 애를 레이브 파티에 데려가고 싶어한다는 걸 알았어요

얼마 전부터 17세 된 당신 딸이 만나고 다니는 친구들의 폭이 부쩍 넓어졌다. 시간이 없어서 아직 새 친구들을 만나 보지는 못했지만 딸이 자신의 계획을 알려주었을 때 당신은 더럭 겁이 났다. 당신은 만약 당신이 집에 많이 있었고 딸의 세계를 잘 알았더라면 지금보다 더 잘 대응할 수 있었을 것이라는 생각을 떨쳐 버릴 수가 없다…….

레이브 파티가 도대체 무엇인가?

이것은 수백 혹은 수천 명의 젊은이들이 폐쇄된 공간(공장, 채석장 등)에 은밀히 모여 밤새도록, 또는 깊은 밤까지 테크노 음악에 맞춰 춤추는 것을 뜻한다. 아침까지 버티기 위해 대부분 암페타민과 유사한 불법 제품인 엑스터시 같은 것을 사용하는데, 이것은 그들에게 환각을 일으키고 피곤함을 잊게 해주고 인체의 박동을 느끼게 해준다. 하지만 이런 유형의 제품에는 위험이 없지 않으니 이것은 불안, 체온 상승, 심장 박동의 증가, 탈수증을 일으킬 수 있다. 또 제조 과정에서 쥐약 같은 다른 물질이 들어가면 죽음을 초래할 수도 있다. 대개 주최 측은 '세계의 의사들' 같은 구급 의료 단체에 도움을 청해 놓으며, 그들은 정보를 제공하고 누군가 기분이 좋지 않다고 말할 때부터 개입하며 유포되는 제품의 분석도 실시한다.

LSD처럼 더 해로운 물질들도 유포될 수 있다.

대부분의 젊은이들이 이런 모임에 끌리는 것은 부모들 세대와의 철저한 차별 속에서 자신의 존재를 알릴 수 있기 때문이라는 이유도 있다. 게다가 이런 모임은 대개 무료이고 항상 불법적이며(젊은이들은 그래도 전혀 상관없다), 청소년들의 눈에 희망 없어 보이는 미래(실업, 계획을 세울 수 없는 것에 대한 두려움 등)를 잊고 즐길 수 있게 해준다.

어떻게 대처할 것인가?

당신이 아이의 간청에 무뚝뚝하고 단호하게 "안 돼"라고 하면 반발을 살 수 있다. 어쨌든 몇 달 있으면 아이는 성년이 될 것이기 때문이다. 그리고 그건 당신이 모르는 그 아이의 인생이기 때문이다. 만약 아이가 고집을 부리면 말리기 어려울 것이다. 반대로 당신이 시간을 갖고 그런 파티가 내포한 위험 요인들을 침착하게 알려준다면 아이는 충분한 사전 지식을 갖고 결정을 내릴 수 있을 것이다. 아이에게 그런 곳에는 마약이 돌아다니고 위험한 상황에 빠질 수 있다는 것도 물론 말해주어라. 당신 딸이 정신적으로 안정된 아이라면 그런 위험한 모험을 시도하는 것이 당연하다고 생각할 리가 없다. 집요한 감시는 아이의 기분을 상하게 할 수 있다. 재치 있게 처리할 수만 있다면 당신은 아이의 첫번째 느낌들을 공유하는 데 적합한 신뢰의 분위기를 유지할 수 있을 것이다. 이렇게 하면 아이는 자기가 겪은 일을 약간 거리를 두고 바라볼 수 있을 것이다.

앞으로도 끊임없이 이 말을 되풀이하겠지만, 아이에게 정보를 알려주고, 아이의 말을 듣고 의견을 나누는 것이 최선의 예방책이다.

III

조부모

33

아이를 봐주시는 친정어머니가 나의
양육 방식에 대해 끊임없이 충고를 해요

"계속 그런 식으로 처신하면 아이는 절대 청결히 하는 법을 모를 거다" "너는 너무 쉽게 양보하는구나." 이것이 당신과 당신 어머니와의 관계의 특징을 잘 드러내는 두 문장이다.

틀에 박힌 생각들을 털어 버려라

당신은 실망했다. 그동안 당신은 당신의 아이를 지켜줄 이상적인 사람은 당신의 어머니라고 철석같이 믿고 있었으며, 자신이 그렇게 비판적인 입장에 처하리라고는 한 번도 상상해 보지 못했다. 그런데 우리가 이런 가족 구성원들을 가지고 상상할 수 있는 매우 미화된 이미지와 달리 현실이 항상 꿈같은 것은 아니다. 당신은 그저 어머니를 기쁘게 하려던 것이었는데. 또는 어머니의 요구가 집요한 만큼 그저 어머니를 실망시키지 않으려던 것뿐이었는데.

당신이 쩔쩔매는 이유

— 오랜 경험을 갖춘 어머니에 비하면 당신은 경험 없는 새내기 엄마이기 때문이다.

— 당신은 당신 어머니의 딸이면서 당신 아이의 엄마이고 싶다. 이것은 당연하고 정당해 보인다.

— 당신 어머니는 당신에게 이러쿵저러쿵 지적을 하면서 자신이 할머니이기도 하지만 당신의 어머니라는 것을 분명히 표현하고 있는 것이다. 그녀는 어느 위치도 잃고 싶지 않으며, 그래서 (당신이 보기에, 그리고 아마 실제로도) 불필요한 잔소리를 하는 것이다.

— 역할이 서로 겹쳐질 때 각자의 한계는 더 흐려지고 정의하기도 어렵다. 게다가 어머니가 당신을 딸의 서열로 밀어내면서 당신 자리를 빼앗는다는 생각이 들 때도 있다. 그리고 갑자기 당신이 아기에게 엄마보다 큰언니 같은 역할을 더 많이 해주는 듯한 기분이 든다.

— 당신은 '손자'에게 너무나 헌신적인 태도를 취하는 당신의 어머니에게 배신당하고 버림받은 기분이 든다.

때로 아이의 출현은 그동안 잠재되어 있던 어머니와의 끝나지 않은 갈등을 다시 활성화시키곤 한다. 부모라는 새로운 입장을 제대로 수용하려면 자신의 부모와 멀어져야 한다. 다시 말해 그들의 교육적 선택에 충분히 거리를 두고 그것이 반드시 더 낫다는 보장은 없다고 생각하면서 다른 식으로 해볼 수 있어야 한다.

이 난관을 어떻게 빠져나갈 것인가?

상황이 갑갑하고 불편해지면 우선 당신의 어머니에게 말하는 편이 낫다. 설령 그것이 어려워 보여도 당신 아이를 위하는 길이라고 생각하라. 실제로 아이가 어떤 관계 불균형의 희생자가 되어서는 안 된다.

그러므로 당신 어머니에게 이것이 그녀와 직접 관계는 없으나 당신 자신의 자리를 찾기가 어려우니 아이를 가족 아닌 다른 사람에게 맡기는 편이 낫겠다고 말하라. 어머니에게 당신은 이것이 아이를 위해 원하는 바를 분명하게 표현할 수 있는 전형적인 예로 볼 뿐이라고 명확히 밝혀라.

부모와 조부모 활용법

— 휴가 때, 가끔씩 토요일에, 손자손녀들의 모임 같은 분명한 경우에 아이들을 조부모에게 맡겨라. 일상적으로 맡기기보다는 '예외적으로' (이것은 '드물게'라는 말과 같이 간다) 맡기는 편이 낫다.

— 조부모가 그들의 경험을 들려주는 것은 용납하라. 비록 그들의 문장 표현법이 항상 능숙한 건 아니고 또 같은 이야기가 되풀이되더라도.

— 아이들에게 할아버지 할머니 집에 있을 땐 두 분의 지시에 따라야 한다는 것, 다시 말해 그분들을 존중해드려야 한다는 것을 일러줘라. 당신과 그들의 교육 원칙이 몇 가지 점에서 서로 대립하긴 하지만 그것은 중요치 않으며 흘러가게 놔두는 편이 낫다. 당신 아이들이 가정이라는 둥지로 돌아갈 때 당신은 방침을 바꿀 것이다. 아이들이 다양한 계층, 다양한 상황에 대면할수록 타인에게 열린 사람이 되고 '사회성 있는' 아이가 될 거라고 생각하라. 여러 권위의 얼굴들을 마주해 보는 것이 그들에게 유익하다. 아이들이 오직 하나의 권위밖에 모르면 학교나 여름학교 동아리 같은 조직의 규칙에 복종하는 데 많은 어려움을 겪을 수 있다.

— 당신 부모에게 아이들 앞에서 엄마의 교육적 기능을 문제 삼지 않았으면 좋겠다고 말해라. 당신은 어떤 역할과 이미지를 고수해야 한다. 그들은 절대로 당신의 말을 들어야 하며, 그러지 않으면 극약 처방을 시도해 보라. 즉 더 이상 그들을 만나지 않는 것이다.

참고 서적

《조부모가 되는 기술》, 마리 프랑수아즈 퓌슈와 주느비에브 라플라뉴, 미네르바 출판사, 1999년.

34

남편은 아이들이 너무 자주
외갓집에 가는 것을 싫어해요

당신은 항상 부모에게 아이들을 봐 달라고 부탁해 왔지만 지금 당신 남편은 그런 습관에 더 이상 동의하지 않는 눈치이다.

남편은 왜 그것을 싫어할까?

남편은 자기 아이들이 아빠보다 외할아버지 외할머니와 더 많은 시간을 보낸다고 생각한다. 그는 자식은 물론 아빠의 역할마저 빼앗기고 있다는 느낌이 점점 더 많이 든다. 당신 남편은 존재하지 않는 것 같은 느낌, 부정되는 듯한 느낌을 받는다……. 어쩌면 아빠와 직접 관계된 결정들에서조차 애들이 더 이상 아빠의 의견을 물어 오지 않을 때가 있을지 모른다.

이런 상황은 자신의 부모와 대면하는 것을 불편하게 만들지 모른다. 왜냐하면 그들은 여느 조부모들처럼 손자들을 자주 데리고 오지 않는다고 비난하기 때문이다. 갑자기 그는 나쁜 아빠, 나쁜 아들이 된 것 같은 기분이 들고, 어쩌면 나쁜 남편이 된 것 같은 느낌도 가질지 모른다. 그가 보기에 당신이 남편보다 당신 부모의 존재를 더 중시하는 것 같을 때에는 특히 더.

이런 반응을 보일 수 있다

■ 당신

처음 당신은 남편의 불만을 일반화하려는 경향을 보일지 모른다("별 것 아니야, 그러다가 말거야"). 왜냐하면 지금 같은 상황을 그대로 밀고 나가는 것이 당신에게는 훨씬 더 유리하기 때문이다. 실제로 아이들을 친정집에 맡기면 당신은 안심하고 떠날 수 있고 혹 집에 늦게 들어올 경우에도 그들이 당신에게 어떤 잔소리도 하지 않으리라는 것을 알기 때문이다. 당신은 아이들이 외할아버지 외할머니와 있는 것은 당신 자신과 있는 것과 거의 비슷하다고 평가할지 모르나, 바로 그 점에서 당신의 생각이 틀렸을 수도 있다.

가족 안에서 각자에게는 정해진 자리가 있어야 한다. 부모는 자녀를 낳아준 사람들일 뿐 아니라 자녀의 상징적 기준이기도 하다. 아빠는 법의 대표자이다. 아빠는 엄마에게 그녀가 엄마인 것이 맞지만 자신의 아내이기도 하다는 것을 알리고, 자녀에게는 엄마 말고 다른 사람들도 존재한다는 것을 알리는 분리자 역할을 한다. 그는 자녀에게 규칙과 금지를 선고함으로써 상징의 세계로 진입하게 해준다. 감정적이고 감각적인 관계에서는 엄마보다 적은 비중을 차지하지만 자녀를 세상을 향해 개방시키는 것을 지향한다. 일례로 학자들은 자극하는 역할은 아빠들이 엄마들보다 더 많이 한다는 것을 관찰했다. 아빠들은 자기 새끼들이 끊임없이 배우기를 바라는 것이다.

조부모들은 손자들에게 감정적 지지를 해주고 가족사 안에서 차지하는 그들의 위치를 보여줄 수는 있지만 어떠한 경우에도 부모(직접 낳아준 존재만이 부모로 불릴 수 있다)를 대신할 수는 없다. 그래야 모든 사람이 가계 안에서 자기 자리를 찾을 수 있다. 아이가 생각하는 타인의 역할과 입장을 각자 존중하는 것이 좋다. 아이는 각자의 한계가 어딘지를 알고 있으며 그 안에서 안심한다.

■ 남편

아무도 자기 말에 귀 기울이지 않는다고 느끼게 되면 지친 남편은 배를 떠날지 모른다. 남자는 거세 상태(이는 존재하지 않는 것과 흡사하다)를 무한정 참을 수 없으며 당신도 그에게 그것을 강요할 수는 없다. 혹은 당신 자신이 그를 아이를 낳은 사람으로 볼 뿐 아빠로 인정하지 않는 것일 수도 있다.

이상적 태도

— 대화를 나누면서 모든 문제를 다시 검토하고 각자의 특권을 새롭게 규정하라.

— 당신과 부모 간 관계의 본질을 자문해 보고 부모의 압력에서 벗어나려고 노력하라. 딸이 부모, 특히 아버지로부터 충분히 분리되지 않았을 때 아버지를 기쁘게 하기 위해서 아이를 가질 수 있다. 이런 전형적인 경우에는 제대로 해결되지 않은 오이디푸스 콤플렉스가 문제가 된다(아래 박스 글을 보라).

당신이 이런 보호 방식을 택한 것이 혹시 그 방법이 너무 편해서라기보다 부모를 실망시키지 않기 위해서는 아닌지?

당신의 남편은 때로 당신이 부모에게 후손을 바쳤고 두 사람의 부모로서의 기능은 완전히 지워졌다고 느끼지는 않는지?

오이디푸스 콤플렉스란 정확히 무엇인가?

프로이트는 오이디푸스(소포클레스의 비극에 나오는 유명한 인물로 어머니와 결혼하고 아버지를 죽였다) 콤플렉스가 2~5세 사이에 나타난다고

보았다. 이것은 인격 형성의 한 중요한 시기를 의미한다. 성인이 된 후의 행동들, 이를테면 사랑하는 사람의 선택, 가족 관계의 본질 같은 것은 부분적으로 이것의 해결에 달려 있다.

오이디푸스 콤플렉스란 이성 부모에게는 매력을 느끼고 동성 부모에게는 증오심이나 경쟁심을 갖는 것이다. 소년이냐 소녀냐에 따라 몇 가지 다른 점이 존재하는데, 소년들의 경우 오이디푸스 콤플렉스가 사랑하는 대상의 변화를 전제하지는 않고 여전히 어머니에게 집중돼 있는 반면 소녀들의 경우에는 전위(轉位)가 일어난다. 이것의 해결은 아버지가 어머니와 자식의 융합을 막을 수 있느냐 하는 데 달렸다. 이 단계는 이원적 관계에서 성적, 세대별 차이를 인정하기에 이르는 삼원적 관계로의 이행을 허용한다. 오이디푸스 콤플렉스의 해결과 상징 체계로의 접근(언어의 습득 등)은 아이로 하여금 주체와 사회적 존재로서의 자신의 자율성을 자각하게 하는 것을 목적으로 한다.

35

친정어머니는 나를 도와주러 올 때마다 내가 애들을 너무 풀어준다고 말해요

"넌 단호하지가 못해……. 내가 엄마라면 이런 식으로 내버려두지는 않을 게다……." 남편이 출장간 사이 친정어머니가 며칠 지내러 올 때마다 당신은 이런 잔소리를 듣는다. 그리고 당신은 그 잔소리를 참기가 점점 더 힘들어진다.

시대가 바뀌었고 아이들의 교육도 바뀌었다

최근 2~3세대를 거치는 동안 아이들에게 제공되는 교육은 많이 바뀌었는데 이는 프랑수아즈 돌토(참고 문헌을 보라) 같은 정신분석학자들의 수많은 연구 결과 덕이다.

오늘날의 부모들은 과거의 부모들보다 자녀들과 대화도 더 많이 하고 자녀들의 이야기도 더 많이 듣는 듯하다. 오늘날의 부모들은 대부분 자녀들에게 엄격한 규칙을 적용하려는 경향이 덜하며("손가락으로 집어먹으면 못써" 등) 아이들과 직접 관련된 선택들의 경우(옷, 스포츠나 문화적 활동 등)에는 아이들에게 많이 간청하는 편이다. 그런 부모들은 어른이 아이의 말을 들어줘서 아이가 독재자가 되는 게 아님을 알고 있다. 마찬가지로 아이로 하여금 자신의 생각을 표현하게 놔둔다고 해서 아이의 모든 것을 받아줘야 한다거나 아이에게 어떤 규칙도 정해주어서는 안 된다는 의미는 아니다. 규칙은 아이의 성장을 돕기 위해 만들어지는 것이지 어른이 권위를 과시하거나 아이의 최소한의 욕구마저 무효화시키라고 만들어지는 것이 아니다.

부모들은 대개 즉각적인 기쁨을 추구하려는 데에서 나오는 아이들의 요구에 직면했을 때 어떤 조화를 발견하려고 노력한다(그럴 때 독단이 개입할 여지가 가장 적다).

어머니에 대해

■ 당신의 느낌
— 어머니는 당신이 엄마 자격이 없다고 생각한다.
— 어머니는 당신을 어린아이 취급한다.

■ 당신이 어머니에게 할 수 있는 말
— "엄마에게 도움을 청하는 건 며칠 동안 엄마의 지원이 필요해서예요. 나를 비난하는 데 엄마의 시간과 정력을 쓰는 건 내 일을 도와주는 게 아니라 정반대예요. 하지만 내가 아이들을 기르는 방식 가운데 엄마 마음에 들지 않는 것에 관해 나중에, 조용히 이야기해 보는 건 반대하지 않겠어요."

— "나는 엄마와는 매우 다른 삶을 살고 있어요. 그건 내가 일을 하기 때문이에요. 하지만 내게 특별한 비결은 없어요. 내가 그다지 나쁘지 않다고 간주하는 몇 가지 방침들을 지키려고 노력하면서 그날그날을 만들어 나가려고 노력하는 거죠."

어머니의 생각이 어떻든, 아이들에 대한 교육 방침이 어머니 시대 방법과는 많이 다르다는 것을 얼마든지 공격적이지 않은 태도로 상기시킬 수 있다.

— "내 아이들에 대한 교육 방침은 아이들 아빠가 원하는 방침이기도

해요. 이 문제는 우리 두 사람 일이고 우리는 정기적으로 이 문제에 대해 의논하고 있으니까 염려 마세요.”

제삼자(이 경우 아빠)를 끌어들이는 것은 각자에게 자신의 자리를 되찾게 해준다.

— “쥘리한테는 짐 싸는 요령을 가르쳐 주시고 쥐스탱에게는 종이비행기를 만들어 주세요. 그런 쪽에서는 엄마가 최고잖아요…….”

어머니의 자질, 기술 등을 높이 평가하면 어머니는 자신이 손자 손녀들과 함께 즐거운 시간을 공유하기 위해 이곳에 왔다는 것을 상기하게 된다. 그 결과 당신과 어머니는 더 이상 경쟁자가 아니게 된다. 왜냐하면 당신의 능력 밖에 있는 어떤 일을 해달라고 아이들의 할머니에게 제안하는 것이기 때문이다. 게다가 자신의 시간을 시시콜콜한 데에서 쾌감을 느끼는 데 쓰는 것보다는 감정을 교류시키는 역할을 하는, 즐거운 활동을 하는 편이 더 기분 좋은 일이다.

■ 당신이 할 수 있는 일

만일 당신 어머니가 막내가 손가락으로 음식을 집어먹는 것을 참지 못하고 당신에게 잔소리를 하는 바람에 당신은 그것이 진짜 문제라고 생각지 않는다는 것을 어머니에게 이해시킬 수 없다면, 다음번에 남편이 잠시 집을 비울 때에는 달리 계획을 짜라. 당신의 능력과 필요에 따라 애 봐주는 사람이나 이웃집 엄마, 친구 등에게 도움을 청하라. 그래야 육체적 피로는 어떨지 몰라도 적어도 많은 양의 불필요한 스트레스를 받는 일은 피할 수 있다.

단 당신의 어머니가 그것을 하나의 제재로 받아들이지 않도록 충분히 세심하게 행하고, 아이들에게는 그것이 낫다는 것을 설명하라. 당신의 어머니는 좀더 부드러운 상황에서 좀더 짧은 기간 동안 오게 하는 편이 낫다. 아이들도 쉽게 알아들을 것이다.

36

아이한테 너무나 존재감이 컸던 할아버지가 돌아가셨어요

당신의 시아버지는 항상 당신에게 작은 도움들을 주었다. 5세 된 손자를 유치원에서 데려와 유도학원에 데려다 주기도 하고 수요일에는 손자와 많은 시간을 함께 보내기도 했다. 그런 시아버지의 사망 소식을 방금 들었다. 당신은 아이가 그것을 잘 받아들이지 못할까 봐 겁이 난다.

아이에게 어떻게 슬픈 소식을 알릴까

할아버지의 죽음 같은 집안의 큰 사건을 말하지 않고 지나갈 수는 없다. 아이가 자신에게 닥친 일에 대해 죄책감을 느끼거나 당신을 보호할 필요성을 느끼지 않게 하려면 당신이 이 상황에 대해 어떤 말을 해줄 필요가 있다. 그것은 분명히 아이의 역할이 아닌 것이다. 조용한 때, 그리고 아이의 아빠가 있을 때 아이에게 말하라. "할아버지가 돌아가셨단다⋯⋯." 그런 다음 궁금한 게 있느냐고 물어보고 대답해 주려고 노력하라. 그렇게 함으로써 죽음은 당신이 두려워하는 대상이 아니라는 것을 아이에게 보여주어라. 설령 이 임무가 당신에게 어렵고 배은망덕하게 여겨지더라도 적어도 어른들의 두 가지 믿음은 버리려고 노력하라.

— 아이들은 어른들과 달리 죽음을 비극으로 받아들이지 않는다. 그들은 곧 온갖 각본을 짠다. 사람이 하늘로, 별 위로 사라진다는 식의⋯⋯ 또는 죽은 사람에게 특별한 재주를 부여하기도 한다(우리는 그를 보지 못

하지만 그는 우리를 본다는 식의).

— 죽음은 금기가 아니다. 당신이 종교적 믿음을 가졌건 안 가졌건 간에 죽음을 삶의 한 단계로 소개하면 아이들은 안심할 것이다. 육신이 썩음으로써 땅을 비옥하게 해주고, 꽃·식물·나무 등의 성장을 돕는다고 설명하라. 영혼으로 말하면 그것은 여전히 거기 있으며, 죽은 사람을 생각하기만 해도 그를 살릴 수 있고 우리 바로 곁에 있게 할 수 있다고 말하라.

하지만 이 모든 설명으로도 고통이 표현될 수 있는 어떤 분위기의 지속이나 정착을 막을 수는 없다. 아이는 할아버지의 죽음을 슬퍼하고 할아버지가 너무나 보고 싶다고 말할 권리가 있다. 만일 그런 일이 생기면 다정하게 아이를 안고 즐거운 추억들을 함께 회상하라. 고인의 사진을 액자에 넣어 집 안에 놓음으로써 할아버지가 곁에 있다는 느낌을 줄 수도 있다. 단 이것은 할아버지의 죽음을 부인하기 위해서가 아님을 기억하라…….

아이가 장례식에 참석해야 할까?

설령 주위 사람들이 만류하더라도 아이가 할아버지의 장례식에 참석하는 것이 바람직하다. 장례식은 마음을 놓이게 하는 의식이다. 실제로 함께 모여서 자신의 고통을 다른 사람들과 함께 나눔으로써 사랑하는 사람을 여읜 슬픔을 각자 혼자 감당하는 상황을 피할 수 있다. 가장 힘든 것은 부재와 대면했을 때 고독감을 느끼는 것이다.

적절한 설명만 해준다면 아이들은 시신을 땅에 묻는 것을 보아도 무서워하지 않는다. 아이에게 할아버지는 마지막 집에 들어갈 준비를 하는 거라고 말해주어라. 무덤 안에 어떤 물건이나 꽃 등을 놓게도 할 수 있다. 이렇게 하면 아이는 할아버지와 함께 이 새 저택에 들어가는 듯한 기분이 들 것이고, 몇 주 후에 할아버지를 다시 한번 방문해야겠다고 생각할 것이 틀림없다.

할아버지의 뒤를 이어 아이를 봐줄 사람에게는 어떻게 말해야 할까?

— 전에는 당신 시아버지가 해주던 다양한 임무(유치원에서 데려오기, 학원에 데려가기, 베이비시팅 등)를 이제부터 수행해야 할 사람에게 그런 상황을 충분한 시간적 여유를 갖고 설명하라. 실제로 아이는 그에게 의기소침하거나 공격적인 반응("당신하고 있는 건 재미없어요. 할아버지랑 있었을 때가 더 재미있었어요……")을 보일 수 있으며, 이때 그는 상황을 고려할 줄 알아야 한다. 다시 말해 그것이 자신을 직접적으로 겨냥한 것이 아님을 알아야 하는 것이다.

— 아이의 일시적인 공격성은 아이가 할아버지에 관해 말하고 싶기 때문에 그런 것이지 그를 거부하기 위해서가 아님을 설명하라. 궁극적으로는 그가 이렇게 말하면 좋을 것이다. "나도 네가 처한 상황을 알아. 나랑 같이 있으면 물론 다르겠지. 왜냐하면 나는 다른 사람이니까. 그리고 나는 네 할아버지와 똑같이 하려고 노력하지 않을 거라는 것도 알아주기 바라. 왜냐하면 난 너의 할아버지가 아니니까. 나와 있으면 모든 게 다르겠지만 네게도 할아버지와 같이 있을 때가 더 나았다고 말할 권리는 있어……"

따라서 이상적인 사람은 애정, 열의, 이해심을 보여줄 줄 알되 남의 자리를 빼앗거나 과거와 경쟁하려고 하지 않는 자일 것이다.

참고 서적

함께 읽어볼 만한 책

3세부터

《죽음에 관해 말해줘야 한다면》, 카트린 돌토-톨리치 지음, 갈리마르 죄네스 출판사, 1999년.

《오소리야 안녕》, 쉬잔 바를레 지음, 갈리마르 죄네스 출판사, 1998년.

《죽지 않는 나무》, 클로드 퐁티 지음, 레콜 데 루아지르 출판사, 1994년.

《할머니 돌아오세요》, 쉬 림, 에디시옹 미야드 출판사, 1998년.

《할아버지가 돌아가셨다》, 아멜리 프리드, 악트 쉬드 쥐니오르, 1998년.

《갑작스런 죽음들》, 바베트 콜, 쇠이유 죄네스 출판사, 1996년.

6세부터

《대모의 죽음》, 안 케즈망과 로랑 베르망 지음, 알뱅 미셸 죄네스 출판사, 1987년.

《1001개의 낙엽》, 안-소피 몽사베르와 카롤린 그레구아르 지음, 카스테르망 출판사, 1996년.

《할아버지가 돌아가셨다》, 도미니크 드 생-마르와 세르주 블로크 지음, 칼리그람 출판사, 1994년.

《이런 변화》, 필리프 뒤마, 레콜 데 루아지르 출판사, 1981년.

IV

유모, 어린이집, 베이비시터

37

어떤 탁아 방식을 택할까요?

만세! 당신은 운 좋게도 다양하고 충분한 수의 탁아 기관이 존재하는 마을, 도시, 동네에 살고 있다. 따라서 대다수의 우리들과 달리 당신의 선택은 무엇보다도 당신의 욕구, 필요, 개성 등에 의해 좌우된다.

당신이 가장 중요하게 생각하는 것은 무엇인가?

■ 마음을 놓을 수 있는 곳, 나아가 조언을 구할 수 있는 곳을 원한다

이 경우 인가받은 보모를 구해 보라. 보모는 많은 직업인들을 상대해야 하는 어린이집보다는 더 개인적인 관계를 제공할 것이다. 보모는 당신의 유일한 대화 상대가 될 것이며, 엄마로서의 경험(대부분의 보모는 아이 엄마들이다)과 보모로서의 경험을 동시에 갖춘 그녀는 시간이 흐름에 따라 당신이 바라는 모든 격려를 베풀어 줄 것이다. 그러면 당신은 새로운 책임들 앞에서 혼자라는 느낌을 덜 갖게 될 것이다.

■ 다른 사람이 당신을 대신하는 것이 두렵다

대화 상대가 다수라는 점을 고려할 때 어떤 거리가 생길 수밖에 없는 집단 어린이집을 선택하라.

■ 젖먹이의 생리적 리듬을 지켜주고 싶다

이 경우 원한다면 다른 가정과 '공유할' 수 있는, 집에서 애 봐주는 사람(자택 유모)을 구하라. 이런 방식은 큰 호평을 받고 있는데 그것은 절반의 시간 동안 아이가 자기 집에 있으면서도 또래의 다른 아이와 함께 놀 수 있기 때문이다. 게다가 조건도 상당히 좋다. 다시 말해 탁아비도 나누기 때문에 가계 부담이 덜한 것이다.

■ 가정이라는 둥지 안에 있으면서 친구도 사귀었으면 좋겠다

이 경우 당신은 전문가들(육아 전문가, 의사, 심리상담가 등)에 의해 양성되고 그들의 조언을 듣는 몇 명의 보모들이 모여서 일하는 가정 어린이집을 선택할 수 있다. 보모들의 집에서 아이를 봐주며 1주일에도 몇 번씩 공공 장소로 이동해 다른 아이들과 함께 놀이나 활동을 할 수 있는 기회를 제공한다.

■ 집단 탁아 방식을 원하지만 주도권을 쥐고 싶다

이 경우 부모들이 운영하면서 방식을 결정하는 어린이집을 선택하라.

더 자세히 알고 싶으면

좋은 탁아 방식, 나쁜 탁아 방식은 존재하지 않는다. 따라서 당신의 부모로서의 욕구뿐 아니라 당신의 제약(노동 시간, 시간제 노동, 주거지와 어린이집 간의 거리 등), 채택된 해결책의 운영 방식의 유연한 정도에 따라 적절한 선택을 해야 할 것이다.

● **인가받은 보모**는 자기 집에서 일정 수(최대 3명)의 아동을 정기적으로 수용할 수 있는 유효 기간 5년의 공식 허가증을 모자보호센터(**PMI**)로부터 교부받는다. 이 허가증을 받으려면 건강, 교육적 능력, 주거지의 외형 등과 관련된 몇 가지 기준에 부합해야 한다. 60시간 이상

의 교육을 받았거나 받고 있어야 한다. 탁아 시간, 보수, 기간은 함께 결정하며 노동 계약서 안에 기재된다.

● **집단 어린이집**은 공립과 사립이 있으며 2개월 반부터 3세까지의 유아를 수용한다. 모자보호센터에 의해 감독을 받으며 당국의 인가를 받는다. 대개는 1명의 육아 전문가에 의해 운영되며 소집단으로 모인 아이들은 육아 보조자들에게 맡겨진다. 집단 어린이집의 운영(부모와의 만남, 업계 종사자들의 총회 등)에는 의사, 심리상담가가 동참한다. 시간은 대개 7시부터 18시 30분~19시로 고정되어 있다. 따라서 저녁때 늦게 데리러 가는 것은 불가능한 일이다.

● **가정 어린이집**은 인가받은 보모를 고용하며 전문가 팀(유아 교육 전문가, 의사 등)의 관리를 받는다. 보모들은 자기 집에서 아이들을 보호하며 국가에서 주는 간호사 겸 육아 전문가 자격증을 소지한 어린이집 원장이 정기적으로 방문해야 한다.

보모들은 1주일에 한두 번씩 모여 안일해지지 않기 위한 활동들을 한다. 하루 탁아 시간은 10시간을 넘을 수 없다. 부모, 어린이집 원장, 보모가 서명하는 계약서에는 다양한 수용 형태(시간, 보수, 휴가 등)를 규정할 수 있다.

● **부모들이 운영하는 어린이집**은 부모들 모임에 의해 운영되는 집단 육아 기관으로 부모들이 아이들의 보호(1주일에 반나절), 보수(목공일, 재봉일 등), 물품 보급(화장지, 청소용품 등)에 참여한다. 부모들은 스스로 모집한 전문가 팀의 후원을 받는다. 부모들은 정기적으로 모여 교육 방침, 시간표, 여러 가지 문제점들, 계획 등을 결정한다. 이 어린이집은 모자보호센터 각 도 지부의 의견에 따라 도의회장이 허가증을 발급한다.

● **자택 유모 또는 가정부**는 함께 결정한 노동 계약 형태에 따라 당신 집에서 일한다.

협회에서 정한 기한을 말해주는 것은 당신이 할 일이지만(38장 '내 아이들을 돌볼 사람을 어떤 기준으로 선택해야 할까요?' 를 참조하라) 가장 좋은 방법은 적어도 1주일을 함께 지내 보고 앞으로 당신과 계속 일할 것인지를 결정하는 것이라 할 수 있겠다. 자택 유모 또는 가정부는 하루 10시간 이상 일할 수 없다. 사람을 구하기 위해서는 협회에 알아보거나 구인 광고를 내거나 입소문을 통하는 방법이 있다. 어떤 경우든 전 고용주와 연락해 보고 시험 기간을 미리 고려해 두어라. 마지막 충고: 당신의 위치가 갑자기 부모에서 고용주로 바뀌었을 것이다. 따라서 당신의 권리를 잘 알아두는 편이 좋다.

38

내 아이들을 돌볼 사람을
어떤 기준으로 선택해야 할까요?

이상적으로 유모를 구하기 위해 인적 자원 통솔자로 변모하는 것이 그렇게 쉬운 일은 아니다. 상식적인 질문들을 하고 나면 할 말이 없고 면담이 끝나면 어떤 판단을 내려야 할지도 잘 모르겠다.

어떤 점을 점검하고 어떤 질문을 해야 할까?

■ 보모

당신(과 남편)은 보모의 집에서 그녀를 만나야 한다. 첫번째 면담 후 의향이 있으면 다음 약속을 제안하면서 그녀의 남편과 아이들도 봤으면 좋겠다고 말하라. 대화를 통해 당신은 각자 이 가정 안에서 어떤 자리를 차지하는지를 알게 되고 아빠의 권위가 제대로 인정받는지도 확인할 수 있을 것이다. 이 기회를 통해 남편이 아내의 일을 도와주는지도 물어볼 수 있다.

— 우선 다음과 같은 사항들을 확인하라

● 당신의 집과 보모의 집 간의 거리가 너무 멀지 않은지. 당신은 하루 동안의 일로 이미 기력을 다 소비한 상태에서 1주일에 열 번씩 그 길을 오가야 한다는 것을 명심하라.

● 매일 차로 데려가야 할 경우 보모의 집 근처에서 쉽게 주차할 수

있는지. 만일 아침마다 고역을 겪어야 한다면 아이를 데려다 주는 일이 곧 두통거리로 변할 수 있다!

● 당신이 생각하는 보수가 그녀의 예상과 일치하는지.

● 당신의 출퇴근 시간과 보모의 근무 시간이 일치하는지. 당신의 출퇴근 시간을 밝히되 만약의 경우, 즉 어느 날 저녁 약국에 들러야 하거나 교통 체증으로 꼼짝 못하고 있을 때 스트레스를 받지 않으려면 약간의 여유를 남겨두라. 당신이 때로 조금 늦게 귀가해도(단 사전에 예고하고) 괜찮은지 물어보라.

— 그녀가 필요한 자질과 능력을 갖추고 있는지 확인하라

● 당신이 제시하는 몇 가지 교육적 방침을 받아들일 수 있을 정도로 인격적으로 충분히 융통성이 있는지. 이를테면 당신 아이에게 청결을 가르칠 때 또는 아이가 먹는 음식을 다양화시킬 때 당신의 허락을 기다릴 것인지 물어보라.

● 그녀의 집은 깨끗하고 잘 정돈되어 있고 당신 아이가 쉽게 이동할 수 있을 만큼 배치가 잘 돼 있는지. 명백하게 아이들에게 출입이 '금지된' 방들이 있는지 물어보라.

— 이런 질문들을 물어보라

● 인가를 받았는지? 만일 아니라고 대답하면 더욱더 신중을 기하라. 그녀는 인가받은 보모보다 더 싼 금액으로 더 많은 아이들을 볼 우려가 있다. 그리고 그렇게 하면 보모가 당신 아이에게 할애할 수 있는 시간이 훨씬 더 줄어들 것이다.

● 만일 받았다면 얼마나 됐는가? 단 인가받았다고 해서 불시의 우발적 사건이 발생하지 말라는 법은 없으므로 주의하라. 따라서 사회복지 요원들의 평가에만 의존하지 않는 편이 낫다.

● 몇 명의 아이를 볼 수 있는 인가를 받았는가?

● 정기적으로 몇 명의 아이를 보는가? 그리고 특별한 경우에는 어떤지?

● 이 직업을 택하게 된 동기는 무엇인가?

● 직업 교육은 받았는가?

● 보모도 자신의 아이를 다른 사람에게 맡겨 본 적이 있는가?

● 집의 안전에 대해 늘 주의하고 있는가? 계단 앞 울타리, 서랍 잠금 장치, 몇몇 가구들(거실의 탁자 등)의 모서리 커버 같은 장치들이 설치돼 있는가?

● 놀이 공간이 마련돼 있는가? 내 아이가 방해받지 않고 좋은 여건에서 낮잠을 잘 수 있는 외진 공간이 있는가?

● 아이들에게 여러 가지 활동(그림 그리기, 찰흙 놀이, 오리기, 도서관 등)을 제시하는가?

● 식사는 어떻게 준비하는가? 인가받은 인원 외 다른 아이들도 받는가?

● 내 아이의 하루 일과는 어떤가?

● 낮에 다른 아이들(또는 보모의 아이들)을 데리러 학교에 가는가? 이 경우 당신 아이의 수면 리듬이 깨지는 등의 일이 있을 수 있기 때문에 이 질문은 중요하다.

● 내 아이가 아파도 받아줄 것인가?

■ 자택 유모

자택 유모는 협회에서 소개해 줄 수도 있고(39장 '유모: 언제 대응해야 하나요?'를 참조하라), 구인 광고를 통해 구할 수도 있고, 다른 유모의 열렬한 추천으로 소개받을 수도 있다. 절차야 어떻든 면담 전이나 후에 반드시 그녀의 전 고용주에게 전화해 보라. 그래서 그들의 계약이 파기된 까닭을 아는 것도 나쁘지 않다.

한번은 아이 없이, 한번은 아이들을 동반하고 그녀를 만나 봄으로써 그녀가 아이들을 대하는 태도를 관찰하라.

— 이런 질문들을 물어보라

● 어떤 직업 교육을 받았나?

● 어떤 경력을 거쳤나?

● 직업과 관련되어 어떤 계획을 갖고 있나? 만일 그녀가 연수를 받을 생각이라거나 다른 계약의 답장을 기다리고 있다면 포기하는 편이 낫다.

● 유모의 개인적 상황은 어떤가(기혼, 이혼 등)? 아이들은 있나? 있다면 몇 명인가? 몇 살인가? 학교에는 다니는가?

● 어디 사는가? 대중교통을 이용하는가? 그렇다면 파업이 일어날 경우 직장까지 어떻게 올 생각인가?

● 간단한 응급 처치를 알고 있나? 이를테면 내 아이가 가벼운 화상을 입거나 손가락이 끼면 어떻게 하겠는가?

● 담배를 피는가?

● 하루 일정, 1주일 일정은 어떻게 짜나?

● 놀고 만들고 이야기 들려주기를 좋아하나?

— 만일 고용하기로 결정했다면

● 처음에는 일정 기간 동안의 계약을 제안하라.

● 당신 집에서 적어도 1주일을 함께 생활해 보라. 그러면 유모에 대해 더 잘 알 수 있고, 이 새로운 모험을 더 나은 상황에서 시작할 수 있다.

● 해야 할 일(청소, 다림질, 식사 준비 등), 안전(주방, 욕실, 거리에서 등)에 대해 확실히 해둬라(41장 '유모를 (더 이상) 신뢰할 수 없어요'를 참조하라).

● 아이가 병이 걸렸거나 사고가 났을 때 취해야 할 행동을 일러줘라. 전화 옆에 각종 응급 상황에서 걸 수 있는 전화번호와 낮에 집에 와줄 수 있는 사람들의 전화번호를 적어 놓아라.

● 유모가 근무 시간을 잘 지키는지 확인하고 아이와 함께 있는 모습을 관찰하여 그녀의 개성을 더 잘 파악하려면 불시에 귀가해 보라(권위적인가? 적절한 때에 충분히 개입하는가, 미흡하게 개입하는가?)

● 정기적으로 종합 평가를 해보라. 좋은 결심도 시간이 흐르면서 희미해지는 경향이 많다.

■ 베이비시터

당신은 아마도 대학생 계층에서 베이비시터를 구할 것이다. 근무 시간을 철저히 명심시키고 안전을 강조하라. 젊은이들은 아이들과 친하다는 장점이 있는 반면 안전을 무시하거나 개의치 않는 단점이 있다. 만일의 경우 신속히 당신 집에 와줄 수 있는 사람들의 전화번호와 함께 지시할 사항들을 눈에 잘 띄는 곳에 적어 놓아라. 가능하다면 한나절 틈을 내 당신 집에서 함께 보내 보라. 당신을 불안하게 하는 중요한 점들을 지적하라(이를테면 베이비시터가 충분히 권위적이지 않게 보였다면 지시 사항들에 대해서는 단호했으면 좋겠다고 분명히 말하라. 식사에 무관심하다고 느꼈다면 당신의 아이가 정해진 시간에 골고루 먹었으면 좋겠으며 그게 당신이 중시하는 원칙이라는 것을 상기시켜라……).

결론

어떤 방법을 선택하든 당신의 아이를 돌보는 사람과 아이에 관해 정기적으로 이야기를 나누라. 이것은 모두에게 중요하며 나아가 아이를 보는 사람에게도 가치를 높여주는 일이다. 자신을 지지하고 자신의 말을 경청하고 자신이 하는 일을 인정한다는 느낌은 직업인, 부모, 가족 모두에게 필요하다.

39

유모: 언제 대응해야 하나요?

열심히 알아본 끝에 마침내 마음에 드는 유모를 만났다고 생각했다. 호감 가는 스타일이고 젊은 편이지만 지나치게 젊지도 않고 가정주부라 경험도 많고 담배는 피지 않는……. 그녀도 당신의 조건을 받아들였고(당신은 19시 이후에 귀가하며 작은 냄비에서 끓인 '홈메이드' 퓌레를 좋아한다) 당신의 희망을 고려하는 듯이 보였다. 그런데 현실은 생각하던 것과는 달랐다.

엄마와 유모의 관계는 결코 단순하지 않다

자신의 아이를 다른 여자에게 맡기는 것은 누구에게나 어려운 일이다. 설령 당신이 전문가의 삶, 사회적 삶을 되찾았다는 생각에 기쁠지라도 아기와 떨어질 준비는 완벽하게 되지 않았을 것이다. 10주간의 출산 휴가도 마음의 준비를 하는 데에는 충분치 않을 수 있다. 드디어 당신은 유모를 구했지만 마음속에선 두 가지 감정이 교차하고 있을지 모른다. 다시 말해 아이를 남의 손에 맡기고는 싶은데 그 사람이 당신보다 좀더 지나치게, 좀더 잘 할까 봐 두려운 것이다. 만일 당신의 표면적 또는 의식적 반응이 이와 같다 해도 그것이 지나친 비중을 차지하지만 않는다면 흔히 나타나는 반응임을 알아 두라. 몇 주가 지나면 당신은 상황을 좀더 분명히 볼 수 있게 될 것이다. 시간을 믿어라.

당신이 유모의 직접적인 고용주라면, 다시 말해 두 사람 사이에 어떤 중개자(협회, 관청 등)가 존재하지 않는다면 보수를 지불할 때를 비롯하여 서로 뭔가를 주고받는 것이 복잡해질 수 있다. 때로는 지나치게 간섭이 많은 유모들도 있다. 그런 유모들은 자기는 자식이 4,5명이나 되며 반 다스나 키워 봤기 때문에 아이들을 어떻게 다뤄야 하는지를 잘 안다고 주장하며 일종의 위협을 행사할 수 있다. 당신이 경험 없고 확신 없는 젊은 엄마라면 그런 이야기를 저지하기 힘들다. 게다가 당신은 그녀가 이야기를 나누다가 그것을 오해하여 당신 아이 돌보기를 소홀히 할까 봐 겁난다.

명심해야 할 것

다른 엄마의 경험을 이용하는 것은 좋다. 하지만 엄마는 당신이며 엄마로서 아이에게 좋다고 생각되는 교육적 방침과 방법들은 당신이 결정하라. 당신 아이를 포함하여 온 가족의 안정이 거기에 달려 있다. 왜냐하면 아이도 자신의 기준을 잃어버릴 수 있기 때문이다.

설령 아이를 혼란에 빠뜨릴까 봐 그녀와의 계약을 끝내는 것이 두렵다 해도 그편이 낫다고 생각하라. 따라서 아이에게 유모와의 이별에 대한 마음의 준비를 시키고, 될 수 있는 대로 빨리 모두를 위해 더 밝고 마음 편한 상황으로 넘어가는 편이 낫다.

상황에 따른 대처 방법

유모가 당신의 논리를 받아들일 수 있다고 생각되면 대화를 시도하라. 그렇지 않고 상황이 너무 심각하다고 판단되면 즉시 유모를 해고하라(이를테면 3,4번의 경우처럼).

■ 유모가 당신 역할을 한다

이를테면 권위적인 말투로 당신이 취할 행동을 강요한다. "아이에게 작은 종기가 났으니 소아과 병원에 데려가세요……. 다음 번 예방 주사 맞히는 것 잊어버리지 마세요. 중요한 일이니까……"

■ 유모가 당신의 권한을 가로챈다

"아이가 먹지 않을 때 그냥 내버려두어서는 안 돼요……(큰아이를 두고) 한 대 때리세요. 별로 아프지 않을 거예요."

■ 유모가 계약을 지키지 않는다

이를테면 큰아이를 16시에 어린이집에서 데려와야 하는데 18시에나 겨우 도착한다…….

■ 유모가 엄격하고 나아가 난폭하다

아이가 점심때 음식을 남기면 유모가 그것을 간식 시간에 다시 준다는 사실을 알았다……. 이웃들의 말에 의하면 공원에서 당신 아이는 유모차에서 한 발짝도 나오지 않고 앉아 있는다고 한다.

■ 유모가 보수적이다

유모는 12개월 된 당신 아이에게 청결을 강요한다. 하지만 오늘날 청결 학습은 20~24개월 이전에는 이루어질 수 없다는 것을 모든 사람들이 알고 있다.

예기치 않은 상황을 방지하려면

■ 모집 전

— 당신의 요구, 기대, 중요하게 생각하는 것들을 명시하라(38장 '내 아이들을 돌볼 사람을 어떤 기준으로 선택해야 할까요?'를 참조하라).

— 유모가 당신 집에서 일할 경우 그녀의 분명한 책임을 함께 공책에 적어라(매일 오후 산책을 시키되 휴식 시간을 지킬 것, 당신 집에 사람들을 들이거나 당신 아이를 모르는 사람들 집에 데려가거나 장 보러 갈 동안 동네 친구에게 아이를 잠시 맡길 수 있는지를 분명히 하라……).

— 인가받은 보모인 경우 하루 일과, 아이들 외출 계획, 텔레비전의 용도(지속적인가 아니면 가끔씩 카세트테이프도 듣나)에 관해서도 망설이지 말고 물어보라.

— 가정 유모의 경우 하루하루의 계획을 물어보라. 이 점에서 취약하다고 생각되면 그녀와 함께 1주일의 시간표를 만들어 보라(월요일: 다림질 등, 화요일: 아이들 방 대청소 등). 지켜지지 않을 경우 즉시 알 수 있을 것이다.

■ 계약 후

— 가능하면 매일 아침과(이나) 저녁에 대화 시간을 가짐으로써 일상생활의 사소한 점들을 해결하라. 그렇게 하면 별다른 충돌 없이 점진적 조정이 가능하다. 당신 아이가 아침에 유모가 나타나면 당신이 사라진다는 것을 알지 못하게 하는 것도 중요하다. 믿음을 갖고 상황을 파악하려면 누구에게나 최소한의 시간이 필요하다.

— 유모가 당신의 지시를 이행하는지 살펴보라. 당신이 어떤 옷을 꺼내 놓았을 때 저녁때 당신 아이가 그것을 입고 있지 않으면 다소 경박하게 놀란 표정을 지어라. 이때 유모는 타당한 변명을 제시할 것이다("날씨가 좀 더워서요……").

— 당신 집(자택 유모), 그녀의 집("근처에 약속이 있었는데 갑자기 애한테 뽀뽀하고 싶어서 견딜 수가 있어야 말이죠"), 공원을 불시에 방문해 보라.

같은 실수를 되풀이하지 않기 위해 사람을 구할 때 도움을 청할 곳

● 모자보호센터의 사회복지 담당자. 구청에 알아보라. 사회복지 담당자와 약속을 정하고 당신 사정을 이야기해 보라. 담당자는 이를 고려하여 당신의 요구에 부합하는 더 유능한 유모를 구할 수 있는 길을 알려줄 것이다.

● 가정 유모 협회. 매년 회비를 내면 경험 많고 훈련된 후보들을 소개해 줄 것이다.

40

아이 유모에게 질투가 나요

출산 휴가가 끝날 즈음 당신은 머릿속이 무척 복잡했다. 다시 일을 시작하여 한층 밀도 있는 사회 생활을 되찾을 거라는 전망은 마음을 설레게 하지만 동시에 아기와 떨어지고 싶지는 않았던 것이다. 그런데 이제 당신은 아이 유모를 질투하는 자신을 보고 놀라고 있다.

모순되는 감정들

■ 유모에 대해

당신은 당신 아기를 돌봐줄 사람을 선택했고 그녀의 자질을 기꺼이 인정하고 있다. 그런데 지금 당신은 그녀가 아기와 함께 있는 시간들을 부러워하고 그들 사이에 어떤 커다란 공모가 싹터서 당신을 뒷전으로 밀어내지나 않을까 저어하고 있다. 게다가 친구들에게 그에 관한 이야기를 할 때 당신은 당신의 두려움을 입증해 주는 상황 증거들을 틀림없이 제시할 것이다("저녁때 아이를 만나면 아이는 내 품에 뛰어드는 대신 방으로 달아나 버린다니까……"). 그래서 극히 사소한 사항이 중요해지는 것이다. 다른 전형적인 예. 만일 저녁때 본 아이가 당신이 아침에 골라주고 당신과 떨어져 보낸 하루 종일 입고 있었을 거라고 상상하던 그 옷이 아닌 다른 옷을 입고 있는 것을 보았을 때 당신은 거기서 유모가 당신의 엄마 역할을 빼앗고 있다는 결론을 내리게 된다. 그리고 아이가 당신 눈에 중대하게 보이는 어떤 발전을 했을 때(6장 '아이가 유모와 함께 첫걸음을 걸었어요'를 참조하라). 당신의 기분은 확실히 씁쓸하며 아이가 이런 식으로 당신의 부재에 대한 대가를 치르게 하는 건 아닌가 하는 의심마저 든다.

■ 당신 자신에 대해

당신은 자신이 엄마로서 무능하고 형편없다고 느낀다. 아이가 당신이 없음에도 불구하고 매우 행복해 보인다는 것이 그 증거이다. 더욱 나쁜 것은 저녁에 아이를 데리러 갈 때 아이가 달려와서 당신 품에 안기지 않는다는 것이다. 이런 느낌은 너무 일찍 복직했다고 생각하거나, 복직을 약간 강요받았거나(이를테면 재정적인 이유로), 직업적 활동이 아이를 보는 것보다 자신을 더 발전시키지 못하기 때문에 별다른 큰 열정이 없는 엄마들에게서 증폭될 수 있다.

결과. 당신은 유모의 전문가적 능력을 재검토하지는 않으면서 유모가 자신의 역할을 충분히 수행하지 못한다고 생각하고 그 여인을 원망한다. 분명히 말해서 그녀는 당신의 화단을 지나치게 많이 침범한 것이다.

■ 대처할 때가 됐다

— 남편에게 당신의 느낌을 말하고 남편은 유모를 어떻게 생각하는지 물어보라. 남편도 유모가 정말로 지나치다고 느끼고 있는가?

— 아이 아빠에게 엄마로서 당신을 어떻게 생각하는지도 물어보라. 설령 그 대답이 약간은 뻔한 것이더라도 남편이 당신에게 엄마로서 능력 있다고 안심시켜 주고("우리가 함께 있을 때에는 아이가 당신과 함께 있어서 무척 행복해하던걸……") 칭찬해 주고 나아가 말 속에서 약간의 경탄마저 느끼게 해줄 필요가 있다.

— 각자의 느낌이 어떤 것이든간에 당신 아이를 돌봐주는 사람과 가능한 한 재치 있게 그에 관해 이야기하고 지나가야 한다. 처음엔 그녀를 비난하지 말고 당신의 느낌을 말하고 그녀의 반응을 살펴보라.

— 약간의 시간적 여유를 갖고 이 대화 이후 어떤 변화들이 발생하는지 보라. 당신이 진짜 프로를 뽑았다면 이 어려운 고비를 성공적으로 넘길 가능성이 매우 높다. 당신과 당신 남편이 가능한 한 객관적으로 보았을 때 그녀는 아니다라는 결론에 도달하면 다른 사람 또는 다른 육아 방식을 알아보는 편이 낫다. 이를테면 더 집단적인 관계가 형성되는 어린이집 같은(유아의 경우 보조 교사 1명이 다섯 아이를 돌본다). (37장 '어떤 탁아 방식을 택할까,' 44장 '아기를 어린이집에 맡기면 병을 달고 살지는 않을까요?' 를 참조하라.)

— 헤어짐을 견딜 수 있는 당신 자신의 능력에 대해서도 자문해 보라. 어쩌면 당신은 그저 아기가 태어난 뒤 이렇게 빨리 남에게 맡길 준비가 안 된 것뿐이었을지도 모른다. 어쩌면 시간제 근무나 양육 휴가 등을 택함으로써 좀더 완만한 과도기를 계획해 보는 시간을 충분히 갖지 못한 것뿐이었을지도 모른다(1장 '낮 동안 아기가 너무 보고 싶어요,' 85장 '아이들이 생기니까 직장 일에 전보다 덜 매달리게 돼요' 의 박스 글, 55장 '남편은 집안일을 하는 아빠가 되고 싶어해요' 의 박스 글을 참조하라).

41

유모를 (더 이상) 신뢰할 수 없어요

아이를 키우다 보면 놀랄 일들이 많이 일어난다. 부모는 자신이 생각하는 허용의 한계에 따라 그것을 해가 되거나 되지 않는 것으로 판단하게 된다. 하지만 안전에 관한 문제라면 이론의 여지가 없다…….

고전적인 시나리오

몇 주간 아이를 맡겨 보니 유모가 당신의 지시를 점점 더 소홀히 하고, 또 안전에 위해되는 어떤 방임주의가 점점 자리잡고 있다는 느낌이 든다. 이런 인상은 다음과 같은 사실들이나 방증들에 근거를 둘 수 있고, 이런 일이 반복되거나 누적될 경우 혐의는 더욱 짙어진다.

● 아이가 손가락이 끼었다. 그동안 당신은 문 끼우개를 설치하라고 몇 번이나 말해 왔다.

● 아이가 전기 불판에 손가락을 데었는데도 유모가 당신 또는 주치의에게 연락하지 않았다. 하지만 당신은 그런 상황이 발생하면 연락을 해줄 것을 사전에 부탁한 바 있었다. 게다가 전화기 옆에는 급할 때 필요한 전화번호들이 줄줄이 적혀 있었다. 의료구급대(SAMU), 소방서, 약물 중독 예방 및 치료센터, 소아과 병원, 택시, 아빠 엄마의 직장 전화번호, 할아버지 할머니 전화번호.

● 이웃들의 말에 의하면 유모는 아이가 유모차 안에서 우는데 왜 우는지 확인하거나 알려고 시간도 관심도 쏟지 않은 채 방치했다고 한다.

● 유모가 약을 용량대로 먹이지 않았다.

● 아이 몸에 이유를 알 수 없는 맞은 자국, 혈종이 보인다. 그리고 유모가 당신에게 해주는 설명도 매우 모호하다.

아이들은 자신이 안전하지 못한 느낌이 들 때 다양한 방법으로 그것을 표현한다. 특히 밤에 잠자리에 들 때나 아침에 헤어질 때 지나친 흥분이나 공격성, 당신에 대한 무관심(더 많은 포옹), 심한 불안을 나타낸다.

어떻게 대처할까?

■ 유모에 대해: 두 가지 상황이 가능하다

— 그런 일이 단 한 번 일어났고 피해도 미미할 경우. 유모가 아직 잘 모르고 있다면 만일 무슨 일이 생길 경우 그것은 그녀의 책임이라는 것을 의식하도록 단호하게 말하고 기본적인 지시 사항들을 상기시킨다.

— 이번이 처음이 아니고 더 이상 신뢰할 수가 없을 경우. 유모에게 이유를 대고 더 이상 아이를 맡기지 않는 편이 낫다. 유모가 큰 실수를 저질렀을 경우 주저하지 말고 책임자(가정 어린이집 소장, 모자보호센터의 사회복지 담당자 등)에게 알려서 다른 사람들이 똑같은 피해를 입지 않게 해야 한다.

■ 아이에 대해

— 엄마는 유모를 더 이상 신뢰할 수 없으며 아이의 안전을 지키는 것은 부모로서 엄마의 의무라고 설명하라.

— 아이에게 너를 너무 사랑하기 때문에 어떤 위험한 상황에 처하게 내버려둘 수 없다고 말하라. 그리고 되도록 빨리 믿을 수 있는 다른 사람을 소개해 주려고 노력하라. (가능하면 며칠) 아이와 함께 지내면서 아이가 완만한 과도기를 겪을 수 있도록 배려하라.

안전에 관해서는

당신 집에서든 유모의 집에서든 똑같은 주의 사항들이 지켜져야 한다.

■ 아기가 있을 때

— 아기 침대에 베개나 깃털 이불은 절대 놓아두면 안 된다. 아기가 질식할 수 있다.

— 아기가 누운 접는 의자나 요람을 높은 곳에 두면 안 된다.

— 기저귀 채우는 탁자 위에 아기를 혼자 놔두면 안 된다. 어떤 물건이나 제품을 집어야 할 경우 한 손은 항상 아기를 잡고 있어야 한다.

— 젖병을 데우기 위해 전자레인지를 사용할 경우 반드시 우유의 온도를 확인하고 아기에게 젖병을 물려라.

— '안전 기준에 합격'이라고 명시된 유아용품을 사용하라. 조립하는 물건인 경우 설명서의 지시를 철저히 따르라.

■ 아기가 기어다니기 시작하면

— 아기가 입에 넣을 수 있는 작은 물건들이 여기저기 굴러다니지 않게 하라. 아기가 질식하거나 중독될 수 있다(작은 구슬, 약, 작은 장난감 등)

— 식탁 가장자리에 무겁거나 뜨거운 물건을 놓지 마라. 전기 불판을 사용할 때에는 식탁 가장자리에서 가장 먼 곳에 놓아라. 냄비 손잡이를 벽 쪽으로 돌려놓아라.

— 화초를 아이 손이 닿지 않는 곳에 두어라. 독이 있는 경우가 있다.

— 전기 콘센트 안전 장치, 오븐 문 앞의 보호 철창, 가구 모서리 커버, 카페트 밑에 까는 미끄럼 방지망, 계단 보호 울타리를 설치하고 넘어질 염려가 있는 작은 가구들은 벽이나 바닥에 고정시켜라.

— 약품과 세제류는 아기의 손이 닿지 않는 곳에 두라(높은 곳 또는 열

쇠로 잠그는 벽장). 약품과 세제류는 원래 담겨 있던 병에 그대로 보관하는 게 좋다.

— 창문 밑에는 절대 의자(팔걸이가 있든 없든)를 놔두지 말아라.

— 전기 코드가 굴러다니게 놔두지 말고 가전 제품을 사용하지 않을 때에는 전원을 차단하라.

42

잘하는 유모를 어떻게 잡아둘 수 있나요?

당신의 유모는 시간도 잘 지키고 당신 아이들과의 관계도 돈독하고 솔선수범하는 능력도 뛰어나다. 요컨대 그녀가 안겨줄 수 있는 유일한 실망은 당신을 위해 일하기를 그만두는 것이다.

완벽한 고용주의 가이드북

그녀는 보배 같은 존재이다. 당신이 해야 할 최소한의 일은 고용주로서 유능한 모습을 보여주는 것이다.

■ 최소한의 행동

— 당신은 유모에게 시간을 잘 지킬 것을 요구하고 그녀는 그렇게 한다. 그럴 땐 당신도 시간을 잘 지켜라. 예기치 않은 일이 일어났을 때에는 반드시 미리 알려서(휴대폰이 있는 세상이기 때문에 변명은 더 이상 통하지 않는다!) 그녀가 필요한 조처를 취할 수 있게 하라. 당신의 퇴근 시간이 들쭉날쭉하면 출발할 때 유모에게 전화하고 이런 제약이 그녀의 생활 방식을 방해하지 않도록 신경 쓰라. 그러지 않으면 그녀가 언제 일을 그만둘지 모른다.

— 행정적 절차를 '준수하라.' 행정 절차를 제날짜, 제시간에 이행하려고 노력함으로써 유모가 어떤 불이익도 받지 않게 하라. 당신의 휴가 문제도 마찬가지이다. 1주일간 스키 휴가를 가기로 결정했으면 때 되기

전에 미리미리 알려줘서 그녀가 그 특혜를 충분히 이용할 수 있게 준비할 시간을 주어라.

— 유모가 예정보다 더 많이 일할 경우에는 가능한 한 빨리 추가 근무 시간에 대한 보수를 지불하거나 가장 빨리 그리고 가능하면 그녀가 원하는 때에 근무 시간에서 그 시간을 빼주겠다고 제안하라. 그렇게 하면 그녀가 당신의 삶을 편하게 해주기 위해 기울인 노력들에 대한 대가를 금방 돌려받게 되므로 당신에게 유감을 갖지 않게 될 것이다.

— 아이들에게 유모를 존중하라고 명령하라. 그리고 유모를 전적으로 신뢰할 수 있는 경우 아이들에게 당신이 없을 때에는 그녀가 전권을 가지고 있다고 알려라.

— 가끔씩 짧은 만남의 시간을 가져서(이를테면 아침에 커피를 한 잔씩 마시면서) 이런저런 상황에서 보여준 그녀의 태도에 당신이 얼마나 고맙게 생각하는지 또는 매일 아침 그녀를 다시 만날 때마다 아이가 얼마나 좋아하는지를 말해주어라.

— 그녀를 전문가로서 칭찬하되 그녀의 친구가 되려고 노력하지는 마라. 유모, 아이들, 당신 사이에 형성된 관계가 흔들릴 수 있다. 유모와 어느 정도 거리를 두어야 한다. 그렇게 하는 것이 그녀를 최고로 존중하는 길이다.

— 가끔씩 유모에게 적당한 가격의 작은 선물을 주어라. 사치품을 선물하면 당신이 자신을 돈으로 사려 한다는 느낌이 들어 당신에게 모종의 경멸감을 느낄지 모른다.

유모가 정말로 당신을 떠날 경우

모든 것이 잘 돌아갈 때 우리는 항상 이런 상황이 바뀔 이유가 전혀 없다고 생각하는 경향이 있다. 그러다가 유모가 아이들을 더 이상 볼 수 없을 것 같다고 통고하는 날이 와도 그녀를 너무 원망하지 마라. 그녀는 그러는 편을 선택했고, 그녀가 당신에게 만족스럽고 충실한 도움을 제공함으로써 당신을 존중한 것처럼 당신도 그녀의 선택을 존중해야 한다.

이제 당신에게 남은 일은 아이들이 너무 불안해하지 않도록 과도기를 잘 조정하는 것이다. 이를테면 가정 유모인 경우 그녀가 아는 사람을 소개해 달라고 부탁해서 1주일간 함께 있으면서 일을 넘겨주게 할 수 있다. 그것은 아이들에게 두 사람의 관계를 파악하여 후임자가 아무나가 아니라 이전 유모가 알고 인정하고 함께 채용한 사람이라는 것을 알 수 있는 시간을 줄 것이다.

마지막으로 첫번째 유모와의 관계를 유지하려면 가끔씩 아르바이트로 일을 해줄 수 있는지 물어보라(아이 봐주기, 휴가 동안 집 봐주기 등).

43

베이비시터가 내 지시를 따르지 않고
딸에게 거짓말을 시켜요

당신은 그녀가 생기발랄하고 활동적이고 명랑하다고만 생각했다. 그러다가 평소보다 조금 일찍 귀가한 어느 날 기대와 달리 아이들에게 햄버거를 먹이면서 전화통에 매달려 친구들과 수다를 떨고 있는 그녀의 모습을 보게 됐다.

왜 그녀를 선택했는가?

그 대답은 몇 마디로 요약된다. 그녀(또는 그)는 활동적이고 당신이 필요한 시간에 시간을 낼 수 있었다. 그리고 아이들도 젊은 사람을 더 좋아할 것 같았다. 학교 공부 면에서나 놀이 면에서나(그녀는 기는 동작도 서슴지 않았고 숨바꼭질도 기꺼이 했다). 게다가 아이들도 매우 기뻐했고 그녀의 말이라면 거의 무조건 따랐다.

흑막

그녀에게 어떤 유연성이 있어 보이고 그것이 당신 마음에 드는 것은 다른 이유에서가 아니라 그녀가 젊기 때문이다. 젊음은 유연성을 상기시키지만 때로는 무사태평이나 미숙함을 상기시키기도 한다.

그러므로 잠깐 이야기 좀 나누자고 청하면서 모든 것을 제자리로 돌려놓을 때가 됐다. 며칠 전에 미리 알려주어라. 남편과 협력하여 계약 위반으로 판단되는 모든 사항들을 함께 체크하라. 이를테면 식단에 예정된 강낭콩을 곁들인 닭요리 대신 햄버거를 준 까닭을 물어보라. "그게 더 쉽고…… 아이들도 좋아한다"는 대답이 나왔다면 당신은 그녀가 아이들의 교육에도 동참해 주기를 기대했다는 사실을 상기시켜라.

마찬가지로 만일 그녀가 당신의 딸에게 어떤 진실을 숨기도록 부추겼다면(아이에게 사탕을 사주고 엄마에게 말하지 말라고 했다든가 자기 남자친구를 당신 집에 불러들였다든가) 그런 태도는 용납할 수 없다고 단호하게 말하라. 그녀에게 아이를 맡긴 것은 그녀로부터 어른다운 행동을 기대했기 때문이다. 그녀는 성인들 편에 서야 하며 아이들 편에 서서는 곤란하다.

그다음에는 기다리고 관찰하기만 하면 된다. 며칠 뒤 그녀가 악화된 상황을 바로잡으려고 노력하고 당신의 지적을 고려하는 것으로 확인되면 게임은 이긴 것이나 다름없다.

이제부터는 필요하면 즉시 궤도 수정할 수 있도록 신속히 조정하기만 하면 된다. 반대로 아무것도 바뀌지 않거나 상황이 바라던 대로 변하지 않을 경우 그것은 개성의 문제일지 모른다. 그럴 때에는 아이들에게 이유를 설명해 주고 그녀를 내보내는 편이 낫다.

44

아기를 어린이집에 맡기면
병을 달고 살지는 않을까요?

이런 질문을 던진 것이 당신이 처음은 아니다. 당신은 겉으로는 호의적인 척하지만 실제로는 당신의 책임감을 일깨우면서 결국 당신에게 많은 죄책감을 불러일으키는 주위 사람들의 말에 흔들릴 때가 많다.

불확실한 병이 당신의 선택을 결정해서는 안 된다

많은 연구들(프랑스와 외국의)이 집단 속에 놓인 아이들이 그렇지 않은 아이들보다 중이염과 비인두염에 걸릴 확률이 두 배라는 것을 증명하고 있긴 하지만, 탁아 방식을 선택할 때 이 매개 변수만을 근거로 삼는 것이 꼭 타당한 것은 아니다. 그것은 우선 확률적으로 그렇다고 하여 당신의 아이가 반드시 병에 걸린다는 법은 없기 때문이다. 그리고 소위 적응기, 그리고 어쨌든 집단 생활을 시작하자마자 아이들에게서 나타나는 적응기에 동반되는 작은 병들을 거치고 나면 다른 어느 곳에 있는 것보다 어린이집에 있는 것이 기분이 더 좋을 수 있기 때문이다(물론 집은 예외로 하고).

따라서 이 근거가 당신 아이의 탁아 방식을 선택하는 유일한 기준으로 여겨져서는 곤란하다(37장 '어떤 탁아 방식을 택할까요?'를 참조하라). 또 이것이 당신에게 불안의 원천이 되어서 아이로 하여금 불안에 떨게 하여 없던 병도 걸리게 함으로써 어린이집 적응을 어렵게, 나아가 불가능하게 만들어서도 안 된다.

당신의 첫번째 충동이 아이를 이 탁아 기관에 등록시키는 것이었다면, 그리고 자리가 났다면 그대로 밀고 나가라. 이런 행동은 당신이 보기에 아이에게 유리한 의견이 젊은 엄마로서 당신 인생의 이 단계에서의 성공도 도와주는 것이라는 추정에서 나온다. 그리고 그 성공은 당신 아이의 행복과 성숙에도 꼭 필요하다.

거기서 멈추면 안 되는 이유

어린이집은 관계적 · 교육적 차원에서 매우 풍부하고 '전문적인' 탁아 방식이다. 그리고 이것은 많은 전문가들이 있기 때문에 가능한 일이다.

● **어린이집 원장**은 대개 국가 면허를 딴 간호사들이 맡는데, 교육자가 되기 위한 전공 과정을 이수(2년 과정)한 산파들이 맡는 경우도 종종 있다. 어린이집 원장은 사람을 뽑고 팀을 구성하고 이끌며 모든 차원(인적 · 행정적 · 금전적 등)에서 시설을 운영한다.

● **보조 교사**는 직업자격증을 따야 한다. 대개 온화하고 끈기 있고 따뜻한 성격의 보조 교사들은 다양한 영역들 가운데 하나에서 일하면서 아이들에게 관심, 애정, 전문 지식을 제공한다. 걷기 전의 유아들(3-15개월)을 돌볼 때에는 5명의 아기를 맡는다. 큰아이들의 경우엔 8명이 한 그룹을 이룬다.

● **유아 교육학자**는 보조 교사들과 협력하여 놀이를 계획한다.

● **소아과 의사**는 계약에 의해 임시로 어린이집에서 근무한다. 반드시 한 달에 한 번 모든 아동을 진찰하며 그들의 대뇌 활동의 발달을 관찰한다. 부모들은 소아과 의사를 만날 수 있고 궁금한 것은 무엇이든 물어볼 수 있지만 일반적으로 처방전은 써주지 않는다. 단 부모의 동의하에 아이들에게 예방 접종은 해준다.

● **임상심리학자도** 시설 안에서 임시로 근무한다. 이는 매일 출근하지는 않는다는 의미이다. 그는 아이들이 정서적·심리적으로 제대로 발달하고 있는지를 지켜보며 교사와 아이들 간의 교류의 질에 관심을 갖고 아이들을 관찰한다. 그는 어려운 상황에 처한 아이의 부모는 물론 희망하는 모든 부모들을 만난다.

어린이집은 오랜 경험 덕에 아이들에게 유리한 방향으로 운영된다

■ 교육, 정보 모임

심리학자는 소장, 소아과 의사와 함께 직원 전체를 대상으로 회의를 소집하여 각 반의 생활과 거기서 만난 어려움들을 언급하는 자리를 갖는다. 아이들의 원활한 통합을 염두에 두고 각자의 입장에서 생각들이 오고 간다.

때로는 특정 주제(영양 섭취, 청결 등)에 관한 교육적 모임들이 부모들에게 제공되기도 한다.

■ 담당 교사

각각의 보조 교사는 다섯 아동의 담당 교사로 불린다. 이는 그 교사가 그들을 더 특별히 보살핀다는 뜻이다. 이를테면 그들에게 젖병을 물리는 일을 하는데, 이는 영유아들에게는 중요한 행동이다. 교사는 어린이집에서 보낸 3년 동안 죽 함께한 담당 아동들의 부모와 특별한 관계를 형성한다. 하지만 그렇다고 해서 이 보조 교사들이 다른 아이들에게 관심을 기울이지 않는다는 뜻은 아니다. 그들은 다른 아동들도 물론 잘 알고 있다.

■ 생체 리듬 기록

보조 교사들은 이 개인 서류에 모든 아동의 수면 시간과 깨어 있는 시간, 유아의 경우엔 수유량, 큰아동들의 경우엔 식단 구성 등을 기록한다. 이것은 교사들이 부모와 참된 관계를 형성할 수 있게 해주고, 그렇게 함으로써 부모들은 저녁이 되었을 때 더 용이하게 교대할 수 있다.

■ 아기들의 생체 리듬에 대한 존중

영유아들뿐만 아니라 더 큰아동들의 경우에도 낮잠을 선택하는 경우가 점점 더 늘고 있다. 낮잠을 잠으로써 아동은 자신의 수면 시간을 스스로 관리할 수 있다. 교사들은 아동들간의 행동이 매우 다르다는 점에 주목할 때가 많은데 그것도 이런 관행을 더욱더 정당화시켜 줄 뿐이다. 마찬가지로 영유아들의 경우, 정해진 시간에 수유한다는 것은 있을 수 없는 일이다. 다만 시간대가 제시되고 있다. 따라서 낮잠을 친구들보다 30분 더 잔 아이는 친구들의 수유가 끝난 뒤, 원하는 횟수만큼 조용히 분유를 먹을 것이다.

■ 다양한 활동

유아의 하루 일과 중 많은 부분을 차지하는 식사와 낮잠 이외의 시간에는 여러 가지 활동들이 제시된다. 따라서 시간표는 다양하게 변할 수 있다——손가락으로 그림 그리기, 찰흙 놀이, 물놀이, 대뇌 활동 놀이, 독서, 음악 감상 시간 등. 그리고 이것은 많은 전문가들의 다양한 능력 덕이다. 자발적인 놀이를 위한 활동들(요리, 그림, 변장 등)도 아동들이 원하면 자유롭게 할 수 있다.

■ 적응기: 소홀히 할 수 없는 단계

운 좋게 자리가 하나 났다면 즉시 원장을 만나야 한다. 그는 어린이집 직원들을 소개해 주고 현장을 직접 구경시켜 줄 것이다.

— 이 면담을 이용해 머릿속에 떠오르는 모든 것들을 질문하라. 다소 무례해 보여도 괜찮다. 원장은 면담 때 어린이집에 들어오는 절차를 설명해 줄 것이다. 실제로 '적응기'라 불리는 첫 1주일 동안에는 아이가 어린이집에 머무는 시간이 점차 늘어날 것이다. 이는 아이가 새로운 환경과 사람들에 점차 익숙해질 수 있게 하기 위함이다. 아빠의 경우 이 문제에서 철저히 수혜자가 될 것이 분명하다. 만일 그가 이 1주 동안 직장의 제약에서 조금 벗어날 수 있다면 당신이나 당신의 아기 모두에게 좋을 것이다.

— 보조 교사는 처음에 아이가 낯선 곳에 와 있다는 느낌을 덜 가질 수 있도록 아이에게 친숙한 어떤 물건(침대 시트, 모빌, 엄마 아빠의 사진 등)을 갖다 달라고 부탁할지 모른다. 아이가 이미 '과도 대상'(어린이가 엄마와의 구순적 관계에서 사물로의 관계로 이행할 때 선택하는 엄지손가락, 이불 끝, 봉제인형 따위의 물건(역주))을 갖고 있다면 이것은 엄마가 육체적으로 부재할 때 모자의 만남을 정신적으로 재창조하는 기능을 갖고 있으므로 이별의 시련을 쉽게 해줄 것이다. 당신 편에서는 이 중대한 시기가 닥치기 몇 주 전부터 아기에게 말하라. 이제부터는 엄마가 전적으로 신뢰하는 어떤 다른 사람이 너를 돌보겠지만 엄마는 저녁때 너를 다시 만날 수 있어서 너무나 행복하다고 설명하라.

— 이 이별이 걱정된다면 아이가 더 원만하게 적응할 수 있도록 어린이집 원장에게 적응기를 2주로 연장해 달라고 부탁해 볼 수 있다.

— 어린이집에 들어가는 것이 당신의 삶, 특히 당신 아이의 삶에서 하나의 큰 혼란일지 몰라도 신체적·정신적 외상을 유발할 일은 전혀 없다는 것을 기억하라.

— 아기를 관찰하라. 몇 주 후 수유 방식의 변화, 수면 장애, 이비인후과적 장애를 목격했다면 직원에게 말하되 문제를 심각하게 생각하지는 마라. 모든 게 빠른 시일 내에 정상으로 돌아갈 것이다. 그리고 당신의 아기가 어떤 반응을 보이는 편이 더 낫다고 생각하라. 실제로 아무 증상

도 보이지 않는 것은 상황을 무효화시키려는 의도에서 나온 것일지 모른다. 마치 이 새로운 삶이 강요하는 이별을 아이가 부정하기라도 하는 것처럼. 그래서 어떤 아이들은 잠 속으로 도피하고, 또 어떤 아이들은 어린이집에서 하루를 보내는 동안 30분밖에 자지 않는 과잉행동증을 보인다.

　— 몇 주 후에도 여전히 아이가 이별을 고통스러워하면 어린이집이나 모자보건센터의 임상심리학자 또는 이런 아동 기관들 밖에서 선택한 의사를 만날 수 있다. 그는 당신이 고통을 언급할 수 있도록 도울 것이며 모든 것이 곧 정상으로 돌아갈 것이다.

참고 서적

《우리 아이들은 어린이집에서 행복할까》, 안 와그네르와 자클린 타르키엘, 알뱅 미셸 출판사, 1997년.

V

학교, 기관, 교사

45

아이가 공부하기 위해 필요한 것은
다 사주는데도 성적이 나빠요

혼자만의 공부방, 컴퓨터, CD-Rom, 1권도 빠짐없는 한 질의 백과사전, 스테레오 세트, 닌텐도 최신 게임기 등. 그리고 2,3권의 전문 잡지 정기 구독. 요컨대 8-10세 사이의 소년들이 꿈꾸는 일체의 도구들이 당신 아이에게는 눈앞의 현실이다. 하지만 그래도 그 애는 우등생이 되지 못했으며, 당신은 정말로 그 까닭을 모르겠다.

잠시 당신 자신의 어린 시절을 상기해 보자

그 나이 때 당신은 그만큼 갖고 있지 못했지만 오히려 공부를 곧잘 하는 편이었다. 그러기 위해 당신은 수단의 부족에서 오는 실망에도 불구하고 노력을 아끼지 말아야 했다. 용하다. 하지만 당신 아이는 당신이 아니다! 그리고 기재를 갖추거나 갖추지 못한 것은 분명 문제의 열쇠가 아니다. 문제의 열쇠는 다른 곳에서 찾아야 한다…….

관찰하고 해독하라

최신 비디오 게임기를 선물받고 달려든 다음, 또는 백과사전을 1권부터 마지막 권까지 훑어본 다음 그에 대해 완전히 무관심해졌다면 아이는 당신으로부터 다른 것을 기대하는 것이 틀림없다. 그것은 어쩌면 자신이 당신 인생에서 중요한 사람이고, 당신의 가슴속에서 한 자리를 차지하고 있으며, 당신이 일을 생각하는 것만큼이나 자신도 생각하고 어느 한쪽도 배제하지 않는다는 확신을 갖기 위해 필요한 하나의 몸짓, 한마디 말일지 모른다.

당신이 할 수 있는 것

— 사태를 직시하고 해결책은 다른 데 있다는 것, 그것이 물질적 재화를 모으는 것은 분명 아니라는 것을 인정하라.

— 당신 자신이 받아본 적이 없는 것을 주는 것이 두려워도 참된 엄마가 되려고 노력하라. 때로는 자기만의 선을 만들어 내는 것보다는 자신의 어머니가 했던 역할을 되풀이하는 편이 쉬운 게 사실이다. 이것은 사람을 매우 불안정한 상태에 빠뜨릴 수 있는 여러 가지 배척들(자신의 어머니, 자신이 받은 교육, 자신의 형제자매 등로부터의)을 면해준다.

— 아이는 혼자서 자라지 않는다고 생각하라. 설령 적어도 겉으로 보기에는, 혼자서도 아주 잘 자라는 아이들이 있다 해도. 당신 아이는 이 전투에서 싸울 준비가 잘 돼 있지 않은 모양이다. 하지만 다른 결투장에서는 특별히 호전적이고 전투적인 모습을 보일 수도 있다.

— 문제를 언급하라. 특히 당신이 느끼는 것을 표현하려고 노력하되 아이에게 죄의식을 느끼게 하지는 마라. "우리 함께 해결책을 찾아보자……. 네 학교 성적 때문에 끝도 없이 다투는 건 나도 이제 지겨워……. 네가 원한다면 엄마가 조금 도와줄 수 있는데……."

— 아이가 사물을 생각할 때 다양한 가설을 세울 수 있게 도와주어라. "수업 내용을 이해하지 못했니? 학교에 있을 때 기분이 좋지 않고 너의 진가도 인정받지 못하니?" 조건법과 질문을 지나칠 정도로 많이 사용하

라. "누가 네가 배운 것을 정리해 주면 네게 도움이 되겠니?" 특히 기존의 진실을 밀어붙이지 말고 아이가 자신만의 관점을 표현할 수 있도록 이끌어라.

— 시간이 없다고 생각되더라도 저녁때 잠시 아이 옆에서 시간을 보내라. 아이의 공부에 대한 당신의 진정한 관심을 표현하는 데는 15분이면 충분할 때도 있다. 물론 이때 진짜로 공부를 도와줄 수도 있다. 326번 문제의 지시를 잘 이해했니?

— 아이에게 하루를 어떻게 보냈는지, 이를테면 점심 시간에는 무슨 일이 있었는지를 물어보라. 가정의 영역을 침범당하지 않으려면 이 시간에 걸려오는 전화는 받지 마라. 그렇게 함으로써 이 순간 가장 중요한 사람은 그라는 것을 아이에게 보여줘라. 게다가 그 시간의 공백은 자동 응답기가 완벽하게 처리해 줄 것이다. 모든 사람이 30분쯤은 기다려줄 수 있다.

— 당신의 하루도 아이에게 들려줘라. 그렇게 함으로써 아이는 당신의 다른 모습을 상상할 수 있을 것이다. 그리고 가끔씩 네 생각도 했다고 아이에게 꼭 말해줘라. 아이는 자신이 육체적으로는 엄마 곁에 없을 때에도 엄마의 머릿속에서 존재한다는 것을 알게 될 것이다.

— 자기 전에 아이의 책이나 아이가 좋아하는 만화책 몇 쪽을 함께 읽어라. 모자 관계의 위기를 이완시키고 편안한 마음으로 잠들게 하는 게 그만한 것이 없다.

갈등이 지나치게 심한 상황이라면

또는 당신 자신도 힘든 학창 시절(당신에게 쓰라린 추억을 남긴 기간)을 보냈기 때문에 감당할 수 없을 것 같을 때, 또는 기억이 하나도 나지 않을 때에는……

— 아이의 아빠에게 도움을 청하라. 주중에 불가능하다면 일요일 아침을 정기적인 약속 날짜로 잡아 그 주에 배운 개념들을 함께 복습하라. 이때 특히 남편이 자기 방식대로 하도록 놔두라! 아이에게 아빠가 자기 공부에 관심을 갖고 있다는 것을 보여주는 것이 중요하다.

— 제삼자(교사, 대학생 등)에게 도움을 청하라. 제삼자에게 도움을 청하면 혹시 있을지도 모르는, 나쁜 성적과 관련된 억제된 공격성을 막을 수도 있다.

— 당신의 아이를 돌봐주는 사람과 유대를 맺고 그 사실을 아이에게 알려라. 연락 공책(학교에서처럼)이나 정기적인 전화 통화는 모든 부분에 대한 경계 상태를 유지하게 하고 공동 목표를 원활히 지속시킨다.

— 아이의 장점을 찾아 그것을 강조하라.

특히 해서는 안 될 일들

— 저녁에 귀가하는 아이를 맞으면서 이런 식으로 말하는 것. "자, 오늘은 어떤 나쁜 소식을 엄마한테 알려줄래?"

— "자기 반 최고의 바보를 소개하겠습니다"라고 하면서 아이를 지목하는 행위.

— 무슨 일이 있어도 아이를 형제자매, 사촌 등과 비교하는 일은 피하라. "자 봐라, 동생은 혼자서도 척척 해내잖니."

— 당신과 아이와의 모든 관계가 성적을 중심으로 결정되는 것. 그리하여 일부 아이들은 실패 행동을 거듭하고 결국 자신을 가치 없고 정체성도 인정받지 못하는 사람으로 여기게 된다. 그리고 그 피해는 정말로 엄청날 수 있다.

학습 지진아를 위한 지도: 누구에게 도움을 청해야 할까?

아이의 나이에 따라 각기 다른 방법을 고려할 수 있다. 아이가 10세 미만이라면 즐거운 시간들을 함께 보낸 옛 교사나 대학생 베이비시터가 도움을 줄 수 있다.

더 큰아이들의 경우엔 대학생들이 좋겠는데, 그것은 그들이 큰형이나 오빠, 그리고 어쩌면 본보기로 여겨질 수 있기 때문이다.

아는 사람이 전혀 없다면 학교에 구인 광고를 내 보라. 그리고 여기저기 말하고 다녀라. 입소문으로 구해지는 경우가 많으므로.

46

귀가 시간이 너무 늦어서
아이의 숙제를 봐줄 수 없어요

일로 인해 당신은 집에 일찍 들어와 아이와 책을 몇 쪽 읽고, 수학 문제 푸는 것을 감독하거나 213번 문제의 지시를 설명하는 일을 할 수가 없다. 당신은 그 점이 아쉽고 이대로 내버려둬도 되는지 걱정된다.

당신의 아이는 무엇보다 먼저 엄마 아빠가 자신을 지켜보고 있다는 것을 느껴야 한다

아이에게 학과 공부를 시기키 위해 당신이 아이 곁에 줄곧 붙어 있어야 할 필요는 물론 없다! 게다가 시간이 흐르면서 아이는 혼자 알아서 하는 법을 배워야 한다. 반면 나이와 상관 없이 아이는 부모가 자신의 학과 공부에 관심을 갖고 있고 교과의 내용, 그와 관련된 활동들, 그 결과, 그가 마주칠 수 있는 어려움들(일시적인 것일지라도)을 가까이에서 지켜보고 있다는 것을 느낄 필요가 있다.

저녁때 당신은 시간이 없다

— 매일 저녁 다만 15분씩이라도 아이에게 시간을 할애하려고 노력하라. 이런 관례는 공부에 관한 진정한 대화에 알맞은 분위기를 형성할 것

이다. 그러면 아이는 어떤 어려움에 봉착하자마자 그만큼 더 편하게 당신에게 그것을 말할 것이다.

— 마찬가지로 매일 아침 함께하는(혼자 텔레비전 앞에서 하는 게 아니라) 아침 식사 시간을 이용하여 아이의 하루 일과를 재빨리 훑고 지나갈 수도 있다. 이때 아이가 이를테면 오늘 있을 평가에 대한 두려움을 표현할 수도 있다. 그러면 당신은 아이에게 자신감을 북돋아 줄 수도 있고, 또는 장기적으로 그런 어려움에 대처할 수 있는 방안을 찾으려고 노력할 수도 있다.

아침의 약속은 매우 중요하다. 그것은 당신의 아이로 하여금 혼자라는 생각을 갖고 학교에 가지 않게 해주고 현실 속에서 든든한 기반을 가질 수 있게 해준다.

— 당신은 또 길에서 보내는 시간을 이용하여 아이에게 철자법, 구구단 등을 가르쳐 줄 수도 있고, 아이를 안심시켜 주거나 용기를 줄 수 있다. 단 이때 부드러운 분위기를 유지해야 하며 그러지 않을 경우 이 방식의 모든 혜택을 잃어버릴 염려가 있다.

— 저녁때 숙제 공책(더 큰아이들의 경우 주제 공책)에 언급된 모든 과목을 15분 안에 해치우려고 노력하는 실수를 범하지 마라. 집안에 어떤 평온이 자리잡아야 할 순간에 고된 하루를 보낸 뒤에 나타나서는 안 될 스트레스와 긴장의 분위기가 형성될 수 있다.

— 평일에는 아이에게 어떤 하루였는지, 그리고 잘 이해하지 못한 개념 같은 것을 설명해 주기를 바라는지 물어보는 것으로 시작하라.

— 아이의 역량(공부 계획, 책가방 준비, 기억력, 습득한 내용의 자기 점검 등)에 개입하라. 또는 주중에는 아이가 잘하는 과목들과 만족스럽지 못한 과목들을 번갈아 가면서 교과목에 개입하라.

— 아이가 시를 특히 좋아하는가? 아이가 시를 암송하는 것을 즐거운 시간으로 만들어라. "참, 이번 주에는 엄마가 즐거운 시낭송 시간을 못 누렸네……." 이런 말은 아이의 자긍심을 높여주고 용기를 북돋아 준다.

— 가능하다면 주말에 틈을 내어 학과 공부의 내용과 결과를 좀더 포괄적으로 점검하라. 학과 과목들을 아이 아빠와 반씩 나눠서 봐주는 것도 생각해 볼 수 있다. 이를테면 아빠는 그 자신이 몹시 좋아하는 수학과 지리를 봐줄 수 있다.

'프로'의 몇 가지 요령

아이의 숙제를 대신 해주지 마라. 설령 그 편이 시간을 버는(또는 그 부담에서 쉽게 벗어나는) 것 같아 보일지라도. 일시적인 과업을 이행하는 것을 제외하고 이것은 아이에게 아무 도움이 되지 못한다. 대신 아이가 자신의 지식을 체계화하고 조직화할 수 있도록 도와주어라. 그리고 아이가 지시를 이해하지 못한 것이 분명하면 알아들을 수 있게 설명해 주어라.

■ 아이가 체계화할 줄을 모른다면

— 책가방의 내용물을 아이와 함께 정기적으로 확인하라. 이 방법은 아이에게 선별하는 법, 나아가 정말로 필요한 것, 나아가 없어서는 안 될 것을 아는 법을 가르쳐 준다. 게다가 이 방법은 모든 불필요한 짐을 줄이고 등을 가볍게 해주는 커다란 이점이 있다.

— 아이로 하여금 숙제 공책을 아주 정성껏 적도록 유도하라. 날짜는 읽기 쉽게 씌어져야 하며, 약어는 피하고, 책의 몇 쪽에 해당하는지도 눈에 확 띄게 표시돼야 한다. 또한 각각의 날짜 사이에 줄을 긋는 것과 같은 작은 요령들을 충고해 줄 수도 있다.

— 저녁때는 숙제 공책에 적힌 각기 다른 문제들을 그냥 함께 표시해 보자고 아이에게 제안함으로써 아이가 배운 것을 잊어버리지 않았음을 확인하라.

■ 아이가 지시를 이해하기 힘들어한다면

— 아이가 지시글을 읽고 이해한 내용을 물어보고, 이해하지 못한 개념들에서 시작하여 아이와 함께(아이 대신이 아니라) 질문의 내용을 만들어 나가려고 노력하라.

— 질문의 모든 정보를 한층 구체적으로 보여주는 도표, 약화 등을 사용하라.

— 어떤 정보들을 현장과 실생활에 적용시키는 일상 생활의 모든 상황을 이용하는 기회주의자가 되어라. 이를테면 요리법(비율, 측량 개념 등), 상점에서의 할인(퍼센티지 계산, 빼기 등), 시장(어휘의 풍부화 등), 일기 예보(내일 날씨에 어울릴 옷차림을 생각하면서 예측하고 대비하는 법을 배울 수 있다)가 그런 예이다. 이 모든 것이 가볍게, 교묘하게, 기분 좋게 행해져야 한다. 그리고 만일 이 방법이 먹히지 않으면 그만두는 편이 낫다. 아이의 일상을 거대한 교실로 바꾸는 것은 있는 수 없는 일이다.

■ 가능한 도움들

— 학교에도 방과 후 자습 시간이 있으며 당신의 아이도 16시 30분부터 18시까지 숙제를 할 수 있다. 하지만 감독관들(교사나 자원봉사자)이 하는 일은 대개 공부하기 좋은 분위기를 형성하려고 노력하는 것(이른바 '감독' 하는 것이지 '지도' 가 아니다)이며 아이들의 공부를 체계적으로 점검하지는 않는다. 따라서 자습 시간이 어떤 형식으로 진행되든 상관없이 감독관에게 완전히 당신의 짐을 떠맡길 수는 없다.

— 검사하는 일을 배우자와 분담하라. 마찬가지로 통지표에는 부모 모두 서명해야 한다(별거중인 경우 기술적으로 어렵더라도 이것은 절대로 지켜야 할 절차이다).

— 교사와 정기적으로 만나 대화하되 이때 아이도 참석할 것을 고집하라(이 면담을 제안한 사람이 당신일 경우). 면담은 아이와 직접적으로

관계된 것이며 아이를 배제해서는 안 된다. 아이에게 비밀로 하는 면담
도 생각해 볼 수 있다.

47
교사는 우리 아이가
수업을 따라오지 못한다고 말해요.
하지만 난 최선을 다하고 있어요

당신에겐 교사의 지적이 약간 모욕적으로 들렸다. 당신에게 그럴 만한 능력이 없다는 말처럼 들렸기 때문이다. 그렇다, 당신은 일하는 엄마지만 아이가 숙제를 하는지 알 수 있을 만큼은 시간을 할애해 왔다고 스스로 평가하고 있다.

겉보기와 달리

당신 아이의 교사는 당신이 아이를 제대로 돌보지 못한다고 말한 게 아니다. 방법이 다소 서툴렀을지는 모르지만 그는 그저 자신이 매일 확인한 것을 통고했을 뿐이다. 즉 자신의 어린 제자가 자신이 출제한 문제에 법칙을 잘 적용하지 못한다는 것, 구구단을 다 못 외워서 곱셈이나 나눗셈을 빨리 풀지 못한다는 것 등을 말이다.

이런 상황은 당신이 좋은 엄마가 될 수 있느냐에 대한 평가나 처벌이 아니라 기회로 간주되어야 한다. 당신은 아이를 위해 교사와 손을 잡고 노력해야 한다. 어쩌면 그는 아이를 더 잘 뒷받침해 줄 수 있는 몇 가지 기술을 가르쳐 주거나 종합 평가 등을 제안할지도 모르고(188쪽을 참조하라), 어쩌면 당신이 아이의 성적에 관심을 기울이고 있다는 것, 매일 저녁 집에서 노력한다는 것을 알고 그를 전과 달리 대우할지도 모른다.

만일 아이가 전날 함께 공부한 것을 적용하는 것, 심지어 기억하는 것조차 어려워한다면 그것은 아이가 개념들을 당신이 생각하는 것만큼 잘 통합하지 못해서이거나, 또는 당신은 몰랐지만 아이가 당신에게 공부를 시키고 정작 자신은 당신에게 모든 것을 맡긴 채 쉬고 있었기 때문이다. 이런 상황은 우리가 상상하는 것보다 더 빈번하게 발생한다. 부모들은 훈련을 끝냈다는 것에서 만족하지만 자식 대신 자기들이 공부했다는 것은 깨닫지 못한다.

아이가 당신을 지나치게 의지하는가?

■ 우선 해볼 몇 가지 질문
● 저녁에 당신이 귀가했을 때 아이가 공부를 하고 있나?
● 만일 그렇다면 그것은 당신 눈을 속일 목적으로 그저 책과 공책을 펼쳐 놓은 것인가 아니면 정말로 열심히 매달리고 있는 것인가?
● 만일 아니라면 아이는 무엇을 기다리고 있나?

실제로 당신이 할 수 있는 일은 혼자서 시작할 수 있도록 격려하는 것뿐이다. 왜냐하면 학교에서도 선생님이 항상 그 아이만 지켜보는 것은 아니며(교사 1명이 30명의 아이들을 맡을 때도 있다), 아이에게는 자율적으로 행동하는 법을 배우는 것이 진정으로 이로운 일이기 때문이다.

실제로 무슨 일이 벌어지고 있는가?

■ 아이 편에서
아이들은 엄마가 귀가해서 자신을 돌봐주기를 기다린다. 숙제는 아이들로 하여금 전에 어머니가 일하지 않았을 때 그랬던 것처럼 어머니에게 의존하는 관계를 지속하게 만든다. 한편 이런 상황은 어린 막내들에게서 자주 나타나는 반면 큰아이들에게서는 찾아볼 수 없었다.

■ 엄마 편에서

시간도 없고 봐줄 여유도 없기 때문에 엄마들은 아이들이 숙제를 빨리 끝내기를 바라고(숙제가 끝나면 목욕도 해야 하고 저녁도 먹어야 하고 내일 학교갈 준비도 해놔야 한다), 그래서 본의 아니게 숙제를 대신 해주는 경향이 있다. 게다가 세상 모든 사람이 교육학자는 아닌 것이다!

개선책

■ 스스로 하도록 격려하라

당신은 이를테면 아이와 노동 계약을 맺을 수 있다. "배운 것을 익히고 있다가 엄마가 오면 외워 보렴. 그리고 우리 함께 응용 문제들을 풀어 보자……. 반은 네가 하고 나머지 반은 함께하는 거야……. 아는 문제는 모두 해놓고 잘 모르겠는 것은 같이 풀어 보자……. 낱말들을 공부하고 있다가 엄마가 돌아오는 대로 받아쓰기를 해보자……."

■ 아이 아빠에게 교대를 부탁하라

아빠와 공부해 봄으로써 아이는 다른 과정들, 다른 요구들에 직면하게 될 것이다. 어쩌면 당신이 비교적 쉽게 양보해 오던 부분에서 아빠는 고집을 부릴지 모른다. 그리고 그것이 아이에게는 좋은 일이다!

■ 상황 파악을 위해 교사를 정기적으로 만나라

어쩌면 교사는 아이를 자습반에 등록시켜 스스로 공부하는 법을 배우게 하라고 권할지도 모르고(자습반은 교사가 감독만 하지 지시는 하지 않는다), 어쩌면 학교의 다른 동료들 즉 상담 교사, 재교육 담당 교사 등과 함께 종합 평가를 해볼 것을 권할지도 모른다(8장 '5세인 레오는 학교에서 쉬는 시간 동안 끊임없이 싸워요. 이럴 때 저녁에 엄마가 귀가해서 아이에게 벌을 주어야 할까요?' 의 박스 글을 참조하라).

교사들은 한 아이의 능력과 어려운 점에 관한 올바른 평가를 내려줄 수 있고, 아이의 능력에 관해 가능한 한 정확히 파악하는 기회를 제공한다. 또 아이의 학습을 방해하는 것이 무엇인지, 다시 말해 그것이 계획성의 문제인지, 아이가 정해진 시간적 범위 안에서 혼자 공부할 수 없기 때문인지 등을 파악하게 해주고 그에 따른 적절한 방법들을 적용할 수 있게 도와준다. 또한 학습 방법에 대해 조언도 해줄 수 있으므로 당신은 아이에게 시간적으로 더 많이는 아니더라도 어쨌든 전과는 다른 방법으로 공부시킬 수 있다.

48

우리 아이는 모범생이니까 나는 내 일에
온 정신을 쏟을 수 있겠다고 생각했어요

새 담임교사가 당신의 아이가 심각한 곤경에 처했다고 말했을 때 당신은 깜짝 놀랐다. 그래서 아이에게 물어보니 아이는 이렇게 대꾸한다. "엄마는 내가 학교에서 하는 일에 관심도 없잖아요!"

당신은 양쪽으로 따귀를 맞은 것처럼 얼얼할 것이다

담임교사와의 면담은 새로운 사실들을 폭로해 주었다. 당신은 자신이 아이를 제대로 파악하지 못했을 뿐만 아니라 아이 또한 엄마가 자신의 어려움을 들어줄 만한 여유가 없는 사람으로 생각해 온 것 같은 느낌이 들었다.

그런데 당신은 아무것도 몰랐다

일하는 여성들 대부분이 그런 것처럼 당신은 많은 시간을 집 밖에서 보내며, 집에 들어왔을 때에는 당신의 마지막 피난처에서 최대한 휴식을 취하려고 노력하며, 그래서 아이의 모든 요구를 항상 들어주지는 못한다는 것을 고백해야 할 것이다(그리고 그것을 탓할 사람은 아무도 없다).

그런 만큼 주의를 덜 기울였기에 당신은 아이의 학교 생활에 어떤 문제가 있으리라고는 꿈에도 생각지 않았다. 당신이 볼 때 아이는 모범생이었고 상황이 달라질 만한 어떤 이유도 없었다. 그리고 그렇게 생각했기 때문에 당신은 일에 전념할 수 있었다.

어떻게 대처해야 할까?

— 아이가 겪는 어려움을 해결해 주려고 노력하는 것부터 시작하라. 당신에게 시간이 없다면 대학생이나 옛 교사 등에게 도움을 청할 수 있다(45장 '아이가 공부하기 위해 필요한 것은 다 사주는데도 성적이 나빠요'를 참조하라). 단 이때 당신은 아이가 습득한 것에 꾸준히 관심을 기울이고 아이의 발전을 높이 평가해 줘야 한다(남편과 함께).

— 학교 생활이 공부가 전부는 아니라는 것을 명심하라. 당신 아이가 반에서 차지하는 위치도 중요하다. 아이가 한 친구 집단과 지속적으로 어울리는지 아니면 이 집단에서 저 집단으로 계속 옮겨다니는지, 아이가 집단의 리더인지 추종자인지 등을 알아 두라. 가끔씩 학교 정문 앞에서 아이를 기다려 보거나, 학교 정문까지 아이와 함께 가보거나, 방과 후 활동하는 곳에 데려다 줘 보면 쉽게 파악할 수 있다.

— 아이가 어른들에게 어떻게 행동하는지를 관찰하라. 아이가 교사, 식당의 감독, 자습 시간의 감독교사 말을 잘 따르는가? 한 아이가 집이라는 자신의 세계 안에서 비교적 자유롭게 자신의 의사를 표현하는 것은 별로 힘든 일이 아니다. 반대로 아이가 가족이 아닌 사람들에게 구애받지 않는 말투를 사용하는 것은 더 문젯거리가 될 수 있다. 이것은 아이가 주어진 위계질서의 틀 안에서 지켜야 할 법칙이나 한계를 내면화하지 못한다는 것을 의미할 수 있다. 아이는 상대에 따라 자신이 취할 수 있는 행동들을 구별하는 법을 배워야 한다. 그러지 않으면 아이는 일생 동안, 특히 직업 세계 안에서 많은 어려움에 봉착할 수 있다.

— 하루 동안 당신의 아이는 그의 생활에서 아주 큰 비중을 차지하는 상황들을 많이 만난다. 이것을 고려하지 않는 것은 어떤 면에서는 아이의 존재를 부정하는 것이다. 단순한 주먹다짐이 유감스러운 결과를 가져올 수 있는데, 만일 이때 당신이 너무 바쁘거나 무관심해서 그 얘기를 꺼낼 수 없다고 느끼면 아이는 그것을 전혀 다른 방식으로 표현할 수 있다. 이를테면 집이나 학교에서의 공격성의 발현, 학교 생활에서의 이탈 등으로.

— 학교, 아이, 당신 자신 사이에 유대를 형성할 필요가 있다. 그러므로 주저 없이 학부모 모임에 참석하고, 반나절 월차를 내는 한이 있더라도 가끔씩 교실 문 앞에서 수업을 참관하라. 그렇게 하면 아이는 당신이 자신에게 관심을 갖고 있다는 것을 알고 안심할 것이다. 그리고 엄마가 정말로 자신을 늘 생각하고 있고 자신이 엄마에게 중요한 사람이라는 느낌을 받을 것이다. 그래서 당신에게 자랑스러운 자식이 되려고 노력할 것이며 최고의 결과를 얻기 위해 모든 시도를 다 해볼 것이다.

49

아이가 1학년이 됐을 때 내 일이 바뀌었어요

저런, 저런, 저런…… 아이를 학교에 데려다 주기로 마음먹은 바로 그 순간 당신이 승진한 것(또는 회사가 당신이 거절할 수 없는 일을 맡긴 것)을 알았다. 이제 적어도 한동안 당신은 아이를 위해 시간을 낼 수 없을지 모른다.

당황하지 마라

당신 혼자 아이를 돌봐야 하는 것은 아니다. 어쩌면 아이의 아빠가 당신을 도와 이 생활 리듬의 변화를 감당할 수 있을지 모른다.

—처음엔 아이의 습관에 가능한 한 가장 여파가 미치지 않게 하라. 이를테면 그동안 아이가 보모의 집이나 학교 구내식당에서 점심을 먹어왔다면 그 상황을 그대로 유지하라. 그리고 만일 베이비시터가 오후에 학교에서 아이를 데려왔다면 계속 그렇게 하게 하라.

— 아이의 새로운 생활 리듬이 아이와 당신의 시간표에 따라 달라질 것이라고 설명하라. 더 이상 금요일 오후에 아이를 데리러 학교에 올 수 없다면 그 사실을 미리 통고하고, 근무 시간 때문에 그렇다는 설명도 잊지 말아라. 물론 당신은 그것이 섭섭하지만 이 새 일은 또 다른 보상을 안겨주며 아이도 그것을 이용할 수 있을 것이라고 말해주어라. 만일 매일 일이 늦게 끝난다면 가끔씩 월차를 내거나 아니면 수요일 오후나 다른 요일에 이를테면 아이를 학교나 방과 후 활동하는 곳에 데려다 주는 문제를 협상할 수도 있다.

— 1학년인 올해의 중요성을 부인하지 말되 그것이 이미 학교에 들어간 당신의 아이에게는 연속성 안에 포함된다는 것을 상기하라. 아이가 어느 정도의 자율성을 획득했다면(혼자 손 씻고 옷을 입을 수 있다. 외투를 옷걸이에 걸 수 있다. 식사 준비 돕기, 베란다 화초에 물주기, 때로 자신의 장난감 정리하기 같은 사소한 집안일들에 많이 참여하고 혼자서 놀 줄 안다) 적응은 자연스럽게 이루어질 것이다.

— 초등학교 교실까지 아이를 데려다 주는 것이 당신만의 일은 아니라는 것을 다시 한번 상기하라. 전문가들(유치원 교사들)이 몇 달 전부터 준비를 시켰고 아이가 스스로 할 수 있도록 지도해 왔다. 놀이나 단체 생활을 통해 아이는 나누는 법, 지시를 따르는 법을 배웠다. 의문에 대한 대답을 찾으면서 아이는 좀더 멀리 가기 위해, 자신을 둘러싼 세상을 좀더 잘 이해하기 위해 다른 의문들을 표현하고 싶어했다. 그리고 그런 경쟁심에서 학교에 대한 진정한 열정이 탄생했다. 사실 오늘날 프랑스에서 유치원에 가는 것을 싫어하는 아이들은 보기 드물다. 거의 모든 아이들이 주저 없이 열광적인 모습을 보인다. 얼핏 보아도 아이들이 초등학교를 걱정스럽게 인식할 이유가 없다. 당신 자신이 때로는 본의 아니게 어떤 걱정을 가지고 학교를 떠올리는 경향이 있을지는 몰라도.

— 아이와 함께 입학 준비를 하라. 책가방, 필통, 그밖에 필요한 모든 것을 함께 구입하라.

— 아이의 학습 과정을 지켜보라. 적어도 이틀에 하루는 아이에게 배운 부분을 읽어보게 하고 다른 하루는 아빠에게 맡겨라. 아이는 부모가 자신의 학교 공부에 관심을 갖고 있다는 것을 알게 되고 잘 해내고 싶은 마음을 그만큼 더 갖게 될 것이다. 아이를 격려하고 아주 작은 발전도 칭찬하라. 그리고 놀고 긴장을 풀고 함께 휴식을 취할 수 있는 시간(이를테면 주말)도 마련하라. 아이는 그런 시간이 필요할 것이다. 사실 유치원에서와 달리 1학년 때 아이들은 자기 자리에 앉아 있어야 하고 하루 동안에도 수많은 지시를 따라야 한다. 교사들은 아이들에게 지속적인

정확성과 주의를 요구한다. 그러므로 학교에 관한 이야기로 아이와의
모든 대화를 이끌어 가지는 마라. 그는 학생이기 이전에 한 아이이다.

당신과 아이의 불안을 날려 버려라

아이가 당신이 불안해한다는 것을 감지하면 당신의 부담이 두 배로 커
질 수 있다. 당신은 자신을 안심시키는 동시에 아이의 두려움도 진정시
켜야 한다. 그것은 어느 정도 시간이 필요할지 모른다. 따라서 적응기 동
안 아이가 변덕스럽고 자신감 없고 두려워하거나 심지어 여느 때보다
더 까다로운 모습을 보일지 모른다는 것을 예상하라. 그리고 인내심을
가져라. 아이에게 엄마 아빠의 사랑을 한껏 베풀고 당신이 직장에 있을
때에도 아이 생각을 하고 있다는 것을 확신시켜라. 아이를 안심시키기
위해 주머니 속에 간직할 수 있는 작은 물건을 주는 것도 괜찮다. 당신
의 향수를 뿌린 손수건이나 사진도 될 수 있겠다.

긍정적인 학교상을 반사하라

당신이 학창 시절에 대해 안 좋은 추억을 갖고 있다면, 당신 또는 당
신의 남편은 자유보다는 학교 성적과 관련된 처벌의 동의어로 남아 있
는 이 단계를 아이가 통과하는 것이 보기에 꺼려질 수도 있다. 이 경우
당신의 쓰라린 경험이나 불편함을 아이에게 전가시키기보다는 스스로
학창 시절에서 벗어나려고 노력하고(그렇다고 해서 무관심해지지는 말
고), 남편이 이 분야에 관심을 쏟게 내버려두는 편이 낫다. 이런 방식이
당신에게나 아이에게나 이로울 것이다. 당신은 계속 어떤 거리를 유지할
수 있고, 아이는 이 분쟁으로 인해 괜히 피해를 입지 않을 수 있고. 어쨌

든 이것은 아이의 문제가 아닌 것이다.

그렇게 하면 아이가 만들어 낼 학교에 대한 이미지와 당신의 원한 사이에서 아이가 볼모가 되는 일을 피할 수 있다. 따라서 아이가 학교를 즐겁게 다니려면 양쪽에서 공격을 당하는 형상이 되어서는 안 된다. 그러기 위해서는 당신의 지나간 학창 시절이 어쨌건 아이에게는 항상 교사의 방법을 따르라고 말해야 한다(아이는 방법을 선택할 자유가 있고, 당신은 아이를 전적으로 신뢰해야 한다). 따라서 교육 방법에 대한 모든 토론은 잊어도 좋다. 왜냐하면 오늘날 프랑스의 거의 모든 아이들은 똑같은 방식으로 읽기를 배우고 있기 때문이다. 아이들은 소위 통합 교수법(간단히 설명하면 이것은 단어를 통째로 기억하는 것이다)에 의해 시작하여 음절 교수법(단어를 음절로 분해하는 것이다)으로 넘어간다. 그래서 우리가 이 방법을 혼합 교수법 또는 준통합 방법이라고 부르는 것이다. 아이가 입학할 때 학부모 회의에 참석하면 교사가 틀림없이 상세하게 설명해 줄 것이다.

문제가 발생했을 경우 학교에서 권위가 있어야 할 사람은 교사와 교장이라는 것을 기억하라. 이를테면 당신 아이가 친구들과 충돌을 일으켰을 때 그것을 해결할 사람은 당신이 아니라 그들인 것이다. 반면 그 사실을 그들에게 알리는 것은 당신의 몫이다. 교사들이 항상 모든 것을 파악하고 있지는 못하기 때문이다!

또한 아이들 앞에서 교사들의 이미지를 존중해야 한다. 그러므로 그들에 대한 비판적 태도는 일절 금지이다. 아이들은 교사를 존경할 필요가 있으며, 당신이 그들의 열광에 동참하지 않는 것 같다고 느껴지면 아이들은 불안해질 수밖에 없다.

학교와의 유대를 유지하고 아이의 재능을 맘껏 펼치게 하려면

— 입학 때 있는 학부모 모임에 참석하거나(50장 '직장에서 빠져나오기 어려워도 학부모 회의에 참가해야 하나요?'를 참조하라) 대리인을 보내라. 아니면 학기초에 교사와 면담을 하라.

— 가끔씩(시간이 날 때, 반드시 학기초일 필요는 없다) 학교 정문, 또는 축제 준비에 참석하라(케이크 굽기는 당신이 학교 친구들 앞에서 아이를 행복하게 해주고 싶어한다는 것을 아이에게 증명할 기회이다).

— 정확한 상황 판단을 위해 교사를 정기적으로 만나고 당신이 학교 생활에 얼마나 많은 관심을 갖고 있는지를 아이에게 보여줘라.

아이에게 숙제가 너무 많으면?

■ 원칙적으로

초등학교에서는 각 반마다 학기중에 엄밀한 의미에서 교육적 시퀀스에 따라, 그리고 가끔씩 있는 과외 활동을 시작하기 전에 일상적으로 30분간의 수업이 실시된다. 사정이 이렇기 때문에 학생들은 학교에 있는 시간을 제외하고는 쓰기 숙제가 없다. 방과 후 교사들이 학생들에게 내주는 공부는 말로 하는 공부나 복습에 국한된다.

■ 현실적으로는?

대개 원칙은 지켜지지 않는다. 실제로 문제를 일으키는 것은 공부(학과목보다는 숙제)의 성격이 아니라 양, 다시 말해 아동이 거기 할애해야 하는 시간이다. 1학년 학생이 배운 부분을 다시 읽고 몇 개의 단어를 외우기 위해 하루 저녁에 공부하는 시간은 15-20분을 넘어서는 안 되며, 2,3학년 학생의 경우 30분을 넘어서는 안 된다.

아이의 선생님이 숙제를 너무 많이 내준다면?

학부모 회의에서 당신의 놀람을 표현하며 문제를 제기하라.

때로는 학부모 자신이 교사에게 숙제를 많이 내달라고 압력을 가하고 그런 교사를 매우 유능한 것으로 판단하는 경우도 있다.

참고 서적

《초등학교 안내서》, 사피아 아모르, 〈부모〉편, 쥔 에디시옹 출판사, 1998년.

《학교 안내서, 유치원에서 중학교 입학까지》, 이브 나제, 알뱅 미셸 출판사, 1997년.

50

직장에서 빠져나오기 어려워도
학부모 회의에 참가해야 하나요?

당신의 일은 19시에 끝나고 학부모 회의는 18시에 시작된다. 따라서 당신은 조금 일찍 출발해야 하지만 당신의 사장이나 동료들은 그것을 호의적으로 보는지는 확신할 수 없다. 이럴 땐 어떻게 해야 할까?

학부모 회의는 왜 중요한가?

대개 아이 담임교사와의 첫 내면을 의미하는 이 만남을 통해 당신은 학교생활, 수업 계획, 교과 내용 등에 관한 설명을 듣게 될 것이다. 당신은 또한 학교 평의회에 나갈 학부모 대표들을 만날 수 있고 당신 자신의 얼굴을 알릴 수 있다. 설령 당신 아이에게 특별한 문제가 없는 것으로 간주될 때라도.

— 학부모 회의에 참석하는 것은 당신 아이의 학교 생활에 대한 당신의 관심을 학교에 알리는 행위이다. 학교 역시 학부모들의 후원을 필요로 한다.

— 마찬가지로 학부모 회의에 참석하는 것은 아이에게는 당신이 성적에만 관심 있는 것이 아니라 아이가 하루 종일 생활하는 환경에도 관심이 있다는 것, 그리고 올 한 해 동안 아이가 발전하고 새로운 능력을 획득하는 과정을 함께 지켜볼 사람, 즉 담임교사를 무척 만나 보고 싶어 한다는 것을 보여주는 행위이다.

아이들은 흔히 당신이 그들의 담임교사를 만나러 간다는 사실을 알면 자랑스럽게 생각하고 행복해한다. 게다가 대개 교실에서 이루어지는 이 모임을 그들 자신이 준비한다. 이를테면 학부모들이 앉을 자리에 작은 명찰을 붙인다……. 그들의 첫번째 작품들을 전시한다……. 요컨대 아이들은 자신들의 삶의 현장에서 부모들을 맞이하는 것이 즐거운 것이다. 게다가 당신의 참석을 통해 그들이 당신에게 중요한 존재라는 것을 알려주면 줄수록 아이들은 그만큼 더 그들의 일상 생활에 관해 많은 것들을 털어놓을 것이다.

당신은 어떤 결정을 내려야 할까?

— 설령 이 일로 인해 어떤 것들을 조정해야 할지라도 학부모 회의에는 참석하라. 실제로 당신은 조금 일찍 퇴근해도 되냐고 물어봐야 하고 어떤 지적을 들을 수도 있다. 아이에게 당신이 처한 곤란을 망설임 없이 표현하되 그렇다고 아이에게 죄책감을 느끼게 해서는 안 된다. 그럼으로써 아이는 자기 혼자만 노력하는 것이 아니라는 것을 알게 될 것이다. 엄마도 때로는 자신을 위해 노력하는 것이다.

— 만일 당신이 정말로 참석할 수 없으면 남편을 참석시켜라. 부모 모두 참석하는 것이 반드시 유익한 것은 아니다. 설령 당신이 별거중이더라도 아이 문제를 중시한다면 아빠에게 일찍 알려 필요한 조처를 취하게 하라. 또는 조부모 중 한 사람에게 부탁할 수도 있다.

— 만일 어느 누구도 참석할 수 없다고 하면 교사와 따로 약속 날짜를 잡아 당신이 아이의 학교 생활에 관심을 갖고 있다는 것을 알려라. 그렇게 하면 아이의 마음도 가벼워져서 교사나 친구들로부터 멀리 떨어져 있다는 느낌을 갖지 않게 될 것이다. 그래야만 남들과 다른 아이로 지목되지 않을 것이다. 남들과 다르다는 것은 이 나이에는 감당하기 어려운 입장이다.

VI

부부, 아빠

51

남편은 내가 아이들을 과잉보호한다고 해요…… 하지만 나는 아이들을 볼 시간이 거의 없거든요

"애들 스스로 하게 놔두라니까." 남편은 계속 그렇게 외쳐댄다. 그리고 당신도 남편의 말이 완전히 틀리지는 않다는 것을 알고 있다. 이미 젖먹이가 아닌 아이들은 많은 일들을 감당할 수 있다. 그렇다, 그런데도 당신은 고삐를 완전히 놓기가 어렵다…….

그렇다면 당신은 어떤 엄마인가?

— 당신은 가정에 부수입이 필요해서 출산 휴가 후에 곧장, 약간은 내키지 않는 마음으로 복직한 대다수의 여성들 중 하나일 것이다(그리고 이것은 고전적인 반응이다).

— 당신은 자신이 완벽한 여성이 되기를 바라며 아이들이 결코 아무것도 부족하지 않도록 행동한다. 첫추위가 닥치면 파란색 코트와 맞춰 입기 위해 없어서는 안 될 파란 털모자를 사러 가기 위해 점심도 거른다. 수리중인 작년 모자는 적당하지 않다는 듯이.

— 당신은 스스로 당신이 아이들에게 언제나 항상 없어서는 안 될 사람이라고 여기고 있다. 그것은 당신에게는 기분 좋고 안심이 되는 일일지 모르지만 아이들과 당신 부부에게는 때로 위험한 일일 수 있다.

그런 생각을 바꿔야 하는 까닭

■ 당신을 위해

아이들의 사소한 요구들을 만족시키기 위해 항상 굽신거리다 결국은 지칠 것이다.

■ 당신 부부, 남편을 위해

이대로 가다가는 당신 부부를 위험에 빠뜨릴 수 있다. 당신 남편은 뒷전에 물러앉게 된다. 당신은 더 이상 남편에게 쏟아 부을 기력이 남아있지 않으며, 시간이 흐르면서 남편은 쓸모없는 사람처럼 여겨질 것이다.

만일 남편이 스스로 모든 일을 처리할 수 있을 만큼 성숙하다면 분명 엄마가 필요치 않을 것이고 대신 상냥한 여성이 필요할 것이다(58장 '남편은 내가 충분히 매력적이지 않다고 말하지만 내가 그럴 시간이 어디 있나요?'를 참조하라).

■ 아이들을 위해

— 자식들을 만족을 모르는 아이들로 키울 우려가 있다. 아이들은 당신에게 옆에 있을 것과 많은 관심을 요구한다. 이때 당신은 아이들 아빠의 도움을 받아 그 한계를 정해야 한다. 아이들 스스로 요구를 하향 조정하기를 기대하지 마라.

— 자식들을 비사교적이고 불행한 아이들로 키울 우려가 있다. 집에서 모든 걸 갖는 데 익숙해지면 공동 생활의 규칙을 따르기(자기 차례 기다리기, 다른 사람이 더 빨리 더 잘 더 쉽게 하는 것을 받아들이기 등)가 매우 어렵고 아무튼 고통스러운 일이 될 수 있다. 현실과 직면하는 것이 고통스러운 것이다.

— 자식들에게 고통스러운 사춘기를 맞게 할 우려가 있다. 일생 중 이

시기에 아이들은 자율성을 추구하는데, 당신이 그들을 놓아줄 준비가 덜 됐다고 느낄수록 이 거리두기는 갈등을 일으킬 가능성이 높다.

— 또 자식들로 하여금 지나치게 허약한 정체성을 갖게 함으로써 자신의 공간에 정착하지 못하고 30대가 돼서도 여전히 당신 치맛자락에 매달려 살게 만들 우려가 있다.

지금 상황을 바로잡아야 한다

— 남편의 말을 들어라. 남편은 지금 당신에게 아이들과 그를 벗어나서 살 권리도 있다는 것을 말하고 있는 것이다. 남편은 당신을 도울 수 있다. 남편을 믿고 의지하라.

— 아이들에게 유일한 사랑의 대상이 되지 마라. 당신은 그들의 엄마이고 앞으로도 항상 그럴 테지만 그래도 감정적인 관점에서나 물질적 관점에서나 당신과 거리두기를 준비시켜야 한다.

— 아이들에게 세수하기, 방 정리 등을 혼자 하는 습관을 들여라. 이를 요구할 때 지나치게 엄격한 모습을 보일 필요는 없으나 그렇다고 포기해서도 안 된다. 아이들은 옷 입기를 싫어한다. 그러므로 아이들이 스스로 옷을 입음으로써 얻을 수 있는 이점을 보여줘라. "네가 옷을 입으면 입고 싶은 옷을 네가 고를 수 있단다."

— 당신이 양보하지 않아서 아이가 화가 났다 해도 꿋꿋이 버텨라. 아이들은 자기들이 모든 걸 가질 수는 없다는 것을 무의식적으로 알고 있기 때문에 곧 당신에게 돌아올 것이다. 아이들에게 안 된다고 말함으로써 한계를 보여주는 동시에 아이들을 안심시켜라.

— 집을 비워라. 가끔씩 집을 떠나라. 친구와 토요 '장보기'를 즐기고 (그것이 이번 주말이라면 할 수 없다, 아이들과 함께할 시간이 줄어들 수밖에) 남편과 오붓하게 사흘간의 여행을 떠나라. 아이들은 친구나 할아버

지 할머니에게 맡겨라. 그것은 당신이나 아이들을 위험에 빠뜨리는 행
위가 아니다. 가끔씩 전화를 한 통씩 함으로써 관계를 유지시키기만 한
다면.

52

나는 남편이 아이들 앞에서 권위가 있으면 좋겠어요. 생활 속에서는 충분히 그렇게 하는 것 같은데……

당신은 아이들이 당신의 말만 듣는 것 같고 그것이 부담스러울 때가 많다. 직장 일, 집안일, 장보기 등에 지친 당신은 아이들 문제는 남편이 교대해 줄 수도 있을 것 같다.

당신은 인생의 남자, 아이들의 아빠를 선택했다

아이를 갖기로 결정했을 때 당신에게는 당신이 바라는 구체적인 아빠의 모습이 있었다. 그리고 당신이 이 남자에게 주목한 것은 분명 우연이 아니다. 그런 과정은 항상 무의식적인 선택을 따른다.

— 먼저 당신이 이 남자를 선택한 까닭을 분석해 보라. 천성적으로 인내심이 많은 것 같아서? 왜냐하면 그것은 아이들에 둘러싸여 살기를 원할 때 큰 장점이 되기 때문이다. 아니면 많은 자식들을 잘 보호할 만큼 정신적으로 강하다고 판단돼서? 아무튼 그런 자질과는 무관하게 당신은 그가 차지할 자리, 현재 그가 실제로 확보하고 있는 자리와 일치하지 않는 자리에 관해 어떤 환상들을 품고 있었을 것이다.

— 모든 사람은 하나의 가족사를 물려받으며 그것을 가지고 최선을 다하려고 노력한다는 것을 알아두라. 당신이 회피로 판단하는 것이 어쩌면, 이를테면 자기 자신의 아버지와 다른 모습을 보여주기 어렵다는 표

현일지도 모른다. 그것이 당신 남편에게는 어떤 면에서 자신을 낳아준 사람의 교육적 능력을 평가하고 나아가 그를 벌하는 것과 같은 의미인데, 그것은 그가 자기 아버지와 다르게 행동하려고 노력하기 때문이다.

— 당신은 그의 이야기를 통해서 뿐만 아니라 당신이 목격한 바를 통해서도 그의 부모에 대해 약간은 알 수 있다. 그로부터 당신은 아마도 아이들에 대한 그의 태도를 적어도 부분적으로는 설명해 줄 수 있는 몇 가지 요소들을 끌어낼 수 있을 것이다.

— 한편 당신은 당신 부모의 태도 중에서 오늘날 당신이 아이들에게 행하는 교육에서 표본으로 삼고 있는 것이 무엇인지를 자문해 보라. 설령 당신은 그것을 부인하더라도. 이를테면 만약 당신이 아이들 곁에 그림자처럼 붙어 다니면서 모든 결정을 자신이 내리는 어머니와 존재가 잊혀진, 아니 그보다는 항상 부재하던(출장이나 다른 일로) 아버지를 두었다면 어쩌면 당신은 무의식적으로 이상적인 아버지보다는 어려운 상황에 처한 남자를 골라 당신 어머니가 하던 역할을 저도 모르게 되풀이하고 있는 중일지도 모른다.

어떻게 하면 아빠의 자리를 만들어 줄 수 있을까?

우선 남편이 항상 당신 머릿속에, 그리고 당신이 아이들에게 해주는 이야기 속에 존재해야 한다. 이를테면 만일 지금껏 아이들 앞에서 엄마의 이름으로 말해 왔다면 이제부터는 반드시 아빠를 포함시켜야 한다. 그렇게 하지 않으면 당신은 아이들과 이원적 관계를 맺게 되고, 그러다 갈등이 생기면 당신은 실제로 혼자이기 때문에 거기서 빠져나올 수 없게 된다. 당신과 아이들 사이에 약간의 거리를 두려면 제삼자가 필요하고, 이 경우에는 아이들의 아빠가 거기에 해당된다.

아빠의 임무는 상징적으로 아이들이 엄마의 품을 벗어나게 하는 것이며, 그것은 반드시 거세되는 상황을 거치게 되어 있다. 금기를 규정하는 것은 아빠의 몫이고 그 금기가 지켜지는가를 감시하는 것은 엄마의 몫이다. 당신 아이들의 인간성을 제대로 형성하려면, 다시 말해 사회 생활에 따르는 욕구 불만을 받아들일 줄 알면서 외부를 향해 열려 있을 수 있으려면 그런 과정이 절대로 필요하다.

"하지만 그는 절대 개입하지 않아요"

— 남편에게 당신과 같은 입장을 취하자고 권유하라. 당신이 말 속에서, 생활 계획 속에서 남편에게 간청하면 그도 자신이 당신과 아이들의 머릿속에 자신이 존재한다는 느낌을 가질 것이다.

— 일을 분담하라. "오늘 저녁 아빠와 얘기해 볼게. 엄마 혼자 결정하지 않겠어." 아빠에게도 자리가 있다는 것 그리고 아빠가 그 자리를 지켜야 한다는 것을 모두에게 상기시키는 데 그만한 발언도 없다.

53

남편은 아이들을 너무 엄하게 키워요…….
나는 집안 분위기가 좀더 평화롭길 바라는데요

하루 일을 마치고 돌아온 당신은 가족들과 함께 있으면서 긴장을 풀고 싶다. 그런데 벌어지는 상황은 정반대이다. 아들들에게 유독 엄격한 당신 남편은 오늘도 집안 분위기를 살벌하게 만든다.

긴장이 고조되는 과정

― 남편은 아이들이 식탁에서 말하는 것, 식사 도중 일어서는 것, 미리 허락을 청하지도 않고 발언하는 것 등을 용납하지 않는다. 그 규칙들의 내용이나 엄격성은 당신으로 하여금 중세에 사는 듯한 기분을 불러일으킨다.

― 아이들 중 하나가 반 친구가 자신을 밀친 것, 교사가 자신을 오해하거나 무시해서 불만을 터뜨리면 남편은 항상 이런 식으로 말한다. "그건 네 잘못이다. 탓할 사람은 너 자신밖에 없어…… 사람은 살면서 자신에게 엄격해야 하고 자신과 싸워야 한다. 그러지 않으면 모든 사람이 너를 짓밟을 거야…… 남자가 된다는 건 그런 거다……."

― 당신이 어떤 조처의 시기를 늦추고 강도를 완화시키려고 하면 남편은 곧 반대를 표하고 나선다. 그는 아이들의 엄마인 당신이 아이들과 너무 친하다고, 아이들을 과잉보호한다고, 심지어 때로는 당신이 아이들을 겁쟁이로 만들어서 인생의 어려움을 잘 헤쳐 나갈 수 없을 거라고 비

난한다.

— 남편이 말하는 냉혹함에 직면했을 때 당신은 일부러 더 상냥하고 자녀의 말에 더 귀를 기울이는 태도를 보여줌으로써 보상하려는 경향이 있다는 것을 당신도 기꺼이 인정하는 바이다. 그리고 당신은 아이들이 당신 곁에서 피난처를 구할 필요성을 느끼는 것이 분명하다고 생각한다.

남편은 왜 그런 독재를 강요할까?

— 그런 교육적 본보기는 아마도 그 자신이 어릴 때 경험한 것과 일치할 것이다. 그는 공포 분위기를 퍼뜨리고 오직 그의 말만이 중시되는 가장의 이미지를 고수한다.

— 이것은 잊혀진 아버지(또는 항상 집에 없는 아버지)를 가진, 그래서 생존을 위해 스스로 딱딱한 등껍질을 만들어야 했던 남자의 태도일 수도 있다. 감상에 빠져 허우적거리는 것을 피하기 위해 그는 감정의 영역에 속하는 것은 철저히 억누르고 자신이 최고의 강자라는 것을 보여주기 위해 다른 사람과 싸우는 내용의 반복적 행동을 확립한다. 따라서 그는 아들들이 자신과 다른 식으로 행동할 수 있다는 것, 특히 자기 눈에는 너무나 하찮게 보이는 어려움들을 극복하지 못한다는 사실을 이해하지 못한다.

— 남편의 행동이 그 자신에게도 유익하지는 않지만 그에게는 달리 참고할 만한 자료가 없다. 게다가 여지껏 해오던 것과 다르게 행동하면 인생의 난관들을 헤쳐 나가기 위해 스스로 품어야 했던 신념들이 흔들릴 수도 있다.

그런 냉혹함 앞에서 어떤 태도를 취해야 할까?

외교적 수완을 발휘해 남편에게 아이들은 아빠처럼 행동할 수 없다는 것을 이해시키려고 노력하라. 왜냐하면 아이들의 역사는 아빠의 역사와 다르기 때문이다. 남편의 과거를 지나치게 들추지 않으면서도, 아이들이 어렸을 때의 아빠보다 잘난 것도 못난 것도 아니며, 특히 그들의 개성에도 맞지 않고 그보다는 오히려 겁을 주는 경향이 있는 아빠의 충고를 적용하는 데 많은 어려움을 겪고 있다는 것을 설명하라. 남편을 설득하는 데 성공하면 그 문제를 제삼자(중립적 전문가)와 함께 이야기하러 가는 편이 모두를 위해 좋을 것이며, 이 경우 상황이 좋아질 가능성이 크다.

적절한 표현을 찾으면 남편에게 감수성이 어리광이나 나약함의 동의어가 아니라는 것을 이해시킬 수 있다. 마찬가지로 자신의 감정을 표현하는 것이 연약함의 표시인 것만은 아니다.

54

남편이 셋째를 낳기를 바라요.
나는 일하는 주부인데 그게 말이나 돼요?

당신은 오래전부터 일해 왔고 사회 생활하는 것을 감사하게 여기고 있다. 세월이 흘러 이제야 겨우 가정 생활과 직장 생활 사이에서 중심을 잡고 있다. 그런데 당신 남편이 셋째아이를 갖자는 의견을 내놓았다. 그게 정말로 말이나 되는 소리인가?

당신은 직장 일이 별로 재미없고

■ 아이를 가질 생각이 있다

이것은 전적으로 개인적인 선택에 속한다. 셋째아이를 가지면 당신은 더 이상 밖에서 일할 필요성을 느끼지 않을 것이다. 왜냐하면 급여의 손실을 추가 가족 수당과 교육 수당으로 일부 보상받을 것이기 때문이다. 게다가 육아, 출퇴근, 구내식당 이용, 가끔씩 부리던 파출부와 관련된 비용 같은 현재의 일부 지출들이 없어질 것이다.

3년간의 육아 휴가를 보낸 후에도 그런 생활을 연장시키고 싶을지는 아직 단정할 수 없지만 한 가지 확실한 것은 막둥이에게 전적으로 매달릴 수 있는 것, 아이가 커가는 모습을 하나하나 눈으로 확인할 수 있는 것은 큰애들 때에는 할 수 없던 일이었고 그래서 약간은 섭섭해하던 일이었다. 하지만 이제는 상관없다. 당신이 일체의 사회 활동을 접으면 큰애들에게도 잘해줄 생각이었다. 요컨대 당신은 세번째 출산이 개인적 차원에서도 금전적 차원에서도 두렵지 않다. 당신은 항상 일상적인 일에 잘 대처해 왔고, 이런 새로운 상황이 당신을 불안정하게 만들 수 있다는 생각은 추호도 해보지 않았다.

■ 아이를 갖고는 싶지만 겁이 난다

사회 활동을 잠정적으로 접는다는 예상은 할 수 있지만, 전적으로 집안일에만 매달린다는 생각은 당신에게 행복감을 안겨주지 않는다. 당신은 가정주부의 생활은 과연 어떨까, 특히 당신이 그것을 견뎌야 한다면 어떨까 의아하게 생각한다. 게다가 살던 집에서 계속 살 수 있다고 생각하지 않으며 이사를 고려하고 있다. 하지만 그러면 그 이사 비용에, 장거리로 인한 두번째 자가용 구매와 관련된 다른 비용들을 보태야 할지 모른다. 요컨대 네 식구가 찾은 안정을 일시적으로나마 상실하게 되는 것이다.

이 경우 셋째를 갖는다는 결정은 진실로 모든 사람이 공유하는 소원과 일치해야 한다. 넷이서 사는 삶이 완벽한 조화를 이루었다면 한 아이가 더 생김으로 인해 생활이 매우 복잡해질 수 있기 때문이다.

당신은 일이 재미있고

■ 타협안을 생각하는 중이다

부분적으로 직장 생활도 계속하면서 더 많은 시간을 세 아이에게 할애하겠다는 생각은 남편과 당신 자신이 전적으로 공유하는 소망이며 어떤 금전적 문제도 제기하지 않는다. 게다가 당신은 일을 조금 대충 해도 당신에게 표면상의 보복(격리 등)이나 최소한의 공격도 없으리라는 것을 잘 알고 있다.

■ 이 계획은 당신의 경력에 방해가 될 뿐이라고 생각하고 있다

셋째아이를 갖는다는 생각이 절대적으로 싫은 것은 아니지만 적어도 당신이 진입한 직업적 여정과는 맞지 않는 것으로 여겨진다. 전형적인 예로 셋째를 갖는 것은 직업적인 관점이나 예산 면에서나 바람직하지 않은 직업 활동의 중단이나 반나절 근무를 초래할 수 있다. 또는 당신이 할 일이 너무 많아져 일상 생활에 대처할 기력도 없다고 느끼게 될 수도 있다. 이미 아이가 둘 있을 때부터 항상 뛰어다닌 것 같은데 셋째를 갖는다니 당신 생각에 그것은 완전히 미친 짓 같다.

새로운 임신을 포기하는 것은 생명을 잉태하는 자신의 능력을 단념하는 것이다

한 아이를 수태한다는 계획이 다시 젊은 부모로 돌아간다든가 자신의 활력을 확인한다는 의도 하나만으로 고려될 수는 없다. 때로는 마흔을 바라보는 부부들이 안전을 장담하는 의학의 발전에 기대어 새로운 임신 계획을 갖는 경우가 있다. 하지만 그것이 노화 과정에서 벗어나려는 한 방법은 아닌지? 여성은 아이를 낳을 수 없을 때에도 배우자에게 매력적인 존재일 수 있을까? 결정을 내리기 전에 자신에게 그런 질문들을 제기해 봐야 한다.

침착하게 숙고해 봐야 할 결정

당신이 처한 상황이 어떻든 셋째아이의 출산을 첫아이의 출산과 똑같이 계획할 수는 없다. 당신의 나이가 다르고(그리고 그동안 흐른 세월로 인해 당신은 밤에 여러 번 깨는 생활이 힘들 수 있다), 직장 내에서의 위치도 바뀌었고(당신은 더 이상 젊은 신입사원이 아니며 어떤 일이 닥쳐도 맡은 일을 잘 해내야 한다), 스트레스에 전보다 훨씬 더 민감할 수도 있다. 네 식구로서 안정을 찾았는데 뭣 하러 식구를 늘려 그것을 깨려 하는가?

　남편이 그런 생각을 갖게 된 원인을 이해하려고 노력하고 생활 속에서 변화할 수 있는 모든 요소들의 목록을 함께 작성해 보라. 어쩌면 남편은 어떤 면에서 생활이 달라지고 어떤 식으로 뛰어들어야 하는지 잘 모를 수도 있다. 그건 그렇고 임신은 정말로 가능성이 있는 이야기인가? 어쩌면 그는 주변에서 찾아볼 수 있는 보기 좋은 대가족들을 보고 마음이 동한 것일지 모른다(아이를 넷 또는 다섯이나 두고 게다가 일도 하는 누나가 봉사 활동에도 뛰어드는 등의).

55

남편은 집안일을 하는 아빠가 되고 싶어해요

출산 휴가가 끝나고 직장으로 돌아가야 할 지점이 되자 남편이 육아 휴가를 내고 싶다고 고백한다. 놀란 당신은 어떤 태도를 취해야 할지 모르겠다.

장점

■ 당신에게

더 편한 마음으로 직장 일을 다시 시작할 수 있다. 밤늦게까지 일해야 할 때에도 걱정할 게 없다.

■ 남편에게

만일 그가 실업자가 되려는 것이라면, 그가 맡은 직책이 별로 마음에 들지 않는다면, 정말로 하루 종일 아이들을 돌보고 싶은 것이라면 그것은 남편에게는 오히려 행복한 시간이 될 수 있다. 어쩌면 그는 직장 일을 할 때보다 그 역할을 할 때 가치감을 더 느낄지 모른다.

■ 아이들에게

아이들 곁에는 항상 아빠가 존재하게 될 것이고, 보모의 집에 가기 위해 필요 이상 일찍 일어나지 않아도 될 것이며, 아이들의 생활 리듬이 깨지는 일도 많이 줄어들 것이다.

단점

■ 당신에게

남편이 당신보다 아이들 옆에 더 있다는 사실이 항상 잘 받아들여지지는 않을 수 있다. 엄마로서의 역할을 빼앗겼다는 느낌이 들 수도 있다. 어떤 대화나 숨바꼭질을 둘러싸고 감지되는 그들만의 공모를 질투하는 때도 있을지 모른다.

■ 남편에게

단기적으로는 동료들, 사회 생활이 그리워질 수 있다. 그 전까지는 한 번도 경험해 본 적이 없기 때문에 잘 상상할 수 없었던 이런 형태의 고립을 참지 못할 수도 있다. 중장기적으로는 상당한 금액의 급여를 집에 가져다주지 못한다는 사실을 받아들일 수 있을까(71장 '내가 그이보다 수입이 많아질 것 같아요'를 참조하라)? 때로는 매우 인습적인 주변 사람들의 질문과 지적을 참아낼 수 있을까?

■ 아이들에게

남편이 점차 '암탉아빠'로 변모하게 되면 아이들은 그들이 동일시하는 부모의 모습에서 혼란을 느낄 수도 있다. 아빠가 엄마를 대체할 우려가 있다.

어떻게 대답해야 할까?

먼저 두 사람이 여러 번 오랫동안 토론한 연후에 결단을 내려라. 그런 삶의 선택이 두 사람에게 가져다줄 수 있는 것과 그 와중에 나타날지도 모르는 불쾌한 일들도 함께 짚어 보라. 남편이 그동안 아이들을 돌보고 교육시키는 문제에 항상 많이 관여해 왔다면, 아이들 옷을 갈아입히라는 소리에 한 번도 얼굴을 찌푸리지 않았다면, 한 번도 피곤하다고 불평하지 않았다면, 그리고 항상 즐거운 기분으로 집에 있을 수 있는 자신의 능력을 의심하지 않는다면 남편을 믿어도 좋다.

우선 각자 이 새로운 체제에서 기대하는 바에 대한 의견을 일치시켜라. 당신은 남편이 청소, 장보기 등을 해주기를 상상하고 있는데 남편의 머릿속에는 다른 생각이 들어 있을지도 모른다. 그런데 과연 그가 파출부 노릇을 해낼 수 있을까? 아이들이 성장하려면 각기 다른 부모 모델을 가져야 한다는 것을 안다면 의논해야 할 문제가 한두 가지가 아니다.

반대로 남편이 아이들과 일상적인 의무들을 행할 때 적극적인 모습을 보인 적이 한 번도 없다면, 집안일하는 것이 진짜 좋아서가 아니라 자신의 직업 환경에서 도망치기 위해 이번 기회를 포착한 것 같다고 느껴지면 가능한 한 가장 재치 있게 그 자신에게 참된 질문들을 던져 보고, 경우에 따라서는 그것이 최선의 선택이 아닐지도 모른다는 결론을 내릴 수 있도록 유도하라.

56

남편은 주말에 내가 아이들에게만
신경 쓴다고 나무라요

당신은 주중에는 아이들을 너무 조금밖에 못 본다고 생각한다. 아침에는 아빠가 아이들을 학교에 데려다 주고 당신은 저녁 7시쯤에야 겨우 애들 얼굴을 본다. 그래서 당신은 주말이 되면 좀더 많은 시간을 아이들과 함께 보낼 수 있다는 사실에 행복하다.

당신이 지나친가?

남편은 주말에 당신이 아이들에게는 많이 신경 쓰면서 자신에게는 소홀히 하는 것을 보고 놀란다. 나아가 당신을 비난하기조차 한다(60장 '남편은 저녁에 외출하고 싶어해요. 하지만 나는 피곤해요'를 참조하라). 그의 주장에 반박하기 전에 다음의 몇 가지 질문에 대답해 봄으로써 당신의 상황을 가능한 한 객관적으로 분석해 보도록 하라.

■ 아이들에 대해
— 주말에 아이들에게 다양한 활동을 제시해야 한다고 느끼는가(이를테면 디즈니에서 나온 최신 영화를 놓치는 것은 있을 수 없는 일이라고 생각한다).

— 가끔씩 아이들이 또래 친구들 집에서 토요일 오후를 보내게 허락하는가?

— 아이들은 주중에 당신의 부재로 충분히 벌을 받았기 때문에 모든 것을 빼앗을 수는 없다는 생각으로 그들의 요구를 가능한 한 자주 들어주는가?

— 주말을 통째로 아이들에게 할애할 수 있도록 다른 일들을 미리 처리하는가?

— 가끔 친구들 혹은 남편과 오후 쇼핑을 하거나 미술관에 가는 권리를 자신에게 부여하는가?

■ 일에 대해

당신은 당신의 일을 무엇보다도 가정에 적잖은 수입을 가져다주는 원천으로 받아들이는가? 실제로 일이 당신의 희망과 일치하는가?

그의 말이 옳다면……

그의 지적을 통해 남편은 당신이 주말 동안 주중의 부재를 보상해 주기 위해 자기가 가진 모든 방법을 사용하는 그런 엄마들에 속한다는 것을 알려주고 있는 것인지도 모른다. 당신은 아이들에게 때로는 약간 방임주의적——이런 표현을 저어하지 말자——인 모습을 보일 때도 있다. "아! 내가 아이들과 함께 있을 때 그들을 벌주는 것으로 시간을 보내는 것은 말도 안 돼……"라는 말로 스스로를 정당화하는 그런 태도 말이다 (14장 '장보는 날인 토요일마다 아이들은 장난감을 사달라고 졸라요'를 참조하라).

조심하라! 당신은 지금 잘못된 길을 가고 있다. 당신이 나쁜 엄마인 것은 당신이 일하기 때문이 아니다. 당신도 느낌으로 그것의 원인을 알고 있다.

당신이 생각하는 이상적인 엄마는 무엇인가?

때로는 어떤 이미지——흔히 자기 자신의 어머니의 이미지——를 버리기 힘들 때가 있다. 어쩌면 당신은 집에 있으면서 당신의 사소한 욕구와 요구들에 신경을 써주던 어머니상을 갖고 있을지 모른다. 어쩌면 당신은 그런 어머니상에서 벗어나기 위해 밖에서 일하면서 자율성을 획득하고 싶었을지 모른다. 당신은 무슨 일이 있어도 이 자유를 포기하고 싶지 않지만 오늘날 엄마로서의 당신의 위치에도 별로 만족하지 않는다.

아이들은 무엇을 기대하는가?

아이들이 안정을 찾는 데 당신이라는 존재가 실제로 필요하다면 그들은 무엇보다 먼저 당신과 지속적인 관계를 수립해야 한다. 실제로 당신이 육체적으로 아이들과 함께 있지 못할 때에도 그들의 머릿속에 당신을 현존하게 만드는 진정한 심리적 안도감을 획득했다면 당신은 그들의 모든 요구를 다 들어주지 않아도 된다. 이 경우 아이들은 당신 사랑의 구체적 증거——온갖 선물들, 영화 등——를 받거나 구걸할 필요가 없다. 이런 유대는 함께 나눈 감정, 감동을 토대로 형성되는 것으로 시간으로도 돈으로도 살 수 없는 것이다. 사실 아이들이 당신과 함께 있어 행복한 것은 토요일이 온갖 활동으로 점철되어서가 아니다. 가장 강렬한 것은 흔히 비정형의 무의식적인 순간들이다. 그러니 아이들에게 자기가 할 활동(설령 그것이 당신 없이 진행돼야 하는 것이더라도)을 선택할 자유, 원한다면 또래 친구들 집에 갈 자유를 주어라. 그들도 분명 사회생활을 갖고 싶을 것이다. 그리고 당신이 어떤 고통을 극복하는 것을 돕기 위해 하루 종일 당신과 함께 있는 것을 원하지 않을 것이 틀림없다.

애들을 쫓아다니면서 질식시키는 그런 이상적인 어머니상에서 벗어나려고 노력하라. 한가한 시간에는 남편과 함께 있어라. 그의 지적 뒤에는 상당량의 쓰라림이 숨어 있을지 모른다. 당신의 눈에 남편은 아이들의 아빠라는 역할이 아닌 다른 모습으로도 존재하는가?

57

우리는 더 이상 함께 별다른 일을 하지 않아요

아이들이 태어나기 전까지 당신들은 거의 모든 것들을 함께했다. 외출, 해외 여행, 친구들……. 그런데 오늘날 당신들은 진정한 부부로서 함께 산다는 느낌이 더 이상 들지 않는다.

당신의 불평은 정당하다

당신이 불평하는 것도 당연하다. 두 사람이 더 이상 아무 일도 함께 하지 않는다는 것은 사실 걱정스러운 일이다. 왜냐하면 만일 당신들이 계속 그 길을 밟는다면 조만간 당신은 당신을 아직까지 남편과 묶어주는 유일한 것이 아이들이라는 것을 인정하게 될 것이기 때문이다. 그리고 아이들은 언젠가 둥지를 날아가기 마련인 만큼 당신들은 별거——이는 결코 쉬운 행동이 아니다——에 이를 확률이 크며, 그것도 아마 30세보다는 50세에 그럴 확률이 크다.

우선 두 사람을 묶어주는 관계의 본질을 자문해 보라

다음과 같은 몇 가지 질문들을 자신에게 제기해 보라. 그것들은 당신 부부와 남편의 역할에 관한 생각을 하게 도와줄 것이다. 무의식 차원에서 하나의 만남은 결코 우연히 이루어지지 않는다. 그것은 필연적으로 아버지, 연인의 다소 이상화된 모습들을 근거로 한다.

— 남편을 처음 만났을 때 그는 당신에게 무엇을 연상시켰나?
— 아이들이 태어나기 전에 남편과 어떻게 살았나?
— 당신은 아이들에게 어떤 아빠를 선사하고 싶었나?
— 당신은 그가 아빠로서의 역할을 잘하고 있다고 생각하나?
— 그는 당신 자신의 아버지와 다른가? 더 나은가? 더 못한가?
— 당신 부부는 당신들의 부모를 모델로 삼고 있나?

관계를 개선하는 방법

부부 생활에서 가장 큰 어려움은 함께 변화하는 것이다. 그리고 그것은 각자의 편에서 상대방의 이야기에 귀를 크게 열어 놓음으로써만 이루어질 수 있다. 또한 자기 인생 안에 다른 사람을 위한 자리를 만드는 일도 절대적으로 필요하다.

■ 할 일
— 당신은 지금도 그와 함께 살고 싶으며 사랑하는 마음을 갖고 있고, 긍정적이고 건설적인 방향으로 나아가기 위한 해결책을 함께 찾기를 원한다고 그에게 말하라.
— 일을 떠나서, 아이들이 없는 곳에서 그와 함께 있는 시간을 가져라. 함께 외식하고 영화관이나 극장에 가고 공동 활동(스포츠, 체스 등)을 시도하라.
아이들은 예리하다. 그들에게 다정한 부부상을 보여주는 것은 중요하다. 그것은 한편으로는 부모의 깊은 유대를 보고 그들이 안심하기 때문이고, 다른 한편으로는 그들이 사랑 속에서 잉태되었다는 생각이 그들에게 용기를 돋워주기 때문이다. 그들은 이렇게 생각할 수 있어야 한다. "우리 엄마 아빠는 옛날에도 사랑했고 앞으로도 항상 사랑할 거야."

— 왜 연인들처럼 남편과 며칠간 여행을 떠나지 못하는가? 당신은 아이들이 당신들을 비난할까 봐 두렵고, 그들이 "왜 우리는 데려가지 않나요?"라고 물을 때 뭐라고 대답해야 할지 모르겠다. 하지만 아이들이 그런 질문을 할지는 결코 확실치 않다. 당신은 아마 일어나지 않을 어떤 일을 지레짐작하고 남편과 누려야 할 기본적인 기쁨을 스스로 포기할지 모른다. 만일 아이들과 떨어지는 것을 받아들이기 힘들다면 아이들은 당신의 양면적인 감정을 그들의 태도를 통해 드러낼 수 있다. 그런데 부부 생활을 위해서는 가족은 항상 뭉쳐 있어야 한다(감정적 유대 차원에서는 그래야 할지도 모르지만 그것이 육체적 · 심리적 종속을 의미해서는 안 된다)는 생각에 얽매이지 않는 것이 중요하다. 엄마 아빠는 연인으로 돌아가고 싶으며 그렇다고 그들이 당신 사랑의 대상에서 제외되는 것은 아님을 설명하라. 당신은 어느 정도는 어른들의 관심을 중심에 두고, 성인들의 생활 리듬에 맞춰 살고 싶으며(저녁때 외출하기, 늦잠 자기 등), 일상의 제약들을 약간은 잊어버리고 싶다. 아이들도 그것을 이용할 수 있다고 설명하라. 요컨대 이런 때를 이용해 평소 자주 볼 수 없는 사촌 집에 가거나 오래전부터 그들을 오라고 한 제일 친한 친구들 집에 갈 수 있는 것이다. 애들한테 여정을 알려주고 가끔씩 전화를 한 통씩 하면 유대가 지속될 수 있다. 이런 경험은 당신이 아이들에게 절대적으로 필요한 존재는 아니라는 것도 알게 해줄 것이다. 이것이 당신의 상황을 분명히 밝혀주는 데 도움이 될 거라고 확신하자.

■ 하지 말아야 할 일

— 아이들이 클 때까지 기다렸다가 대처하기. 아이들이 타인에게 관심을 갖고(10-12세경) 사회 생활을 갖기 시작할 때까지 기다렸다가 대처하는 것은 너무 늦다.

그 전에 대처하는 편이 낫다. 그러지 않으면 남편은 당신이 이미 그리 많은 비중을 차지하지 않는 어떤 세계를 구축할 우려가 있다. 그리고 많은 세월이 흐른 만큼 뒤로 돌아가는 것——그것이 가능하다면——은 더 어렵다.

— 혼자 결정하기(나는 혼자 휴가 계획을 세워요, 나는 귀찮게 남편과 의논하는 짓은 하지 않아요 등). 혼자 결정하는 것이 당장, 단기적으로는 어떤 장점이 있을지 몰라도(아무도 반대하지 않는다 등) 그것은 결국 당신을 더 외롭게 만드는 결과를 초래할 뿐이다. 각자 다른 사람과 함께 있는 척하지만 사실은 각자 말없이 자신의 고독을 키우고 있는 것이다.

— 결정적인 말을 내뱉기. "너무 늦었어…… 할 수 없지 뭐." 왜냐하면 정당한 불평은 적잖은 기쁨이 끼어드는 진정한 하소연이 되기 때문이다. 게다가 불평만 하고 있다가는 해결책을 찾지 못하기 쉽다.

— 포기하기. 혼자 분투하기 힘들면 주위 사람들(친구들, 가족 등)에게 속내 이야기를 털어놓아 보라. 그들이 훌륭한 조언자가 돼줄 수 있다.

58

남편은 내가 충분히 매력적이지 않다고 말하지만 내가 그럴 시간이 어디 있나요?

엄마가 된 후로 당신은 성적 본능은 뒤로 젖혀 놓았다. 당신은 일에 치였고 너무 바빴다. 그리고 복직은 사태를 더욱 악화시켰다. 여러 달이 흘렀지만 당신은 여전히 정신을 차리지 못하고 있다. 당신은 그 점이 염려스럽다.

엄마도 여자다

아이들은 사랑의 유대가 부모를 매우 단단히 결합시킬 때에만 아빠-엄마-자녀라는 삼각 관계 안에서 자리를 잡을 수 있다. 그런 유대가 없으면 아빠는 가정이라는 영역에서 쫓겨날 우려가 있으며, 엄마와 자식들 사이가 너무 가까워져서 각자가 자기 자리를 잘 모르게 될 수도 있다(52장 '나는 남편이 아이들 앞에서 권위가 있으면 좋겠어요. 생활 속에서는 충분히 그렇게 하는 것 같은데……'를 참조하라).

장기적으로 보아 이런 상황은 아이들을 매우 불안하게 만들 수 있다. 그것은 아이들은 자신이 엄마에게 중요한 사람이라고 여겨지는 것에서 기쁨을 느낀다고 볼 때 어쨌든 무의식적으로는 자기들이 좋은 자리를 차지하지 못한다는 것을 느끼기 때문이다. 엄마의 강도 높고 배타적인 사랑의 유대는 아이들을 덫에 가둘 수 있다. 아이들이 항상 돌아가고 싶어하는 그 고치가 그들이 다른 사람들, 바깥세상을 향해 나아가는 것을 방해할 것이기 때문이다.

한편 엄마는 아이들을 피난처로 삼고 아이들을 알리바이나 핑계로 삼
으면서 남편을 멀리하고 부부의 성생활을 금할 수 있다.

당신의 경우 그의 생각이 옳다는 것을 알고 있고 지금과 같은 상황을 유감스러워하고 있다

어쩌면 당신은 임신을 열망하다가 아기가 태어나자 아이와 헤어지기
힘들어 한 여성들 중 하나인지 모른다. 사실 점차 아이에게서 관심을
거두고 아이가 배제된 상태에서 어떤 기쁨을 느끼면서 성욕을 체험하
도록 유도하려면 남자가 많은 애정을 퍼부어야 한다. 여성으로서 성욕
을 체험하는 것, 그것은 자녀에겐 자녀의 자리가 있고 당신이 항상 곁
에 있지 않아도 자기 인생을 살 수 있다고 생각해야만 가능하다. 각자
자기만의 생활 공간과 사생활 공간을 가질 권리가 있다.

각자 자신의 이름으로 존재할 수 있고 역할 혼동을 피할 수 있는 것은
아빠가 "당신은 내 아내이기도 해"라고 말하면서 아내와 자식을 떼어 놓
는 역할을 하기 때문이며 그래서 그렇게 하는 것이 좋다.

시간은 당신을 도와주지 않는다

"너무 피곤해……"라는 말은 "당신을 기쁘게 해줄 마음이 없어"라는
말로 귀착된다. 마치 엄마가 어떤 것 때문에 남편을 벌주는 것처럼. 물
론 대개 이 남자는 아무 잘못 없이 그런 처지가 되며 그렇게 되면 문제
의 원인은 이 여성의 개인사에서 찾아봐야 한다. 이 무의식적 거부 반응
에서 벗어나려면 자신을 탐구해 봐야 한다.

부부로 사는 동안 일어난 변화라 해도 성생활이 빠진 부부는 표류할 우

려가 있다. 욕구 불만은 상대방으로 하여금 혼외 관계를 갖게 만들 수도 있다.

참고 서적

《아빠들이여 각오하라》, 크리스틴 카스틀랭 뫼니에, 알뱅 미셸 출판사, 1992년.

《아버지의 진짜 역할》, 장 르 카뮈, 오딜 자콥 출판사, 2000년.

59

일상에서 헤어날 수 없어요

얼마 전부터 당신은 정말로 몸과 마음의 상태가 다 안 좋다. 하지만 일에 대한 걱정이 있는 것도, 아이들이나 남편에게 문제가 있는 것은 아니다. 다만 변함없이 되풀이되는 일상이 지겨울 뿐이다.

그것은 인간 모두의 운명이다

부부로 살아가는 모든 사람들처럼 당신은 단조로운 일상 생활, 노동과 가정 생활의 속박을 따르고 있다. 그리하여 아침부터 저녁까지 당신은 거의 기계적으로 시작되는 모든 의무들에 몰두하게 된다.

주의하시오, 위험합니다!

남편과 다른 일을 체험할 기력이 남아 있지 않을 때 위험 경고등이 켜진다. 사실 새로운 시도와 계획들을 위한 공간이 없는 것은 당신들 두 사람이 함께 살아온 지가 너무 오래되어서가 아니다. 판에 박힌 생활을 피할 줄 알아야 한다. 설령 그것이 당신 가족에게 안락한 생활을 제공한다 해도(토요일의 장보기는 모든 사람이 주중에 먹을 것을 확보해 놓아야 한다는 사실을 확인하기 위한 것이고, 화요일과 목요일 저녁의 다림질은 주말 시간을 그런 일로 써버리지 않기 위해서이다). 그것은 조화롭고 성숙한 부부 생활에 최대의 적이다. 일상 생활을 감내한다는 것은 어떤 면에서는 부부로서의 삶에 더 이상 특별한 일이 없다는 것을 인정하는 행위이다.

단조로움을 깨는 법

— 거실 가구의 위치, 사과파이 만드는 법(설령 당신은 그것이 최고의 비법이라고 확신하고 있을지라도), 방의 커튼 등을 바꿔 보라.

— 당신의 의상, 머리 모양에 변화를 주어라. 그동안 중단하고 있었다면 다시 운동을 시작하라.

— 1주일이나 보름에 한 번씩 저녁에 남편과 외출하라. 그리고 가끔씩 오붓한 주말여행을 계획하라.

잠깐, 이것은 온 가족이 함께하는 외출이 아니다. 우선 두 사람 모두에게 그럴 마음이 있는지 자문해 보라.

그 자신의 역할에 대해 자문해 보고 그에 관해 의논해 보라

만일 당신도 남편도 그러고 싶은 마음이 없다면 가끔씩 레스토랑에서 함께 식사를 하는 걸로는 당신의 생활이 근본적으로 바뀌지 않을 것이다. 이 경우 문제는 더 심각하며 당신의 존재 방식 속에서 자신을 관찰하는 것부터 해야 한다.

— 당신은 "항상 이런 식이야"라는 한탄 속으로 도피하는 경향이 있는가? 그런 한탄은 상황을 바꾸지 못한다는 것을 알아 두라. 불평 속에 안주하거나 다른 사람이 뭔가를 제시해 주기를 기다리고 있으면 1백 년이 지나도 상황은 달라지지 않는다.

— 당신은 오늘 저녁은 다림질하는 날이기 때문에, 그리고 그것을 받

아들이면 1주일의 저녁 시간 계획표가 엉망이 될까 봐 즉흥적인 초대를
거절하는 여성에 속하는가?

— 이제 아이들도 몇 가지 일을 도와줄 수 있는데도(식탁에 수저 놓기,
벗은 옷 세탁바구니에 넣기 등) 당신은 스스로에게 너무 많은 책임과 구
속을 강요하면서 일상 생활에 너무 많은 에너지를 소비하고 있지는 않
은지?

— 당신은 옷장 정리를 다음 주로 미루거나 사흘 내리 냉동식품만 먹
을 것을 각오하고 이따금씩 긴장을 푸는 시간을 갖는가? 하지만 그것은
기력을 회복하고 일상에 색깔과 향기를 다시 부여하는 최고의 방법임에
틀림없다.

산다는 것은 어떤 충동들에 양보하는 것이기도 하다. 그 충동들이 항
상 합리적인 것은 아니더라도. 산다는 것은 또한 꿈꾸는 것, 놀라움을 만
끽하는 것이다. 그리고 그것은 분명 항상 일상이 가장 중요한 위치를 차
지하지 않을 때에만 가능하다.

60

남편은 저녁에 외출하고 싶어해요.
하지만 나는 피곤해요

아이들은 잠들었고, 당신과 남편은 소파에 쓰러져 텔레비전을 본다. 또는 열의가 있을 땐 책을 몇 쪽 읽는다. 그러니 함께 외출한다는 것은 완전히 헛된 생각, 나아가 얼토당토않은 생각으로 비칠밖에.

남편의 요구는 당신을 성가시게 한다

갑자기 당신은 남편이 아이들에게 관심이 없는 것 같은 인상을 받는다. 당신은 자신이 아이들을 충분히 많이 보지 못하기 때문에 집을 비울 권리가 없다고 여기고 있기 때문이다.

하지만 그것은 당신만의 논리이며, 남편은 또 다른 논리를 갖고 있는 게 분명하다. 그렇다고 남편이 당신보다 아이들을 덜 사랑하는 것은 아니다. 그는 아이들과도 즐거운 시간을 보내고 싶지만 배우자인 당신과 집 밖에서도 즐거운 시간을 누리고 싶은 것이다.

그런 요구를 통해 남편은 어쩌면 애인으로서 자신이 어떤 자리를 차지하고 있는지 더 이상 모르겠다는 것, 그리고(또는) 자기 자리를 찾기 어렵다는 것을 말하고자 하는 것인지도 모른다. 남자들 중에는 일 속으로 도피함으로써 그런 불만을 표현하는 사람도 있다.

누구 말이 옳을까?

부부는 아이들 밖에서 존재할 수 있어야 한다. 그러려면 긴장을 풀고 기쁨을 누리는 순간들을 공유하기 위해 정기적으로 몇 시간씩은 비워둬야 한다.

이런 과정은 당신 부부를 위해서도 필요하지만 아이들을 위해서도 필요하다. 아이들이 몇 시간씩 엄마를 빼앗아 가는 듯한 인상을 주는 아빠에게 질투심을 표현할지 몰라도, 서로 사랑하고 그것을 표현하는 부모를 둔 것을 자랑스럽게 여길 수도 있다. 당신의 외출이 잦으면 아이들은 자신들이 엄마 인생의 걸림돌이라고 생각할 수도 있겠지만 그렇지 않다면 걱정할 필요 없다.

답은 균형에 있다

아이들에게, 그리고 남편과 당신 자신에게 시간을 할애하면 각자 자기 자리를 더 잘 찾을 수 있다. 아이들은 당신의 인생을 결정할 권리가 없다. 또한 당신은 아이들에 대한 당신의 의무를 망각해선 안 된다.

부부 두 사람을 위한 시간을 따로 비워 두라. 이를테면 이제부터는 당신 여건에 따라 매주 화요일 밤마다 또는 격주로 금요일마다 규칙적으로 외출하겠노라고 선언할 수도 있다. 이런 선택은 당신의 행동 방침에 가장 덜 저촉되고, 남편의 요구도 만족시키고, 어떤 기준을 제시함으로써 아이들을 안심시킬 수 있다. 아이들은 분명 그들이 좋아하고 그들에게 온전히 시간을 내줄 수 있는 베이비시터나 할아버지 할머니에게 맡겨지는 것을 좋아할 것이다.

61

남편은 말해요. "당신은 모든 걸 원해. 우리 부부가 이렇게 삐걱거리는 것도 당연해……."

그렇다, 당신은 너무 요구가 많다……

— 당신은 직장에서 안정된 자리에 오른 뒤에야 아이를 갖기로 결심했다. 남편은 그것을 수락했고 기다려 줬다.

— 첫째가 태어나기 전에 당신은 가능한 한 가장 좋은 환경에 정착하기 위해 이사하기를 원했다. 방 세 칸짜리 작은 집에서 아이를 키우는 것은 말도 안 되는 일이었다. 당신은 충분히 그럴 만한 자격이 있다.

— 태어나기가 무섭게 아이 방은 장난감으로 뒤덮였고, 아이는 머리끝부터 발끝까지 일류 메이커 옷으로 도배했다. 따라서 당신은 아이에겐 부족한 것이 없다고 확신했다.

— 당신은 집에서 아이를 키우기로 결정했고 30분 단위의 시간표도 작성했다. 그리고 유모가 계획표대로 하지 않는 것을 용납하지 않았다.

— 아이가 태어난 후 당신은 너무 일찍 복직했다.

— 당신은 남편이 육아를 도와주는 아빠인 것을 고맙게 생각한다. 하지만 당신이 원할 때에만 그렇게 하면 좋겠다. 남편이 자발적으로 아이를 돌볼 때 당신은 거기서 눈을 떼지 못하고 한순간도 마음을 놓지 못한다.

— 당신은 남들에게도 까다롭지만 당신 자신에게도 까다롭다. 당신은 완벽해야 하고, 항상 웃어야 하고, 모든 요구를 들어줘야 한다. 때로는 어떤 요구를 예견하고 미리 준비할 때도 있다. 완벽하게 정돈된 집을 갖는 것은 두말할 필요가 없다.

······그런데 대체 그게 뭐가 나쁘다는 거며 남편은 대체 무슨 말을 하는 건가?

남편은 당신이 지나치게 요구가 많다고 비난하는데 당신은 그가 무슨 말을 하는 건지 잘 이해가 가지 않는다. 당신이 보기엔 모든 게 잘 굴러가는 듯이 보이는데 왜 그러는 건지 정말 모르겠다.

당신이 아무리 남편의 사회적인 위치를 자주 높이 평가해 줘도(당신은 주위 사람들에게 남편이 진짜 프로이고 완벽한 아빠, 애인이라고 말한다) 남편은 가끔씩 자신이 어떤 이미지, 당신이 그에게 제시한 어떤 이미지 속에 갇혀 버렸다는 느낌이 든다. 오늘날 그는 아빠, 심지어 어떤 주체로서의 역할을 거부당하는 듯한 기분이 든다.

세월이 가면서 그는 당신이 자신과 다른 의견이나 발언을 갖는 것을 용납하지 않는다는 느낌을 갖게 될지 모른다. 당신은 당신의 집, 당신의 차, 당신 아이들을 가둔 것처럼 남편도 어떤 작은 틀에 가둬 버린 것은 아닌지?

긴장을 푸는 게 가장 중요하다!

모든 것을 갖기를 원하는 당신은 자신에게 지독한 속도를 강요한다. 게다가 당신은 항상 긴장하고 있다. 그런 식으로 가다간 언젠가 폭발하고 말 것이다!

어째서 당신은 약간의 침묵, 무위, 그리고 특히 아이들과의 기쁨, 남편과의 관능적 쾌락을 스스로 누리지 못하는가? 당신이 '모든 걸 원해온' 현상은 아마도 어제오늘의 일이 아닐 것이다. 그렇다면 당신이 모든 걸 지배하고 모든 걸 확인하고 항상 과도한 활동을 해야 하는 까닭이 무엇인지 자문해 보라. 한 번만이라도 좋으니 남편의 말에 귀를 기울여 보라. 그는 그런 비난을 통해 뿌리 깊은 불만을 표현하고 있는지도 모른다.

당신 부부와 당신 부부가 건설하는 가정을 지키고 싶다면, 지금이 잠시 멈춰 서서 남편이 하는 말을 들을 때이다. 아무리 의도가 좋더라도 지금까지와 다르게 할 수 없을 것 같으면 남편에게 그렇게 설명하되 거기서 머물지는 마라. 그렇게 되면 당신이 그의 느낌에 전혀 관심이 없는 것으로 비칠 수 있기 때문이다.

당신이 이런 과정 속에 갇힌 듯한 느낌이 들면 망설이지 말고 도움을 청하라. 그 과정에는 시간이 필요하겠지만 남편은 당신이 자기 말에 귀를 기울이고, 온 가족의 행복을 위해 변화하려고 노력하는 것을 보고 마음을 놓을 것이다.

62

근무 시간표가 변경된 후로
우리는 간신히 얼굴만 봐요

당신이 귀가하는 오후 2시경 남편은 한창 일하고 있다. 그리고 남편이 집에 들어오는 20-21시경은 당신이 잠자리에 드는 시간이다. 그러지 않으면 당신의 기상 시간인 새벽 5시에 일어나지 못할 수도 있다.

왜 이것이 문제를 야기하나

— 전에, 그러니까 아직 아이가 없었을 때에는 이런 어긋난 시간표도 지금처럼 방해가 되지는 않았다. 당신은 남편을 기다렸다가 밖에서 둘이 오붓하게 또는 친구들과 함께 식사하는 것을 좋아했다. 또 스트레스를 풀고 운동을 하며 친구들을 만나면서 오후 시간을 즐겼다.

— 당신이 엄마가 된 지금 상황이 달라졌다. 왜냐하면 오후 시간을 이용해 집을 치우거나 찬거리를 사거나 체육관에 가야 하기 때문이다. 그다음엔 부랴부랴 학교에 가 아이들을 데리고 와야 하고, 어떤 날은 과외활동하는 곳에 데려다 줘야 한다. 그다음 집에 돌아오면 숙제, 목욕, 저녁 식사 등이 기다리고 있다.

당신의 상황을 받아들일 수 없는 것으로 판단하기 전에 분명히 파악해 둬라

■ 장점

— 가끔씩 오후 시간을 당신 자신을 위해 쓸 수 있다.

— 아이를 데리러 학교에 갈 수 있고, 따라서 아이 친구들을 알 수 있고 반의 다른 엄마들과 친해질 수 있으며 가끔 교사와 마주칠 수 있고, 학원에 데려갈 때에는 아이가 유도·축구 또는 피아노를 잘 배우고 있는지 알 수 있다.

— 탁아비를 절약할 수 있다.

■ 단점

— 주중에는 남편의 얼굴만 겨우 본다. 부부가 나누는 유일한 대화는 가정 생활의 사소한 조정 사항들에 관한 것이다(내일 아침 우유 한 팩을 사와라, 배관공이 14시에서 16시 사이에 올 것이다 등).

— 세월이 감에 따라 두 사람이 함께 일상을 관리할 뿐이라는 느낌이 든다. 부부 생활의 의미 자체가 사라지는 것이다.

— 아이는 사실상 이중적 관계만을 경험하게 된다. 엄마와 있지 않으면 아빠와 있고 동시에 두 사람과 있는 적은 거의 없다. 이에 대처하고 아이가 세 사람이 형성하는 관계의 효과를 누릴 수 있게 하려면 말 속에서라도 아빠 이야기를 자주 함으로써 아빠의 부재를 보상해 줘야 한다("아빠와 엄마는 네가 디저트를 세 가지나 먹지 않는 편이 낫다고 생각해……").

— 마지막으로 다행히 두 사람이 함께 집에 있게 될 때 당신은 아이와 시간을 함께 보내기 위해 빠져나오기가 그만큼 더 어렵다.

결론

이런 상황이 당신에게 불쾌감보다 만족감을 더 많이 안겨준다면 이것이 문제될 이유가 없다. 반대로 두 사람 다 녹초가 된 상태라거나 부부에게 위기감이 싹트고 있다면 회사 내에서 직책이 바뀌거나 아니면 직업 자체를 바꿀 것을 각오하고(가능하다면) 상황을 바꿔 보는 편이 낫다. 그럼으로써 당신은 기대에 좀더 부합하는 근무 시간대에 일할 수 있게 될 것이다.

63

남편과 함께 취미 생활할 시간을
내기가 어려워요

처음 만났을 때에는 두 사람 모두 범선 항해, 여행, 도보 하이킹 등을 좋아했지만 지금은 시간도 정신적 여유도 없어서 더 이상 그런 계획은 짤 수 없다. 부모가 된 뒤로는 영화관에 가려고만 해도 엄청난 사전 준비가 필요하다.

이제는 인정해야 한다, 시대가 바뀌었다는 것을.

아이가 태어나면 한 3년 동안은 일상 생활에서 빠져나오기가 정말 어렵다. 그것이 당신의 정신 건강과 당신 부부의 건강을 위해 절대적으로 필요하다 해도(57장 '우리는 더 이상 함께 별다른 일을 하지 않아요'를 참조하라). 이때에는 시간적 여유가 있고 건강한 조부모 등 주위 사람들의 도움이나, 아이의 통상적인 양육 외에 가끔 베이비시터를 부를 수 있는 금전적 능력이 요구된다.

만일 계속 여행을 하고 싶고 며칠씩 걸리는 도보여행을 떠나고 싶다면 아이를 제삼자에게 맡겨야 한다. 이는 특별한 준비 외에도 이를 할 수 있는 정신적 여유를 전제로 한다. 실제로 아이와 떨어지는 게 아직도 힘들다면 당신과 당신 부부를 위해 마련한 그 시간을 즐겁게 보내지 못할 수도 있다.

두 가지 가능한 해결책: 나누느냐 연기하고 바꾸느냐

당신의 기호와 당신을 매혹시키는 활동이 무엇이냐에 따라 당신은 장차 취미 생활을 누리기에 더 유리해질 날을 기다리면서 이런 일들을 할 수 있다.

— 계획을 나눌 수 있다. 이를테면 당신 부부가 둘 다 트래킹광이라면 차례로 한 사람씩 떠날 수도 있다. 그러면 남는 사람은 떠나는 사람의 여행을 준비해 줄 수 있고, 그가 돌아왔을 때 모험담을 들어줄 수 있다.

— 미루고 바꿀 수 있다. 필요한 시간적 여유가 생길 때까지 트래킹에 대한 열정을 보류하고 그동안 당신의 새로운 인생에 더 맞는 다른 취미 활동을 찾아나선다. 그러다가 어떤 부부들은 체스, 추리 소설, 공포 영화를 매우 좋아하게 되기도 한다.

발견하는 것도 인생의 짜릿함 중의 하나이다. 오래 가는 부부는 대개 남편과 아내가 함께 변화하는 부부라는 것도 명심하라.

포기하지 마라!

당신이 일상에서 헤어나는 기회이기도 한 여가 생활, 친구 만나기를 포기해야 하는 것은 전보다 시간적 여유가 없어서가 아니다(59장 '일상에서 헤어날 수 없어요'를 참조하라). 가끔씩 콧구멍에 바람을 쏘여주는 것은 일상을 더 잘 견디게 해준다. 사람의 머릿속에 일상의 책임과 걱정 말고 다른 것이 있을 때 우리는 좀더 멀찍이 떨어져 어려움들을 볼 수 있고 그만큼 더 쉽게 대처할 수 있다.

64

우리는 삐걱거리고 있어요. 곧 이혼할 거예요

당신은 오래전부터 남편과 생활비를 나눠 내고 있었다. 세월이 흐르면서 긴장이 쌓여 갔고 당신의 일, 만남 등으로 인해 두 사람 사이는 멀어졌다. 이제 당신은 더 이상 함께할 일이 없다고 확신하고 있다. 물론 아이들만 빼고.

이혼은 함부로 고려할 게 못된다. 그것은 각자의 안정에 깊은 파문을 남기는 어렵고 두려운 행동이다. 비명, 울음, 나아가 폭력 속에서 실행되는 이혼은 상처를 남긴다. 이런 식으로 표현되는 갈등의 원인은 대개 침착하게 거론될 수 없었던 긴장의 축적 속에 그 뿌리가 있다. 불화가 싹트고 사이가 멀어졌는데도 각자는 마치 상황이 좋아질 것처럼 행동했다. 그러나 침묵 속의 기대는 절대 아무것도 해결해 주지 않는다. 반대로 불만을 빨리 드러낼수록 평정과 이완을 빨리 찾을 수 있고 나아가 상황도 조정될 수 있다. 그런 과정이 없다면 각자는 자기만의 흥밋거리를 개발하면서 자기 삶을 건축하게 되고, 공유가 존재할 자리가 없게 된다.

부모가 되는 것의 어려움

부모가 되는 일을 부부 구성원 중 어느 한쪽에게만 떠맡기기 힘들 때가 있다. 아이에 대한 바람은 있었지만 아이는 상상하던 것과 달랐다. 아이의 탄생은 고통, 억제를 부르고 장벽을 설치하는 결과를 가져왔다. 시간이 흐름에 따라 남편은 직장에서의 책임이 점점 더 많아졌고 집에 있는 시간은 점점 줄었다. 오늘날 그는 가사에는 거의 참여하지 않는다. 당신 자신도 가사에 많은 시간을 할애할 수 없다. 이런 상황에 직면하니 당신은 점차 그에게 짜증을 내게 됐고 다소 공격적인 형태의 요구를 하기에 이르렀다. 갑자기 두 사람이 만날 때마다 인생이 지옥이 되어 버렸다.

두 사람이 더 이상 함께 살 수 없는 지경에 처하게 되더라도 당신과 당신 남편의 문제에 대한 책임이 오직 당신들에게만 있는 것은 아니라고 생각하라. 정말로 당신 부부에게서 더 이상 아무것도 기대할 수 없을 것 같을 땐 이 관계를 끝내는 편이 낫다. '척하기'를 그만두라. 그러지 않으면 두 사람의 관계는 시간이 흐르면서 계속 악화될 수 있다. 그것은 당신을 위해서도 아이들을 위해서도 전혀 좋을 게 없다.

당신은 자신이 없고 의심스럽게 생각된다

당신은 그런 결정을 내리는 데 필요한 시간만큼 회의할 것이다. 당신 대신 도장을 찍어줄 사람은 아무도 없다. 특히 서두르지 마라. 서둘렀다가는 나중에 후회할지 모른다. 그리고 결정을 번복하는 것은 누구에게도 좋지 않다!

아이들은 어떻게 해야 하나?

아이들을 위해 관계를 유지하기로 결정하는 것은 분명 최선의 선택이 아니다. 아이들은 부모가 서로 존중하는 것을 보며 커야 한다. 그런데 너무 아이들 눈치를 보다가 좋은 집안 분위기를 유지할 가능성은 매일같이 줄어든다. 헤어지자는 결정은 아이들에게 심리적·정서적으로 큰 영향을 끼치지만 끝없는 갈등에서 파생되는 영향보다는 덜 고통스럽다.

게다가 그런 갈등은 아이들을 불안에 빠뜨릴 수 있다.

흔히 이혼은 돈이나 사소한 일상 생활, 아이들, 배우자 등에게 소홀히 한 것에 대한 비난을 둘러싸고 결정되며, 이것은 본질적인 문제들에 직접 접근하는 것이 얼마나 어려운가를 잘 보여주고 있다. 슬픔도 공격성, 적개심, 끝없는 요구 등 다양한 간접적 수단으로 표출될 수 있다.

당신은 이러한 별거 과정에서 도움을 받을 수 있다. 혼자서 또는 둘이서 상담가와 이야기를 하거나 가사 중재를 요청할 수 있다(77장 '남편은 꼭 시간 여유 없이 전화해서 아이들을 데리러 허둥지둥 어린이집에 가게 만들어요'의 박스 글을 참조하라). 때로는 제삼자 앞에서 이야기를 나누다 보면 서로의 말에 전혀 다른 무게가 실리면서 상대방의 말을 경청할 수 있는 능력을 되찾게 되기도 한다.

아이들에게는 뭐라고 말해야 하나?

"엄마와 아빠는 이제 충분히 사랑하지 않기 때문에 함께 평화롭게 계속 살 수가 없구나. 그리고 그건 아무도 어떻게 할 수 없는 일이야. 그렇다고 너희들이 엄마 아빠 중 한 사람을 잃을 수는 없어. 그래서 우리는 우리 관계가 영원히 지속되고 너희들이 이 새로운 삶으로 인해 큰 고통을 당하지 않도록 가능한 모든 방안을 찾아볼 생각이다. 앞으로 우리가 새로운 사람과 다른 삶을 설계하게 되더라도 우리는 여전히 너희들의 부모란다."

65

남편은 내가 일을 그만두기를 바라요

당신은 줄곧 직장에 다녔기 때문에 엄마가 됐다고 해서 남편이 당신에게 집에 있을 것을 요구해 올 줄은 꿈에도 생각지 못했다. 당신은 지금 어떻게 해야 할지를 모르겠다.

그렇다면 당신은 무엇을 원하는가?

— 당신은 아기를 키우기 위해 시간을 갖고 싶긴 하지만 조만간 다시 일할 가능성을 배제하지는 않고 있다. 그렇다면 당신은 육아 휴가, 시간제 일 등을 택할 수 있다(85장 '아이들이 생기니까 직장 일에 전보다 덜 매달리게 돼요'를 참조하라).

— 당신은 직업적 발전 속에서 격리되거나 저지당하지 않기 위해 사회 활동을 계속하고 싶다. 그리고 어쨌든 아기를 너무나 사랑하기는 해도 하루 종일 집에 있는 자신을 상상할 수 없다. 당신에게 일은 유익하고 활기찬 것이고, 세상과 직접 만나는 것이다.

— 당신은 망설이고 있고 남편의 제안을 어떻게 생각해야 할지도 모르겠다. 당신이 당신 자신을 의심하는 것은 어쩌면 일을 계속할 마음이 정말로 없고 남편의 바람이 당신의 마음과 상당 부분 일치하기 때문이다. 마치 당신의 욕구를 알기라도 하는 듯. 당신이 직장 생활을 다시 시작하거나 계속하려는 구체적인 동기를 기꺼이 보여줘도 그가 같은 식으로(이렇게 태연하게, 이렇게 확신을 가지고) 그런 바람을 표현할까?

어쩌면 당신은 그저 아기와 떨어지기 힘든 것일지 모른다. 그리고 설령 직장 생활을 계속하고 싶다 해도 당신은 아이가 당신이 아닌 다른 여성에 의해 양육될 수 있다는 생각을 참을 수가 없다. 당신 자신의 어려움과 직면해 있는 지금, 당신에게는 남편의 제안이 어쩌면 고려할 수 있는 하나의 대안으로 여겨질 수 있다. 왜냐하면 그 대안을 택할 경우 당신은 적어도 이 문제를 해결할 동안은 고통을 피할 수 있기 때문이다. 이것은 당신을 위해서나, 당신의 불만을 강하게 느낄 당신의 아이를 위해서나, 당신의 직장을 위해서나 더 바람직하다. 사실 직장에 나가는 것이 정말로 고통스러운 때에는 의욕이 고취되고 온 정성을 쏟기 힘들기 때문이다.

남편은 왜 그런 요구를 할까?

당신은 갑작스런 그의 바람에 놀랄 수 있다. 대부분의 부부들이 아기를 낳기 전까지는 원하는 생활 방식에 대한 의견이 일치된다. 하지만 아이와 떨어져야 하는 상황에 처했을 때 남편은 한 번도 그런 상황을 상상해 보지 않았거나 또는 그 자신이 불안에 사로잡혔을 수도 있다. 그는 엄마가 항상 곁에 있을 수 없는 상황에서 아기가 아프다는 사실을 어떻게 체험할까 자문하는 것일지 모른다. 어쩌면 그는 아이가 엄마가 곁에 없는 것 때문에 고통을 겪을까 두려워하는 것일지 모른다. 어쩌면 그는 당신이 자기가 만든 세상이 아닌 다른 곳에서 기쁨을 느끼는 것을 참지 못하는 것일지도 모른다.

당신은 그의 과거를 알고 있는가?

남편의 머릿속에는 어떤 어머니상이 들어 있는가? 그것은 본인의 어머니상인가 다른 여성의 상인가? 그의 어머니가 항상 아이들 곁에 있었고 모든 시간을 아이들에게 할애하는 사람이었다면 당신이 자신의 아이를 하루 24시간 지켜보지 않는 것에 대해 그가 어떤 두려움을 느끼는 것도 이해할 수 있다. 어쩌면 그는 어머니로부터 버림을 받거나 거부당했을 수도 있고, 그래서 두려워하는 것일 수도 있다(그는 자신이 겪은 것을 아이에게 투사하는 것이다).

남편의 요구를 절대 따를 수 없을 때 협상하는 법

"나는 당신 어머니처럼 하지 않겠어요. 당신도 그것을 받아들여야 해요." 큰 충돌을 피하고 싶다면 이런 말은 해서는 안 된다. 이런 식으로 문제에 접근하면 남편에게 상처를 줄 수 있고(어머니는 어머니인 것이다!), 그가 본보기로 여기는 것과 관련하여 그를 불안에 빠뜨릴 수 있으며, 모든 토론의 여지를 봉쇄할 수 있다.

남편을 대화의 장으로 끌고 나와 당신은 두 모델(전업주부나 일하는 엄마) 모두 좋지만 당신에게는 두번째가 더 적합하다고 생각한다는 것을 이해시키려고 노력하라. 그리고 아이가 건강한 엄마상을 간직하는 것이 아빠의 바람이라면 당신의 주장을 받아들여야 한다. 가정의 평화가 남편에게 달렸다. 남편은 그것을 인정해야 하고 모든 것이 잘 돌아갈 수 있도록 당신을 도와야 한다. 당신을 전혀 돕지도 밀어주지도 않는 것으로 당신 선택의 대가를 치르게 하는 것은 있을 수 없는 일이다.

인내심을 가져라. 남편으로 하여금 벅찬 유산에 위배되는 선택을 받아들이게 하려면 수많은 대화와 시간이 필요할 것이다.

66

남편은 일로 인해 생기는 걱정거리를
자기에게 말하지 말래요

상사는 당신의 일처리 방식을 탐탁지 않게 생각하고 당신을 다른 부서로 보낼지도 모른다. 당신은 불안하고 잠도 잘 못 자며 가정에 할애하는 시간도 점점 줄어든다. 하지만 남편은 아무 말도 들으려 하지 않는다. 당신은 너무나 외롭다.

남편은 왜 아무 말도 들으려 하지 않을까

— 당신 부부는 어쩌면 이 이야기를 수도 없이 되풀이했을지 모른다. 그리고 남편은 당신이 자신의 충고를 별로 고려하지 않는 것 같은 느낌을 받았을지 모른다. 그는 이런 상황에 지쳤고 이제는 당신 스스로 해결책을 찾기를 바란다. 왜냐하면 자신의 제안은 당신의 관심을 끌지 못하는 것 같기 때문이다.

— 어쩌면 그는 매우 내성적인 성격이어서 이런 종류의 문제를 거론하기 싫어하며, 따라서 왜 당신이 이 문제에 대해 그렇게 말하고 싶어 하는지 이해하지 못할 수도 있다.

— 남편은 당신이 일한다는 사실을 긍정적으로 보는 편인가? 어쩌면 그는 밖에서 일하는 아내보다 자기 곁에 붙어 있는 어머니를 더 원하는 것인지도 모른다. 두 사람이 처음 만났을 때 당신은 이미 직장 생활을 하고 있었고, 그런 상황은 그에게 방해가 되지 않았으며, 나아가 그를

우쭐하게 만들기까지 했다. 그런데 이제 당신이 엄마가 되고 보니 사정이 달라졌을 수도 있다. 비록 가정이 원만히 굴러가는 데 당신의 급여가 필요하기는 하지만. 어쩌면 또 그는 당신의 불만을 참기 힘든 건지 모른다. 왜냐하면 당신은 금전적 이유로 일해야 하고 그것이 남편에게 실패감을 안겨주기 때문이다. 이 적은 식구도 감당하지 못해서 당신을 그런 스트레스로부터 막아주지 못하는 인간이라고 생각하는 것이다. 우리가 아무리 완벽한 근대성을 과시해도 어떤 고정 관념들은 우리들 중 상당수의 머릿속에 깊이 뿌리박혀 있다.

일단 아이들을 보호하라

힘든 직장 생활을 하다 보면 그것이 당신의 개인 생활에 영향을 끼칠 수밖에 없다. 그러면 당신의 삶은 곧 지옥이 되어 버린다. 당신은 긴장하여 쉽게 화를 낸다. 그러면 남편과 아이들이 맨 먼저 그 피해를 입는다. 하지만 당신은 이런 상황은 결코 그들 탓이 아니며 어떤 일도 고함을 질러서 해결되지는 않는다는 것도 잘 알고 있다. 직장 생활이 갈등을 일으킬 때에는 직장 생활과 사생활을 분리하는 것이 성공하는 것이다. 따라서 직장 일에 대한 걱정 때문에 신경이 날카롭다는 것을 가족들에게 설명하는 것을 부끄러워 마라.

아이들은 대개 몇 마디 말로 충분히 달랠 수 있다. 그러면 아이들이 엄마가 기분이 나쁜 것이 자기들 탓이 아니라는 것을 금방 이해할 것이다.

가능한 해결책

■ 떠나라

함께 일하는 사람들의 역할을 당신이 바꿀 수는 없다. 상사인 경우엔 더욱 그렇다. 대화를 시도하는 것이 바람직하긴 하지만 흔히 사용되는 해결책은 다른 부서로 가는 것이다. 아무리 노력해도 갈등이 커져만 갈 때는 특히 그렇다. 그것은 결코 실패가 아니며 당신의 육체적·정신적 건강을 지킬 필요가 있기 때문이다. 하지만 그로 인해 당분간 당신의 급여가 줄고 당신이 하는 일의 가치가 줄어들 수도 있다.

■ 자신에게 물어보라

어떤 자리를 고수하고 사람을 흥분시키는 비난과 술책들에 노출되는 것은 문제만 일으킬 뿐이다. 그것이 당신의 정신 건강 또는 당신 가족의 행복에도 같은 영향을 끼친다면 양보하지 못할 까닭이 뭔가?

지금의 이 상황은 전에 겪은 어떤 상황의 되풀이일지 모른다. 당신은 그때 포기하고 싶지 않았다. 또다시 당신은 자신의 지배력을 이용하여 당신을 비난하는 사람을 만난 것일까? 그런 상황에서 당신은 주눅이 들고 반박할 말도 생각나지 않는다. 이런 유형의 사건은 대개 유년기에서 그 기원을 찾을 수 있다. 부모는 항상 당신을 믿어주었는가? 당신의 가치를 인정해 주었는가? 아니면 학창 시절 당신은 무능하다는 소리를 들었는가? 부모나 교사들이 내뱉은 많은 말들(이를테면 성적표 아래 적힌 그 유명한 "아이가 할 수 있는 일을 시키라"는 말)이 상처가 될 수도 있고, 한 인간의 일생을 좌우할 수도 있다. 그리하여 그는 평생 그들이 한 말을 확신하려고 노력할 수도 있고, 실패를 거듭하거나 점점 더 자신의 가치를 낮추는 상황들에 빠질 수도 있다.

■ 상황을 개선하라

당신 자신이 반복되는 논리 속에 빠져 있다면 이쪽으로 한번 진지하게 숙고해 보는 편이 좋을 것이다.

67

남편은 동료들과 함께하는
나의 직장 생활을 질투해요

다른 여성들(그들 역시 엄마일 때가 많다)에게 일상의 걱정거리들을 털어놓는 일은 당신에게 많은 위로가 된다. 그러다 보면 당신은 당신 혼자 모든 것을 짊어진 듯한 기분이 줄어든다. 왜냐하면 그 문제를 남편에게 이야기했을 때 그가 항상 대답을 잘해주는 것은 아니기 때문이다. 하지만 남편은 당신의 인간 관계를 별로 좋아하지 않는 듯하다.

남편은 이런 것을 싫어할지 모른다

● 당신이 이 사람 저 사람이 한 말을 집에 가져오는 것, 그리고 동료들의 조언을 모두 실생활에 적용해 보는 것. 게다가 당신이 "여보, 이렌은 델리르프리 씨의 가게에서 고기를 사는데 아주 만족스럽대" 또는 "뒤몽 씨 부부는 항상 이 클럽에서 주최하는 바캉스 여행을 떠난대. 우리도 한번 해보자"라는 말을 꺼낼 때마다 여지없이 시큰둥해하는 남편의 얼굴을 보면 당신은 당연히 이렇게 생각하게 된다. '매번 똑같아. 내가 무슨 말을 했을 때 저이가 좋다고 한 적은 한 번도 없었어⋯⋯. 저이는 내 말을 안 들어. 내가 하는 말은 전혀 고려하지 않는다고⋯⋯.'

● 누구보다 남편과 상관 있는 결정들(아이들의 건강, 가구의 선택, 거실 벽지 색깔 등)을 할 때에도 당신이 그의 의견보다 클로드 · 도미니크 · 안 · 파트리샤의 의견을 더 주장하는 것. 당신이 친구들의 의견을 내세

울 때마다 그는 자신이 인정받지 못한다는 느낌을 받는다. 당신은 가정과 관련된 어떤 문제에 관해서도 남편에게는 개인적 견해가 없다고 판단하는 듯하다. 열정을 보이지 않더라도, 솔선하여 행동하지 않더라도 당신이 함께 살기로 선택한 사람은 그다! 당신이 당신 친구의 저녁 초대를 받아들이자고 말했을 때 그가 싫은 기색을 보이거나 마지못해 따라도 놀라지 마라.

● 당신의 가정 생활을 밖에 나가 이야기하는 것. 그는 당신이 일상 생활을 시시콜콜히 다른 사람들에게 털어놓는 것을 용납하기 힘들다. 어쩌면 그는 그와 관계가 깊은 다른 사건들에 대한 이야기를 하는 것도 싫어할지 모른다. 이를테면 그가 직장에서 마주치는 어려운 점들, 장모와의 갈등, 부부간의 갈등 같은 것들 말이다. 그는 뭔가 빼앗기는 느낌이 드는 것이다.

그가 질투심을 드러낼 수도 있는 까닭

● 당신은 그를 당신 옆에 사는 남자로 보기보다 아빠로 보는 경향이 있다. 그리고 남편도 그 점을 간파했다. 그는 그것을 참기가 점점 더 힘들다.

● 당신이 그로부터 조금씩 멀어지는 것은 당신이 아내보다는 엄마 쪽이기 때문이다. 당신은 모든 시간과 모든 사랑을 아이들에게 쏟기 때문에 남편과 즐거운 시간을 가질 여력이 없다. 마치 남편 없이, 남편의 욕망이나 기대는 고려하지 않고 삶을 건축하는 사람처럼.

당신의 직장 생활 이야기를 듣다 보면 남편은 당신이 자신과 함께 있는 시간보다 동료들과 함께 있는 시간을 훨씬 더 즐거워하고 좋아한다는 느낌을 받게 될 것이다. 그는 당신이 직장 동료들에게 감정적으로 집중하는 것을 질투한다.

당신은 정말로 남편과 생활을 공유하고 싶은가?

그가 만일 당신과 동료들과의 관계를 별로 좋아하지 않는 것 같다면 어쩌면 당신은 그의 열정 없음을 경고 신호로 해석하고 당신이 남편에게 어떤 자리를 부여하고 있는지, 특히 그 자리가 남편을 가치 있게 보이게 하는지를 자문해 봐야 할 것이다.

그가 지금까지는 인내심을 보여줬지만 두 사람이 함께 사는 방식이 그에게 맞지 않는다는 것을 알리고 있는 중은 아닌지?

만일 그렇다면 동료들, 아이들 없이 유쾌한 시간들을 공유하고 싶은 그의 현실적 욕망을 고려하라. 아니면 그의 지적이 말도 안 된다고 생각하라. 다만 그러다가는 파탄으로 갈 수 있다는 것만 알아 두라(64장 '우리는 삐걱거리고 있어요. 곧 이혼할 기예요'를 참조하라).

하지만 어쩌면 당신은 그와 친해지는 것이 두려워서 다른 사람들(아이들, 동료들 등)을 방어 수단, 편리한 울타리로 이용하는 것일지 모른다. 이는 이 남자가 당신에게는 무엇보다 아이들의 아빠이며 그 외 아무 것도 아니라는 말과 같다. 그래서 그의 의견, 그의 열망, 그의 욕구를 고려하지 않은 채 그를 배제한 당신의 삶을 건축하는 것이다.

관계를 신중하게 맺어라. 그리고 거짓 우정을 조심하라

직장 세계에서도 정서적 유대가 형성될 수 있다 해도 어느 정도 절제는 필요하다. 동료 부부의 사생활을 지켜주고 동료라는 관계와 우정을 혼동하지 않는 것이 중요하다. 그것은 대개 양립하지 않는다. 사실 권력이라는 목표가 자리잡으면(이익을 더 많이 내는 자리가 힘을 갖고, 당신들 중 하나는 계급이 올라간다) 우리가 상대방의 역할을 잘 알 때 그를 조종

하거나 불안하게 만들기——고의든 고의가 아니든——가 더 쉬운 것이다. 그런 거짓 우정은 사적인 이해 관계에 무너지기 쉽다. 어떤 이들이 복잡하고 다양한 야심에 그들 자신을 던져 버리는 것과 마찬가지로.

68

남편은 내가 주말에 일거리를 집에 가져오는 것을 싫어해요

당신은 무거운 직책을 맡았다. 당신은 교사이다. 그리고 당신 직업의 영향이 교실 안에서 그치면 안 된다고 생각하고 있다. 하지만 당신 옆에 있는 사람, 남편은 당신 일이 사생활을 지나치게 침해한다고 생각하고 있다.

명심해야 할 것

당신에게는 다른 식으로 행동하는 것이 어려울지 모른다. 하지만 명심하라.

● 아이들, 남편이 있다는 것은 당신 혼자 일하는 것이 아니라는 뜻이다. 당신은 주변 사람들의 기대를 무시할 수 없다. 그들은 당신과 중요한 순간들을 함께하는 것이 필요하다. 당신 가정이 존재하려면, 그리고 개인들의 총체가 아니라 하나의 온전한 가족으로 나타나려면 그래야 한다.

● 가정을 갖게 되면 자기 자신을 가장 우선시할 수 없게 된다. 당신은 가족에게 어느 정도 시간을 할애하고 그들의 말에 귀를 기울여야 한다(84장 '엄마가 된 뒤로 출장을 떠날 수 없게 됐어요'를 참조하라).

● 주중에는 육체적으로 부재하고 주말에는 정신적으로 부재하는 엄마상을 가족들에게 자주 보이다 보면 그들은 당신이 자신들을 얼마나 생각하는지에 대해 의심을 품을 수 있다. 아이들과 남편은 자기들이 실제로 당신의 머릿속에 존재한다는 느낌을 가질 때에만 잘 살 수 있다.

● 당신이 육체적으로는 존재하지만 시간을 낼 수 없을 때 그것은 언어적 공격, 나아가 신체적 공격을 초래할 수 있다.

● 엄마가 된다는 것, 그것은 단순히 하나의 생명을 낳은 것을 의미하지 않는다. 그것은 특히 함정 투성이인 이 인생이라는 길을 아이와 함께 걸어감으로써 그 아이가 하나의 주체로서 당당히 설 수 있게 만드는 것이다.

당신이 위험을 무릅쓰고 일을 하려는 까닭은 무엇인가?

■ 시간만 잘 조정하면 되기 때문에

주중에 당신의 근무 시간은 매일 바뀌거나(일례로 당신이 교수인 경우) 수요일에는 일하지 않는다. 그래서 당신은 주중의 남는 시간을 오직 아이들과 장보기에만 할애하기로 결심했다. 그 대신 당신은 주말에는 강의를 준비하고 자료를 다시 읽는 데 쓰고 싶다. 이 경우 남편이 이런 상황을 못마땅하게 여겨도 놀라지 마라. 그는 옆으로 밀쳐진 기분, 나아가 무시당하는 기분이 들지 모른다.

정말로 모든 사람을 기쁘게 해주고 싶고 남들이 해주는 다양한 지적들을 고려하고 싶다면 당신의 계획은 연기하라. 이를테면 당신 아이가 아직 낮잠을 자고 다른 시간은 전혀 낼 수 없다면 그 시간을 이용해 일하라. 하지만 주변 사람들에게 지나친 요구는 하지 마라. 아이들에게는 가끔씩 당신을 방해할 권리를 주어라(이를테면 아이들이 노는 동안 어떤 일을 하려고 계획했다면). 아이들은 당신이 무엇보다 먼저 그들을 위해 존재한다는 것을 알아야 한다. 아이들은 당신의 일이 나중에 함께 다른 일을 하는 것에 방해가 되지 않는다는 것을 설명해 주면 그만큼 더 그 상황을 잘 받아들일 것이다. 그러면 당신의 사회 활동은 아이들에 대한 배척이 아니라 부차적인 무엇으로 받아들여질 것이다.

■ 자아의 문제이기 때문에

당신은 가정주부로서보다 직업인으로 있을 때 자신의 가치를 더 느낄지 모른다. 집, 가사, 아이들과의 공원 산책 등은 당신을 그다지 열광시키지 않는다. 당신은 직장에서의 힘의 관계 속에서 진정한 기쁨, 어떤 강한 힘(거의 남성적인)을 느낌을 느끼며, 그것은 당신에게 살아 있다는 벅찬 느낌을 안겨준다. 반면 집에서의 일상 생활은 당신에게는 지루함을 의미할 뿐이다.

■ 두려움의 문제이기 때문에

당신은 짐을 조금 덜고 좀더 한가한 모습을 보이면 주변 사람들이 더 많은 요구를 해올지 모르고, 그러다가 더 이상 당신의 자리가 어딘지 모르게 될 거라고 생각할지도 모른다. 또는 당신 자신이 짐을 더는 법을 잃어버린 것이든지. 당신과 그들 사이에 산더미 같은 서류를 쌓아 놓는 것은 거리를 유지하는 하나의 방법이 될 수 있다. 어쩌면 당신은 사랑 속에 갇히는 것을 두려워하는 것인지도 모른다.

69

나도 일하는 여성인데 남편은 집에서
나를 도와주지 않아요

믿을 수가 없다! 남편은 매일 저녁 빵집 앞을 지나치면서도 한 번도 빵 한 덩어리 사온 적이 없다. 그는 현관에 신발이 나뒹굴고 있어도 그것을 정리할 생각은 결코 하지 못하는 인간이다. 그는 나를 하녀나 어머니로 생각하는 것일까?

남편의 기능은 당신과 다르다

이번에야말로 남성은 여성과 다르다는 것을 인정하라. 오늘날 벌어지고 있는 평등 논쟁의 영향으로 당신은 반대로 생각할 수도 있다. 그렇지만 그것은 어떤 면에서는 정체성의 기원 자체인 성의 차이를 부정하는 것과 같다. 여자와 남자는 신체적으로도 다르지만 머릿속도, 다시 말해 정신적 기능도 다르다.

따라서 일상 생활에서 여성의 관심사는 남성의 관심사와 같지 않다. 만일 토요일 아침 당신의 당면 과제가 세탁기를 돌리는 것이라면(빨래가 마를 시간을 벌기 위해) 남편의 당면 과제는 가계부를 쓰는 것이리라. 대개 아빠들은 적어도 머릿속으로는 자기가 모든 금전적 책임을 지며 가족의 일상 생활을 보장하고 있다고 생각한다. 아빠들은 대개 자기가 죽었을 경우 자식들의 미래가 어떻게 될 것인가에 관해서 뿐만 아니라 저축, 투자 등에 대해서도 엄마들보다 더 많이 걱정한다. 비록 그것이 구체적인 행동으로 나타나지 않더라도 이 모든 문제들은 그들의 머릿속에서 절대 떠나지 않는다. 이런 기능 방식은 여성들을 배제하지 않는다. 여성들도 그런 것을 걱정하지만 대개는 어떤 거리를 유지하는 데 성공한다. 왜냐하면 남편이 그 짐을 맡고 있다는 것을 잘 알기 때문이다.

당신은 짜증을 어떻게 표현하는가?

매일 저녁 남편을 맞을 때마다 "내 그럴 줄 알았어. 당신은 빵을 사거나 우편물을 챙겨야겠다는 생각은 한 번도 한 적이 없지?"라고 말하면서 상황이 나아지기를 기대하지 마라. 이런 태도는 특히 남편의 태도를 고정시킬 우려가 있다.

반대로 매일 아침 남편에게 돌아오는 길에 빵집에 들러 바게트를 사오거나 1주일에 두 번씩 아이들을 보모 집에서(또는 학교 정문에서) 데려와 달라고 부탁했을 때 아무 문제없이 임무를 수행하는 남편을 보고 당신은 놀랄지도 모른다. 다만 일상 생활의 이 모든 문제를 준비하고 생각하고 예상해야 할 사람은 당신이라는 것을 명심하라. 퇴근할 무렵 남편에게 전화를 걸어 그가 할 일을 상기시켜 줄 수도 있다. 그가 그 일을 망각할 수 있다는 것이 당신에게는 말도 안 되는 일로 여겨져도 남편과 당신은 교체될 수 없다는 것을 잊지 마라. 게다가 당신 아이들이 성장해 나갈 수 있는 것은 바로 그런 차이 덕이다.

아이들에게 엄마는 무엇보다 먼저 그들을 안심시켜 주고 그들 옆에 있어 주는 따뜻하고 너그러운 대상이다. 엄마는 그들의 기본적인 욕구를 충족시켜 준다. 한편 아빠는 권위의 상징으로 더 많이 여겨진다. 아빠는 '빼앗고' 강요하지만 온 가족을 보호하는 역할도 한다. 이런 역할이 독단·독선과 반대되는 사랑의 맥락 속에서 행해질 때 아이들은 그것을 전적으로 수용할 수 있다. 그리고 이런 상호 보완 속에서 아이는 자신의 주체적 위치를 발견하게 된다.

70

남편은 내가 다시 일을 시작한 후로 집안 꼴이 엉망이라고 말해요

아이들도 다 컸고 당신은 직장 세계와의 끈을 다시 잇고 싶었다. 하지만 남편은 별로 달가워하지 않는다.

남편도 당신의 선택을 존중하지만······

근본적으로는 당신의 열망을 공감하지 않는 듯하다. 게다가 그가 집안 꼴이 엉망이라고 말할 때 당신 귀에는 그 말이 이렇게 들린다. "당신은 밖에서 일하겠다고 결심했지만 집안일은 잘 못하는군." 그런데 당신은 사회 활동을 시작한 뒤로 집 안을 깨끗이 정돈해야 된다는 생각이 적어지는 것을 실제로 느끼고는 있지만 그렇다고 집이 위태로운 상태는 아니라고 평가하고 있다. 남편에게 대화를 제안하고 당신이 선택한 삶을 재확인할 때가 됐다.

있을 수 있는 두 가지 전형적인 경우

— 남편이 당신의 주장을 듣는다. 그리고 당신의 생각에 전적으로 찬성하지 않더라도 아무도 정말로 불만스럽지 않을 수 있는 방안을 함께 찾는 데 동의한다.

그는 자신의 기대가 어쩌면 자신의 어머니가 그에게 강요한 것(이것은 그가 유년기와 청년기 동안 내내 동화시킨 모델이다)과 같을지 모른다는 것, 그리고 치약이 때로 뚜껑 없이 있거나 당신이나 자신이 세탁기를 돌리지 않아 빨래가 2,3일씩 바구니에 쌓이는 것도 참을 수 있다는 것도 인정한다.

침대 정리, 빨래 거두기, 식사 준비하기, 쓰레기통 비우기 등 일상의 사소한 행동들 속에 아이들을 참여시킬 방법을 궁리해 보라.

— 남편이 당신의 말을 듣지 않고, 당신은 당신의 입장을 고수하면 두 사람은 곧 충동하게 될 것이다. 이때 당신은 당신 부부의 관계가 두 가지 환상 위에서 맺어졌다는 것을 인정해야 한다. 당신은 남편이 당신의 욕구(즉 있는 그대로의 당신 자신)를 고려해 줄 줄 알았고 그가 일하는 아내를 가졌다는 생각에 익숙해질 줄 알았다. 그런데 일상은 당신에게 그 반대를 보여준다. 합의점을 찾으려고 노력하라(가정부를 부를 수 있다. 또는 주당 근무 시간을 줄여 남편과 함께 집안일을 할 수 있다). 남편이 대화의 장에서 좌초한다면 그것은 오히려 좋은 신호이다. 그것은 남편이 가구라도 건지고 싶어한다는 의미일 수도 있기 때문이다.

깊이 생각해 봐야 할 일

한 집의 내부는 항상 그 집에 사는 사람들의 정신 상태를 반영한다. 전에는 그렇지 않던 집이 지금은 마구 어질러져 있다는 사실은 그 안에 사는 아이들은 물론 남편도 받아들이기 매우 힘들 수 있다. 마찬가지로 어떤 사람이 더 이상 아이들, 남편에게 시간을 투자하지 않고 살림에도 관심을 기울이지 않을 때 그것은 우울증의 신호일 경우가 많다.

71

내가 그이보다 수입이 많아질 것 같아요

잘됐다! 당신은 방금 승진할 거라는 소식을 들었다. 당연히 급여도 적잖이 인상될 것이다. 물론 당신은 전화통으로 달려가 남편에게 좋은 소식을 알린다. 그런데 당신이 급여 이야기를 꺼내자 그가 아무 말을 안한다. 그제서야 당신은 당신의 급여가 남편보다 많다는 것을 깨닫는다.

남자의 머릿속에서 급여는 무엇을 의미하는가?

많은 남성들에게 급여는 자기 가족을 먹여 살리고, 그들의 기본적인 욕구를 충족시킬 수 있는 비용을 대고, 일상 생활 속에서 자신이 유용하다고 느낄 수 있는 능력을 의미한다. 물론 그들의 역할이 은행 계좌에 돈을 채워넣는 것에 국한되지는 않지만 그래도 급여는 그들에게 아빠로서 인정받게 해준다. 또한 돈은 개인적 가치, 힘의 상징이고 따라서 남성다움의 상징이기도 하다. 엄마인 모든 여성들에게 돈의 가치는 무엇보다 먼저 먹을 것을 살 수 있다는 데 있다. 돈은 자신의 아이들에게 안락하고 쾌적한 생활을 제공하는 데 사용된다. 돈은 아직도 그리고 무엇보다 먼저 엄마의 n번째 외피로 작용하는 것이다.

아내가 자기보다 돈을 더 많이 벌기 시작할 때 남자들은 그들의 정체성에 상처를 입고 모욕당한 느낌, 이 용어의 두 가지 의미 중 무능해졌다는 의미에서 거세된 느낌을 가질 수 있다.

어떻게 대처해야 할까?

— 그가 이 사실을 정말로 잘 받아들이지 못하면 이렇게 말하라. "얼마 동안 내가 당신보다 더 많이 번다고 해서 당신이 이 집에서 쓸모없는 사람이 되는 건 아니야."

— 가능한 한 자주 그리고 가능한 한 자연스럽게 남편의 권위를 세워주고, 특히 카이사르의 것은 카이사르에게 돌려줘라. "당신의 인내심, 헌신, 계획성에 기댈 수 있어서 참 다행이야. 내가 성공한 것은 상당 부분 당신 덕이야."

— 돈이 성공의 유일한 증거는 분명 아니라는 것을 항상 기억하라. 남편이 뛰어난 능력을 발휘하는 일이 당신의 일보다 보수가 적을 수는 있지만 둘 다 존중받아 마땅하다. 당신은 그의 전문가적 능력을 높이 평가하고 있다는 것을 그에게 상기시켜 주어라(어쩌면 그는 당신이 재주도 능력도 과시할 수 없는 분야들에서 매우 뛰어난 장인, 엔지니어일 수도 있다).

— 설령 그와 해결할 심각한 분쟁거리가 있다 해도 그에게 "당신 월급에만 기대야 한다면 우리는 곧 굶어죽고 말거야……. 당신이 버는 것 가지고는 휴가도 떠날 수 없다구……" 같은 말을 던지면서 전장으로 돌진하는 짓은 피하라.

그는 자신감을 잃고 남성다움에 타격을 받을 수밖에 없다. 나아가 자신을 무가치한 인간으로 여기게 될 수도 있다.

— 힘의 관계가 돈을 중심으로 형성되면 남자는 압도되는 느낌을 받을 수밖에 없다. 하지만 남편 앞에서 경쟁자를 자처하는 여성들은 대개 이런 태도를 취한다. 이는 마치 그들이 영영 갖지 못할 남근을 줄기차게 요구하는 것과 비슷하다.

72

맞아요, 우리는 두 배로 벌어요. 하지만 그래서 우리는 각자 자기 아파트를 갖게 됐죠

당신은 방금 엄마가 됐고 겨우 일을 다시 시작했다. 남편과 당신이 차츰 이 새로운 생활에서 안정을 찾아가고 있다고 느끼고 있을 때 갑자기 남편이 더 이상 한 지붕 아래에서 살지 않는 편이 낫겠다고 통고해 왔다. 그러면서도 그는 자신의 감정에는 아무런 변화가 없다고 단언하고 있다.

도대체 그는 무슨 생각에서 그런 말을 할까?

당신은 남편의 계획이 도무지 용납이 안 되고 배척당한 느낌, 나아가 버림받은 느낌이 든다.

당신의 첫번째 반응은 아마 엄마가 된 후로 그가 당신에게 더 이상 매력을 느끼지 못하나보다라고 생각하는 것이리라. 당신은 그가 당신을 전과 다르게 바라보고 전보다 덜 원한다는 느낌을 받는다.

하지만 대개 이런 상황에서 문제가 되는 것은 아내가 아니라 어머니이다. 당신 남편은 아빠가 되었을 때 그들 자신의 어머니와 대면한 소년으로서 그들의 역사를 고통스럽게 다시 체험하는 그런 남자들에 속할지 모른다. 그리고 어린 시절이 고통스러웠을 경우(가족 일부가 어머니를 비방했다든가 어머니가 자식을 버렸다든가 귀찮게 구는 어머니였다든가) 남편들은 그런 어머니(이 경우 당신)로부터 멀어지려는 경향을 보이면서도 아내와의 관계는 유지하고 싶어할 것이다. 그렇다고 자신이 아빠라는 사실을 거부하거나 나쁜 아빠 또는 항상 집에 없는 아빠의 모습을 취하지도 않는다. 그들은 그저 관계 속에서 능동적 입장을 취하고 싶고 상대방에 의해 어떤 역할을 강요받기를 거부하는 것일 뿐이다.

또 다른 전형적인 예. 두 사람 사이는 매우 안 좋지만(또는 함께 살 수 없을 지경이고) 두 사람의 감정은 아직도 살아 있고 깊고 확고한 경우 그는 그저 기진맥진해서 2개의 아파트를 갖는 것이 상호간의 감정을 보호하는 유일한 방법이라고 생각돼서 그런 것일 수 있다. 당신 남편은 어떤 틀(아이가 딸린 한 부부, 즉 한 가정)에 자신을 맞추려고 노력했고 멀리서 방관만 하고 있을 수 없다는 것을 깨닫고 있는 자유인일지도 모른다. 그는 자신의 일, 인간 관계를 보고하는 것이 너무나 지겨운 것이다.

그건 당황스러운 제안이긴 하지만 좋은 결과를 가져올 수 있다

모든 걸 꼭 비관적으로 볼 필요는 없다. 재력이 허락한다면(세상 모든 사람이 두 집에 드는 경비를 감당할 수 있는 건 아니다) 당신의 인생을 재검토하기 전에 최소한 얼마 동안은 시도해 보라. 누가 알겠는가? 그런 생활을 좋아하게 될지…….

■ 장점

— 즐거운 시간을 경험하기 위해서만, 두 사람 모두 정말로 그러고 싶을 때에만 만나면 된다.

— 어떤 자유를 누린다는 느낌, 독립적인 인간이라는 느낌, 원하는 리듬에 맞춰 산다는 느낌을 가질 수 있다.

— 당신이 원하는 사람을 원하는 시간에 다른 사람의 동의가 없어도 초대할 수 있다.

■ **적어도 한 가지 단점은 있다!**

— 집이 두 채라는 것은 경비도 두 배가 든다는 뜻이다……. 따라서 취미, 휴가, 의복 구입에 들 돈이 줄어들 수도 있다. 그리고 그것은 비록 거기에도 어떤 이득이 있어서 결국 받아들이기는 했지만 정말로 그런 상황을 선택한 것은 아닌 사람에게는 굉장한 제약이다.

■ **위험 요소**

— 부부에게: 그런 상황을 초래한 사람이 정말로 그 생활을 좋아하게 되고 상대방의 의견은 고려하지도 않고 점점 더 혼자서 모든 걸 계획하게 되면 부부의 상황은 전보다 훨씬 더 복잡해질 수도 있다.

— 아이들에게: 부모 중 한 사람이 동경하는 생활 방식이 점점 더 아이의 자리를 빼앗는 것이라면, 아이는 자신이 방해가 되는 존재라는 느낌을 받거나 자기 부모가 부모 역할을 제대로 하지 못한다고 생각할 수 있다.

■ **이 방법이 성공하려면**

— 부부 두 사람이 이런 생활 방식을 공유하는 데 동의해야 하며, 곧장 할 것인지 시험 기간을 가져 본 뒤 할 것인지에 대해서도 합의해야 한다.

— 떨어져 살되 아이를 위해서라면 언제 어디서나 즉시 나타나야 한다. 이를테면 어떤 아빠들은 매일 저녁 엄마와 아이들이 사는 집에 들르며 아침에도 아침 식사를 하기 위해서 또 들른다.

— 아이의 거처를 정하라.

— 부모는 각자 상대방의 권한을 존중해야 한다. 이를테면 만일 아이가 아빠 집에서 컴퓨터 앞에 30분 이상 앉아 있을 수 없다면 엄마 집에서도 그래야 한다.

73

우리는 둘 다 일하는데도 늘 허덕여요

당신의 어머니는 가정주부였다. 그래서 당신은 두 사람이 월급을 받으면 안락한 생활을 할 수밖에 없다고 생각했다. 그런데 현실은 그렇지 않은 것을 보고 당신은 입맛이 쓰다.

당신의 욕구도 달라졌고 사회도 변했다

오늘날 우리는 소비 사회의 다양한 외압 앞에서 유혹에 저항하지 못할 때가 많고, 그러다 보면 때로는 모순적인 태도를 보일 때가 있다. 실제로 부모들이 금전적인 걱정이 많으면 많을수록 아이들에게는 더 많은 선물을 사주는 것을 어렵지 않게 목격할 수 있다. 마치 아이들을 그런 문제들로부터 보호해 주고 싶다는 듯이. 마찬가지로 수입이 적은 가정들이 텔레비전, 휴대전화(때로는 몇 개씩이나)은 물론 VTR, 컴퓨터, 플레이스테이션 등을 갖고 있는 것을 보면 항상 놀랍다. 이것은 상당 수준의 안락함을 누리는 이상적인 가정의 모습을 따르려는 의지와, 우리 자신이 다른 사람들에게 어떤 모습으로 비치는가를 중시하는 데에서 비롯되는 현상이다. 그것은 결국 자신의 소득과 조화를 이루기 어려운 지경에 이르기 쉽다.

한편 만일 당신이 한 사람만 월급을 받던 부모의 생활 수준보다 당신의 생활 수준이 더 나아야 한다는 원칙에서 출발한다면 기준을 약간 높게 잡으려 할 것이다. 더 안락한 집에서 살아야 하고, 당신 자신이 어릴 때 떠났던 것보다 더 자주 당신 아이들과 휴가를 떠나야 하며, 외출도 더 많이 해야 한다고 생각할 것이다. 만일 당신이 그런 상황이라면 그런 생각을 버리는 것부터 시작하라. 사실 오늘날 한 사람의 급여만으로 가정의 고정 지출을 충당하는 것은 드문 일이 아니다. 그리고 당신 부모가 했던 것처럼 당신도 예산을 짜야 한다(설령 그것이 정말로 지겨운 일일지라도). 다른 방법으로 수지를 맞추는 사람은 아무도 없다고 생각하라. 그것은 넉넉한 가정들도 마찬가지이다. 요컨대 당신에게 가장 중요한 것이 무엇인가를 다시 생각해야 한다. 1주일 동안 다함께 휴가를 떠나는 게 더 좋은가 아니면 엄청 평평하고 엄청 크고 엄청 고화질인 최신형 텔레비전을 사는 게 더 좋은가?

계산기를 꺼내라

우선 불가피한 지출 목록을 작성하라(집세, 수도세, 전기세, 전화 요금, 대출금, 소득세, 토지세, 탁아비, 급식비 등). 그리고 나서 음식, 의복, 여가 생활, 휴가 등을 위한 예산을 정하라.

■ 곧 궁지에서 벗어날 수 있을 것 같다

잠시라도 경계를 늦추면 안 된다. 미리 봉투들을 만들어 놓고(하나는 식비, 하나는 휴가 대비비 등으로) 어떤 경우에도 그것을 초과하면 안 된다. 이런 식으로 하는 게 별로 마음에 들지 않더라도 이렇게 하면 적어도 월말에 식은땀을 흘리는 일은 피할 수 있고, 오래전부터 겪어 온 생활의 불안을 완화시켜 주는 이점이 있을 거라고 생각하면서 마음을 달래라.

■ 당신의 짐이 너무 무겁다

지출 항목을 하나씩 살펴보면서 어떻게 하면 그것들을 줄일 수 있는지를 궁리해 보라. 그런 다음 모든 지출을 기록하고 몇 달만 이렇게 할 거라고 생각하면서 치밀한 가계부를 써나가라. 이것은 지겨운 일이지만 효과는 있다. 이렇게 하면 실제로 돈이 어디에서 나가는지 알기가 더 쉽다. 그런 다음 한 달 뒤 그 자료에 의거하여 여러 항목에 지급된 금액을 조정하라. 이렇게 했는데도 여전히 수지를 맞출 수 없다면 고정 지출, 특히 집세를 재검토해 보라. 어쩌면 좀더 저렴하면서도 괜찮은 여건에서 살 수 있는 집을 발견할 수 있을지 모른다. 비록 이런 일이 처음엔 힘들어 보여도 거기서 얻을 수 있는 이익을 생각하라. 걱정도 줄고 부부간의 긴장도 한결 덜해질 것이고 그러다 보면 가끔씩 맛있는 것을 사먹을 수도 있을 것이다.

■ 내가 그냥 집에 있을까?

식비, 교통비, 탁아비를 제하고 나면 당신 손에는 몇 푼 남지 않고 그런 만큼 쉽게 당신은 이런 생각을 해볼 것이다. 사실 그것은 한 번쯤 해봐야 하는 계산이다. 왜냐하면 당신은 육아 휴가의 일환으로 부여되는 것 같은 어떤 도움들을 받을 수 있을지도 모르기 때문이다(55장 '남편은 집안일을 하는 아빠가 되고 싶어해요'를 참조하라). 하지만 결정을 내리기 전에 이해득실을 잘 따져 보고 이런 것들을 자문해 보라("내가 다시 일을 하고 싶을 때 그게 가능할까? 쉬울까? 내게 그럴 마음이 생길까? 내가 집에만 있는 생활을 견딜 수 있을까? 적어도 처음에는 어떤 형태의 사회 생활로부터 격리될 텐데…?"). 당신은 또 이 기간을 이용해 직종 변경을 숙고해 보거나 직업적 경력 계획을 세울 수 있다(91장 '직장에서 해고되어 다시 집에 있게 됐어요'를 참조하라).

■ 당신의 능력에 합당한 대우를 받지 못하는 것 같다

그렇다면 지금이야말로 상사에게 면담을 청해 회사 내에서의 당신의 상황을 검토해 봐야 할 때이다. 당신의 기여도가 당신이 회사에서 받는 금전적 이익보다 훨씬 높다면 그것을 재치 있게 알리고 좀더 나은 보수를 기대해도 좋은지 알아보라. 가능하면 당신의 고용주와 또 다른 고용주와의 경쟁을 야기해 더 많은 급여를 받을 수 있게 만들라. 자신을 파는 것은 자신에게 어떤 가치를 부여하는 것이며 또한 어떤 자기 존중을 유지하는 것이기도 하다.

다른 길도 있다. 당신이 이 회사에 들어온 지 꽤 됐기 때문에 이제 계단을 한 단계씩 올라가고 싶다. 어쩌면 연수 휴가를 얻을 수 있을지 모른다(고용주에게 물어보라. 그리고 85장 '아이들이 생기니까 직장 일에 전보다 덜 매달리게 돼요'를 참조하라).

74

나는 일하는데 남편은 몇 달 전부터
실직 상태예요

스스로 선택한 것이 아닌 이런 상황 때문에 남편은 평소와 다른 행동들을 보이고, 당신은 때로 그것들을 이해하기 힘들다.

첫번째 가능성. 그가 당신에게 "있을 수 없는 일이야. 남자는 집에 있고 여자가 일하다니!"라고 말한다

— 상황은 악화될 것이다. 남편이 직업 활동을 하지 않는 것을 스스로 견디지 못한다는 것이 점점 더 크게 느껴질 것이다.

— 남편은 침묵 속에 갇히거나 아니면 당신을 비꼬는 지적들만 늘어놓아 당신으로 하여금 할 말이 없게 만든다. 이 경우 당신 남편은 집에서 살림하는 아빠가 될 마음은 없으며, 자신의 실직을 사회가 자신을 거부하는 것으로 받아들인다. 어쩌면 그는 아무짝에도 쓸모없는 인간이라고 생각할지 모르며, 그런 생각이 그를 좀먹어 간다.

— 남편은 전보다 돈을 적게 버는 것, 가족들에게 전보다 못한 생활 수준을 제공하는 것을 견디지 못한다. 그는 그것을 창피스럽게 생각한다.

— 그는 자신을 무가치한 사람이라고 생각하는 듯하다. 그는 예전의 동료들을 이제는 잘 만나지 않는데, 그것은 자신이 한심한 인간으로 여겨지기 때문이다. 더 이상 할 일이 없기 때문이다!

어떤 태도를 취해야 할까?

■ 지나친 충고는 금물

집 안을 뱅뱅 돌면서 일상 생활에는 참가하지 않는 남편의 모습을 보면 당신은 화가 난다. 당신은 그가 반응을 보였으면 좋겠지만 당신이 좋은 감정에서 해주는 수많은 충고들도 더 이상 그에게 용기를 불어넣지 못하고 오히려 그에게 상처를 준다. 이런 실직은 죽음이나 갑작스런 이별 같은, 오래됐지만 아직도 고통스러운 다른 상실들을 기억나게 할 수도 있다.

■ 그에게 과거의 그를 단념할 시간을 주어라

당신은 그의 머릿속에 들어가 보지 않았기 때문에 이런 상황이 그에게 얼마나 큰 고통을 주는지 모를 수 있다. 그는 긍정적인 자기 이미지를 되찾고, 인생의 목표를 다시 세우고, 자신의 능력을 제시할 수 있는 힘을 되찾아야 한다.

■ 세심하고 따뜻한 마음으로 기다려 줘라

당신마저 그로부터 멀어진다면 그는 자신이 무용지물이라는 느낌을 더 가질 것이다.

■ 가끔씩 이런 것들을 제안해 보라

"우리 영화관에나 갈까? 마르탱네 집에 갈래?" 하지만 어쨌든 지나치게 하지는 마라. 당신이 자신의 시간표를 꽉 채워서 딴 생각을 못하게 하려는 거라고 생각할 수 있다. 하지만 행위 차원에서 일을 안한다고 해서 완전히 수동적인 인간이 되는 것은 아니다(적어도 정신적 차원에서는).

■ 운동을 다시 시작하라고 부추겨라

운동은 그에게 어떤 목표를 부여하고 시간을 짜임새 있게 활용하게 해줄 것이다. 그리고 다른 사람들을 알게 해주고 저녁때 식탁에 둘러앉았을 때 할 이야깃거리를 제공해 줄 수도 있다. 게다가 운동은 사기를 잃지 않는 데 중요한 요소인 육체적 건강을 회복시켜 줄 것이다.

■ 남편이 집에서 대부분의 시간을 보낸다는 핑계로 그의 하루를 집안일로 채우지 마라

남편이 집에 있다고 해서 그가 가정부, 요리사, 경리 역할을 해야 하는 것은 아니다. 이미 그는 자신을 무가치한 사람으로 여기고 있다는 것을 잊지 마라. 따라서 집안일만 하는 것은 자기 자신에 대한 생각을 굳힐 우려가 있다.

■ 적절한 표현을 찾아라

상대방의 고통을 인정하고, 그에게 이렇게 말할 수 있어야 한다. "당신 뜻은 잘 알겠어. 하지만 내가 당신을 도울 수 있는 적임자는 아니야. 당신 인생의 의미에 대한 의문이 끊이지 않는다면 정신과 의사에게 한번 상담을 받아 보지 않을래? 사람이 혼자 모든 짐을 질 수는 없어. 누구나 약점은 있잖아. 하지만 어쨌든 나는 항상 당신 편이야."

■ 아이들에게 말하라

특히 아이들이 아빠가 육체적으로는 항상 집에 있지만 그러면서도 때로는 무슨 일엔가 매우 몰두해 있어서 자기들에게는 시간을 내줄 수 없는 것을 보고도 충격을 받지 않게 하라! 그리고 옷차림에 관해 요구해 올 때에는 욕심을 버려야 한다는 것을 알려라. 한동안 아이들은 그토록 좋아하는 일류 메이커 옷을 못 입을 수도 있다. 대개 아이들은 아주 잘 이해한다. 항상 솔직한 설명 또는 상황에 대한 현실적인 보고는 무거운 침

묵보다 낫다.

　아이들에게 각자 이 새로운 상황을 받아들여야 하고 상대방에 대한 전적인 존중이 지속되는 가정 안에서 자리를 되찾아야 한다는 것을 설명하라.

두번째 가능성. 그가 당신에게 "내가 오늘 구청에 서류를 찾으러 갈 시간이 있을지 모르겠네"라고 말한다

　실직해 있는 동안 남편은 사람이 바뀌었다. 실제로 모든 실업자들이 스스로에게 제기하는 "도대체 이 많은 시간을 무엇을 하며 지낼 것인가?"라는 현기증나는 질문에 대해 그는 매우 빨리 대답을 찾은 듯하다. 사실 당신은 그가 과거의 열정을 되찾은 것을 보고 놀랐다. 남편은 목재 다듬기(범선 조정, 자전거 타기 등)를 다시 시작했고 대부분의 시간을 그 활동에 쏟는다. 그는 완전히 몰두하고 있으며 심지어 몰랐던 사실들마저 새로이 알아가고 있다.

　당신은 그가 직장 생활을 하던 시기에 비해 새 힘이 솟는 듯한 인상을 받는다. 이토록 적극적이고 주도적인 모습은 처음 본다. 그는 아이들의 과외 활동에 따라 자기 일과를 계획하고, 다른 형태의 삶을 발견하고 있다. 당신은 일종의 혼수 상태보다는 이편이 낫지만 언젠가 그가 다시 일을 하기는 할 건지 의구심이 든다.

당신은 어떤 역할을 할 수 있을까?

■ 그의 이야기에 귀를 기울여라

그가 가는 곳마다 따라다녀라. 이를 핑계로 그가 다시 직장을 구하지 않을까?

만일 당신이 안정감을 보여주면 그도 당신에게 기대어 어떤 안정성을 찾지 않을까?

■ 인내심을 발휘하라

이 기간은 당신 부부와 가정 생활에 오히려 긍정적인 효과를 불러올 것처럼 보인다. 남편이 자기 시간을 유용하게 활용할 줄 안다면, 그리고 그가 이 상황을 잘 견디는 것 같으면 입을 다물고 있어라. 당신은 아마도 곧 그의 방식의 긍정적이고 구체적인 결과를 맛보게 될 것이다.

VII

전남편, 남편, 동거남

75

내가 다시 일을 시작한 이후 애들 아빠가
내 생활 방식에 대해
이러쿵저러쿵 트집을 잡아요

아이들이 주말을 아빠 집에서 보내고 올 때마다 같은 일이 반복된다. 당신의 전남편은 당신 혼자 생활을 책임지는 것이 용납이 안 되는 모양이다.

당신으로 하여금 사회 활동을 다시 시작하게 만든 별거

한 쌍의 부부가 잘 지내려면 반드시 각각의 구성원이 상대방과 명확히 구분되어야 한다. 비록 공동 생활에서 대부분의 순간들(아이들 교육, 예산, 휴가지 결정 등)은 함께하더라도. 이런 상황은 상대방에 대한 깊은 존중이 깔려야 가능하다. 한 사람이 다른 한 사람을 지배할 생각을 품기 시작하면 그때부터 힘의 관계가 정착되고 갈등을 일으키는 관계로 변질되고 만다.

당신의 경우, 아이들을 키우기 위해 일을 그만둔 것이 이런 경향을 강화시킨 듯하다. 당신의 전남편은 당신이 직업인으로 돌아간 것을 자신에 대한 두번째 거부로 받아들이고 있다. 당신은 그와 같은 지붕 아래 살지 않을 뿐 아니라 당신 혼자 모든 걸 책임지고 있다. 그는 당신을 경쟁자로 인식한다. 이런 감정은 죄의식을 느끼게 하려는 시도도 동반할 수 있다. "게다가 그렇게 되면 아이들도 잘 돌보지 못하게 될 거야……."

그는 당신에게 상처를 입히고 당신을 불안하게 만들고 싶어한다

사랑하던 사람과 헤어지는 것은 항상 고통스러운 일이다. 공동 생활을 종결짓는 것은 흔히 실패했다는 느낌과 연관된 상당량의 쓰라린 감정을 동반한다.

이런 결별로 인해 야기되는 고통은 고함, 울부짖음, 주먹질, 등기 우편 발송, 또는 아이들을 볼모로 잡고 그들에게 다른 부모에 대한 비난을 퍼부어대는 등으로 격렬하게 나타날 수 있다.

이 경우 더 이상 아무것도 존중되지 않는다. 사람도 추억도. 지난날의 사랑은 증오로 돌변한다. 그런데 이때 비록 질은 달라졌지만 상대방에게 드러내는 감정의 양은 같다.

상대방에게 많이 몰두한 만큼, 다시 말해 단념이 잘 안 되는 만큼 상황은 바뀌기 힘들 수 있다.

특히 아이들을 보호하라

그 어떤 경우에도 부모가 선택한 삶에 대해 아이들은 책임 없다. 그들은 따로따로 존재하는 아빠 집, 엄마 집에서 갈피를 잡고 자리를 잡으려고 이미 힘들게 노력하고 있다. 이것은 그들에게 참으로 어려운 일이며 정신적·신체적 불안의 원인이다. 아이들을 당신들의 다툼에 끌어들이는 것은 그들을 더 많이 불안하게 만드는 결과를 초래할 뿐이다. 아이들을 당신 부부의 문제에 연루시키는 것은 극도의 역효과를 가져올 수 있다. 왜냐하면 그것은 당신들 중 한 사람을 버리라고, '착한 사람'을 지키기 위해 '나쁜 사람'을 버리라고 요구하는 것이기 때문이다.

때로는 아이들이 충분한 힘이 없어서 부모의 이런 강요에서 벗어나지 못하기도 하고, 그러다가 성인이 되었을 때 부모 중 한 사람 혹은 형제자매 중 몇몇과 영영 인연을 끊기도 한다. 이때 형제자매들은 엄마의 파벌과 아빠의 파벌, 두 파벌로 나뉘게 된다. 또 다른 결과로 아이가 성인이 됐을 때 이성과 관계를 형성하기가 어렵다. 왜냐하면 개인사를 거치는 동안 나쁜 남성상 또는 여성상을 갖게 됐기 때문이다. 부모의 영향력에서 벗어나 그들의 본래 자리로 돌아오기 위해서는 오랜 개인적 훈련이 필요하다.

상대편 부모의 함정을 피하려면?

— 전남편을 만나 그의 태도가 아이들을 불안하게 만들 수 있다는 것을 설명하라. 단 이때 그에게 죄책감을 느끼게 하면 그가 반발할 염려가 있으니 피하도록 하라. "우리 사이는 좋지 않지만 아이들 눈에는 우리가 서로를 존중하는 모습으로 비쳐야 해요."

— 만일 전남편을 만날 수도 없고 전화 통화도 할 수 없다면 아이들과 대화를 나누고 그들에게 이렇게 말하라. "네 아빠가 말한 것에 대해 엄마는 좋다 나쁘다 판단하지 않겠다. 엄마는 다시 이 싸움에 휘말리고 싶지 않아. 네 아빠는 엄마와 많이 다르지만 엄마는 네 아빠를 그 모습 그대로 존중하고 있어. 네 아빠도 그렇게 해줬으면 좋겠구나."

당신은 가사 조정을 청할 수도 있다(77장 '남편은 꼭 시간 여유 없이 전화해서 아이들을 데리러 허둥지둥 어린이집에 가게 만들어요'를 참조하라).

76

내가 수입을 갖게 되자 남편은
이제 애들 양육비를 내지 않아요

마침내 직장을 구해서 당신은 행복하다. 이제 당신은 사회 생활을 다시 시작하고 금전적으로도 더 넉넉해지게 됐다. 하지만 그렇다고 당신의 전남편이 아이들 양육비를 더 이상 보내지 않아도 되는 것은 절대 아니다.

그는 왜 그런 반응을 보일까?

법정으로 달려가기 전에 우선 그의 반응을 이해하려고 노력하는 편이 낫다. 부부가 헤어질 때에는 모든 것이 충돌의 원천이기 때문이다.

양육비를 더 이상 내지 않겠다는 것은 보복의 표시로 해석될 수 있는데 그 이유로는 다음과 같은 것들이 있을 수 있다.

— 그가 더 이상 당신에게 영향력을 행사하지 못한다는 느낌이 들기 때문이다. 한 지붕 아래 살았을 때 당신은 일하지 않았고, 그는 그편이 더 좋았다. 그는 당신이 자신의 기대에 완전히 부응한다고 생각했고 그것이 그를 안심시켰다.

— 이제 그는 버려진 기분이 든다. 지금 당신의 생활은 함께 살았을 때의 생활과 매우 다르며, 그는 당신이 새로운 생활 방식을 채택함으로써 지난날의 공동 생활 방식을 통째로 거부하고 있다는 생각이 든다. 그것이 그에게는 또 하나의 결별을 의미한다.

— 그는 당신이 자신보다 경제적인 능력이 더 많다고 보고 양육비 총

액이 재평가되기를 희망하고 있다.

— 그는 당신이 구한 일자리가 남들이 선망하는 것은 아니며, 아이들이 그로 인해 고통을 당할 수도 있고 또는 그 일로 인해 아이들에게 할애하는 시간이 줄어들 것으로 간주하고 있다.

해결책을 찾기 위한 두 가지 가능성

— 불화가 너무 심한 상황이 아니라면 그리고 말할 수 있는 상황이라면 합의점을 찾으려고 노력하라. 단 이때 그가 아이들의 교육에 금전적으로 참여해야 한다는 사실을 잊지 마라. 부모는 자녀에 대한 권리도 있지만 특히 의무도 있기 때문이다.

다만 현재의 양육 보조비가 그의 예산에 지나치게 큰 부담을 준다면 조금 줄일 수는 있겠다. 각자 품위 있게 살 수 있어야 하기 때문이다.

— 만일 함께 의논하는 것이 불가능하다면 수령증을 받아야 하는 등기 우편을 거듭 보냄으로써 당신의 시간과 돈을 낭비할 필요는 없다. 그럴 때는 가사 분쟁을 조정하는 판사에게 청원서를 내는 편이 낫다. 판사가 하는 일은 이쪽 또는 저쪽 부모를 벌주는 것이 아니다. 그는 아이에게 이로운 쪽으로 결정을 내린다.

77

남편은 꼭 시간 여유 없이 전화해서
아이들을 데리러 허둥지둥
어린이집에 가게 만들어요

당신은 토요일에도 일한다. 그리고 가장 나쁜 건 당신의 전남편이 약속대로 금요일 저녁때 아이들을 데리러 오지 않는다는 것이다. 우선은 물론 실망을 거듭하게 될 아이들에게 안 된 일이고, 다음엔 모든 것을 한꺼번에 처리하느라 이미 많은 어려움을 겪고 있는 당신에게 안 된 일이다.

당신이 화난 까닭

— 이번에도 역시 당신 혼자 상황을 타개해야 하고 당신에겐 그것이 부당하고 부담스럽게 여겨진다.

— 당신은 이런 갑작스런 계획 취소가 당신의 개인 생활을 방해한다고 생각하며 그것은 옳은 판단이다. 당신은 그가 당신의 화를 돋우려고 또는 당신이 새 인생을 사는 것을 방해하려고 일부러 그러는 것이 아닐까 하는 의심마저 든다.

— 이번에도 역시 당신이 아이들의 눈물을 닦아주고 그들의 고통을 달래줘야 한다.

— 아이들을 돌볼 '신속한,' 나아가 '기적적인' 방안을 찾아야 할 사람도 당신이다. 이런 계획 취소가 당신의 직장 생활에 영향을 끼쳐서는 안 된다. 직장에서 많은 어려움에 봉착할 수 있다.

잊으면 안 될 몇 가지 진실들

— 한 부부의 결별은 결코 쉽지 않으며, 그런 부부 사이에서 아이들이 태어날 때 상황은 한층 더 어려워진다.

— 아이들에게는 이런 상황에 대한 책임이 당연히 추호도 없음에도 불구하고 볼모로 잡히는 일이 흔하다.

— 한 부부에게서 한쪽만의 잘못으로 관계가 깨지는 경우는 드물다. 하지만 불행히도 많은 부부들은 그것을 수긍하지 않으며 상대방에게 그에 대한 대가를 지불하게 한다. 빙글빙글 돌면서 영원히 서로를 쫓아다니는 술래잡기를 하는 경우도 있다.

— 부모가 되는 것에 권리만 있는 것은 아니다. 원하든 원치 않든 모든 부모는 아이들을 교육시켜야 한다.

— 부모의 권한은 두 부모가 나눠 갖는 편이 좋다. 그럼으로써 각자는 금전적 · 교육적 의무에 응해야 한다.

— 만일 부모 중 한쪽이 곤경에 처하면(감감무소식인 경우, 나타났다 사라졌다 하는 경우 등) 다른 부모가 그에게 억지로 부모 역할을 시킬 수는 없다 해도 그에게 그가 감당해야 할 법적 책임이 있다는 것을 상기시켜 줄 수는 있다. 이때 특히 절대 그의 존재를 부인하거나 이런 식으로 말하지 마라. "아빠가 더 이상 보이지 않으니 더 이상 아빠 얘기도 하지 말고 아빠가 아예 없었던 것처럼 행동하자."

— 부모 중 한 사람이 공동 육아의 책임도 나 몰라라 하고 양육비도 더 이상 내지 않을 때에는 판사의 힘을 빌리는 편이 낫다. 판사는 당사자를 아이들의 아빠(또는 엄마)로서 법적으로 재등록시킬 것이다. 이 절차에는 각자(아빠, 엄마, 아이)에게 자신의 신분과 그에 따른 권리와 의무를 상시키기는 장점이 있다. 게다가 이것은 아이에게 많은 안정감을 준다.

— 이런 식의 거짓말을 하지 마라. "아빠가 여행을 떠나서 이젠 아빠를 볼 수 없단다." 당신은 그런 상황의 공범자가 된다. 그리고 만일 아이가 그것이 거짓말이었음을 알게 되면(아이들도 언젠가는 알게 된다!) 당신을 어떻게 생각하겠는가?

이렇게 말해야 한다

■ 부재하는 상대 부모에게
— "당신이 직접 애들에게 말해……." 이런 식으로 상대방을 부모의 자리로 돌려보내야 한다. 부모는 아이들에 대한 자신의 행위와 과오를 책임져야 한다.

— "당신은 또다시 나를 힘든 상황에 빠뜨리는군." 그렇다고 그에 대해 구구절절이 늘어놓지는 마라(특히 당신의 불만을 정리하라). 왜냐하면 그의 갑작스런 취소가 당신이 하는 일을 훼방 놓으려는 의도에서 나온 것이라면 당신이 화내는 만큼 그는 기뻐할 것이기 때문이다. 그가 생각하기에 이것은 자기가 당신의 인생을 지배하고 있으며 자기가 당신 옆에 아직도 건실히 존재하고 있다는 증거이다. 이런 논리 속으로 다시 들어가는 것은 악순환에 말려드는 것이다.

— "대신 어떻게 할 건데?" 이런 말은 대개 대화를 열어준다. 하지만 그가 "아무것도"라고 대답해도 냉정을 잃지 마라.

— "앞으로는 미리미리 내게 알려줘. 내가 애들을 준비시켜서 다른 계획을 찾을 수 있도록 말이야."

■ 아이들에게
— "지금 당장은 아빠가 시간을 낼 수 없대. 하지만 그건 아빠가 너희들을 사랑하지 않아서가 아니야."

아이들 앞에서는 그들의 아빠에 대해 존중하는 태도로 말하는 것이 중요하다. 설령 당신에게 이혼이 힘들었더라도 그래야 한다. 그 사람은 아이들의 아빠이며, 사정이 어찌됐든 아이들은 아빠와 계속 연락을 취할 필요가 있다. 그러니 그에 대해 가능한 한 가장 객관적인 태도를 유지하라.

— "너희들이 화가 나고 슬프다는 건 엄마도 알겠어. 하지만 가장 좋은 방법은 다음번에 아빠를 만났을 때 그 얘기를 하는 거야."

당신이 느끼는 것과 당신이 아이들에게 전달해야 할 것을 항상 잘 구별하려고 노력하라.

— "너희들을 맡길 데를 알아봐야겠구나. 왜냐하면 내일 엄마는 일하는 날이고 절대로 자리를 비울 수 없기 때문이야. 엄마의 회사 사장님은 직원이 결근하는 걸 매우 싫어하거든."

당신이 할 일

아이들을 돌볼 방안을 찾아라. 만일 아이들이 거기에 동참할 수 있다면 훨씬 더 잘된 일이다. 아이들에게 이번 토요일에 누구와 함께 있으면 좋겠냐고 물어보라(할아버지 할머니? 사촌들? 친구들? 좋아하는 베이비시터? 옛날 그들을 돌보던 유모?). 그리고 일요일에는 엄마와 즐거운 시간을 보내자고 약속하라.

78

그의 새 아내는 수요일에 아이들을 데려가겠다고 해요. 그렇다면 놀이공원에는 가지 않겠다는 뜻인데

당신은 이혼한 지 오래 됐고 당신이 아이들을 기르고 있다. 지금 전남편은 다른 여자랑 살고 있는데 그녀 자신에게도 아이가 하나 있다…….

첫번째 상황. 당신이 그녀를 안다……

……그리고 그녀에게 호감을 갖고 있다. 그녀를 처음 만났을 때 감정이 통했고 신중한 아이들도 그녀를 받아들이는 듯하다. 그녀는 당신 자리를 빼앗으려고, 또는 그들의 아빠와 더 친해지려는 목적으로 아이들 마음에 들려고 하지 않으면서도 아이들을 세심하게 배려한다는 느낌이 든다. 게다가 아이들도 그녀의 아이와 잘 지내며 놀이 친구처럼 얘기한다. 요컨대 최근 몇 달 동안 전남편과의 관계가 매우 부드러워졌다.

■ 당신의 태도

당신은 이것이 아이들에게 아무런 지장도 주지 않을 거라고 생각할 것이다. 특히 아이들이 매우 원하는 것 같으므로.

두번째 상황. 당신이 그녀를 모른다

반대로 당신과 전남편 사이는 좋은 편이며 아이들은 그녀에 대해 항상 긍정적으로 말한다. 그녀와 연락을 취해 그녀가 그런 제안을 하게 된 동기를 알아보라. 그녀가 정기적으로 만나는 당신 아이들에 관한 대화도 시도해 봄으로써 그녀가 아이들을 어떻게 이해하고 있는지, 아이들에 대해 잘 알고 있는지, 아이들의 감수성을 중시하는지 등을 알아보라.

■ 당신의 태도

만일 그녀가 각자의 개성을 중시하고 있고 이 제안이 좋은 의도에서 비롯된 듯하면 그것을 받아들여라(그녀도 그때 시간이 있고, 그녀의 딸도 당신 아이들을 무척 좋아하고, 그래서 수요일마다 함께 승마를 하러 가기로 결정했다……).

세번째 상황. 전남편과 거의 연락이 되지 않는다

그리고 아이들도 주말에 있었던 일에 대해 거의 말하지 않는다. 한편 아이들이 이 제안을 별로 환호하는 것 같지도 않다.

■ 당신의 태도

이에 대해 아이들과 말해 본 뒤 반대하든가, 아니면 그녀를 만나 그녀가 어떤 사람인가 알아보고 이 제안 뒤에 감춰진 의도를 헤아려 보라.

네번째 상황. 당신은 그런 생각 자체를 참을 수 없다

이것은 어쩌면 당신에게는 이혼이 아직도 고통스럽고 전남편 곁에 낯선 여자가 존재한다는 사실이 폭력과 같다는 것을 의미할 수 있다. 두 사람이 같이 살았을 때의 상황은 너무 힘들었지만 당신은 아직도 함께하던 삶을 완전히 단념하지 못했을지 모르고 그것을 떠올릴 때마다 엄청난 고통이 수반된다. 하지만 이런 감정을 너무 즐기지 않도록 주의하라. 왜냐하면 거기에 빠져 헤어나지 못할 수도 있기 때문이다. 이 경우 당신이 다른 남자와 새로운 관계를 맺기는 힘들 것이다. 당신이 그 여자뿐 아니라 전남편도 질투하는 것은 아닌지 스스로에게 물어보라. 왜냐하면 그는 당신을 포기하고 새로운 인생을 시작했기 때문이다.

■ 당신의 태도

만일 당신이 대화를 거부하는 걸 아이들이 느끼면 그녀에 대해 아주 나쁜 견해(그녀는 못됐어요 등)를 갖고 있지 않는 한 자기들이 정말로 바라는 바를 당신에게 털어놓지 않을 것이다. 어쨌든 현실보다는 동화에서 더 많이 찾아볼 수 있는 이미지들(신데렐라의 못된 계모)에 빠지지 않도록 주의하라.

만일 다른 계획이 있다 해도 그 제안을 단번에 거절하는 것은 유감스런 일이다. 하지만 당신은 전남편을 더 이상 믿을 수 없고 그 옆에 사는 사람의 인간적 자질도 의심스러울 수 있다. 이럴 땐 혼자 범죄 영화를 찍지 말고 시간적 여유를 갖고 모든 변수를 고려해 보라. 성급히 그리고 협의 없이 혼자 내린 결정은 아이들 아빠와의 교류를 어렵게 만들 것이다. 마지막으로 하나의 관계 속에 새로운 사람(여기서는 재혼한 아내)을 끌어들이는 것은 흔히 상황을 변화시킨다.

VIII

고용주, 동료들

임신했다는 사실을 고용주에게
알리기가 두려워요

아기를 갖기로 결심하기 전에 당신은 직장에서 당신의 능력을 보여주고 상사의 신임을 얻고 싶었다. 이제 당신은 그것을 잃을까 봐 두렵다.

임신했다고 죄책감을 가질 필요는 없다

당신은 여성이다. 가임기에 있다. 게다가 기혼녀이다. 따라서 당신의 임신은 전혀 놀라울 게 없다. 그 이야기를 듣고 놀랄 사람은 현실을 은폐하는 대단한 능력을 가진 사람——그것은 그의 문제이지 당신의 문제가 아니다——이나 고약한 악의를 가진 사람밖에 없을 것이다. 고용주들이 생각할 때 흔히 직원들은 항상 부적당한 때에 임신을 통고해 오는 것이 사실이라 해도 현실은 전혀 다르다. 사실 그들은 몇 달 동안 당신 없이 회사를 꾸려가야 하며 그것은 상당히 힘든 일이다. 정말로 없어서는 안 될 사람은 아무도 없을지 몰라도 모든 직원이 매우 필요한 것은 사실이기 때문이다.

임신을 부정할 필요도 없다

남들에게 폐를 끼칠까 봐, 그리고 어떤 범죄인지는 모르겠지만 아무튼 그에 대한 죄책감 때문에 미래의 엄마들은 때로 임신을 부정하는 경향을 보인다. 그들은 출산과 관련된 사소한 고통들, 준비 등에 대해 말하는 것을 거부한다. 또 자신들이 정신적·육체적으로 더 약하다는 것을 숨기면서 전처럼 일을 잘해내려고 고집 부린다.

비록 어떤 직장에서는 자신의 스트레스, 사소한 반대(달리 말하면 취약함)를 자백하지 않는 편이 좋긴 하지만 임신한 여성은 특히 그런 경향이 많다. 그렇기 때문에 모든 사람은 그 사실을 존중해야 한다.

그러므로 당신의 몸이 경고하기 전에(당신은 조산할까 봐, 다시 말해 충분히 크지 않은 아이를 낳을까 봐 두렵다. 또 당신은 유산할 염려도 있다) 이성적인 태도를 보여라. 그렇다고 반대로 지나치게 떠벌리는 과오를 범하지는 마라. 집에서든 직장에서든 입만 열었다 하면 아기 얘기일 경우 나중에 날카로운 지적을 듣게 될지도 모른다.

당신 자신의 모순을 경계하라

당신의 상태를 후퇴로 받아들이면 안 된다. 때로 동떨어진 느낌이 들어도(당신은 지금 진행중에 있고 당신이 출산 휴가를 받을 동안 끝내야 할 어떤 계획들에 끼지 못할 것이다…… 더 이상 외국으로 출장을 가지 못할 것이다…… 당신이 당장 내일부터 나오지 못하게 될까 봐 회사에서 당신에게는 '사소한 서류들' 밖에 맡기지 않는다…….) 이건 대단한 일이 아니라고, 한동안만 이럴 거라고, 어쨌거나 이게 당신에게도 잘된 일이라고 생각하라. 당신의 행복을 생각하고 준비하라. 당신은 곧 엄마가 될 것이기 때문이다.

당신은 어떤 때에는 당신의 상태를 떠올리고 매우 행복해하고 또 어떤 때에는 직장 동료들이 끊임없이 그 얘기만 한다는 생각에 짜증이 나지는 않는지? 사실 임신기는 온갖 모순들이 싹트는 엄청난 정신적 개조기이다.

아기는 둘이서 만든 것이다

고용주로 인해 난관에 봉착하면 주저 말고 남편에게 얘기하라. 대화를 나누다 보면 어느 정도 거리를 두고 직장을 보게 되고 가장 중요한 문제, 즉 가족으로 되돌아올 수 있을 것이다. 정신적 관점에서 이 아이를 잉태한 사람은 당신들 두 사람이며, 아이가 태어나기 훨씬 전부터 '부부이자 부모'로서 역할을 수행하는 것이 중요하다. 이런 태도는 당신 부부에게나 아이에게나 긍정적인 결과를 가져올 수밖에 없다.

직장 생활과 임신을 양립시키려면

당신의 일과 단절되지 않으면서 아홉 달을 성공적으로 지내게 해줄 몇 가지 충고를 소개하는 바이다.

― 고용주에게 프로다운 모습을 많이 보여줄수록 혹시 있을지도 모르는 불쾌한 지적들을 들을 빌미가 줄어들 것이다. 사장을 안심시켜라(평소와 다름없이 유능한 모습을 보여주기 위해 최선을 다하라). 하지만 그렇다고 도에 넘치게 노력하지는 마라. 당신은 그의 어머니가 아니며 어쨌든 그도 한 여성 덕분에 아빠로서의 행복을 경험하지 않았는가?

― 지체하지 말고 행복한 사건을 알려라. 노동법에 기한이 정해져 있지 않다 해도(출산 휴가를 떠날 때 등기 우편을 보내기만 하면 된다) 가능한 한 빨리 고용주에게 알려서 그가 담당 업무 재편성(일시적인!)에 필요한 조처를 취할 수 있게 하라. 대개는 유산의 위험성이 사라질 때까지 기다리는 편이 좋다. 왜냐하면 대부분의 유산은 첫 3개월 동안 발생하기 때문이다.

― 출산 휴가 때까지 순탄히 가려면 휴가를 이를테면 2개월에 1주씩

나눠서 쓰라(프랑스 직장인들의 여름 휴가는 5~6주나 된다[역주]). 그렇게 하면 정기적으로 원기를 회복할 수 있을 것이다.

— 가능하면 대중 교통수단은 피하라. 아니면 근무 시간을 약간 변경해 혼잡을 피하라. 회사의 단체 협약을 참조하라. 거기에 아마도 근무 시간 조정 사항이 명시돼 있을 것이다.

— 당신의 가족수당 기금에서 우선권 카드를 보내주지 않았다면 주저 없이 요청하라. 우선권 카드가 있으면 관공서 창구에서 줄을 서지 않아도 일을 볼 수 있고 대중교통수단의 전용석에 앉을 수 있다.

법은 당신 편이다

당신의 임신이 '의학적으로' 확인되는 순간 당신은 해고될 수 없다. 출산 전후의 법적 휴가 기간에도 그것은 마찬가지이다(노동법 122조 25-2항).

반대로 당신이 중대한 실수(중상, 절도 등)를 저질렀거나 회사가 봉착한 재정난으로 인해 직원 감축을 행해야 할 경우에는 고용주가 당신을 해고할 수 있다. 어떤 경우든 고용주에 의한 노동 계약의 해지는 임신(입양) 휴가 기간 동안에는 서명될 수 없거나 효력을 발휘할 수 없다(노동법 122조 27항).

필요한 경우 당신은 확실한 진단서로 임신 기간 동안의 일시적 인사 이동을 요구할 수 있다. 고용주와 의견이 일치하지 않을 경우 촉탁의가 사건을 해결한다. 고용주는 또 당신의 상황에 따라 촉탁의의 동의하에 당신을 다른 부서에 임명할 수 있다(이것이 다른 지역에 있다면 당신의 동의를 얻어야 한다). 어느 경우든 당신의 보수는 변하지 않으며, 여건이 허락하는 대로(대개는 출산 휴가가 끝나는 대로) 고용주는 당신을 원래 부서로 불러야 한다.

80
직장에서 나의 임신을 인정하지 않아요

그날 동료들과 상사에게 기쁜 소식을 알리게 돼서 당신은 행복했지만 그것은 대실패였다. 당신에게 친절한 말 한마디 해주는 사람이 없었다. 당신 귀에 들린 말은 오직 이 한마디. "아 그래요, 그럼 언제 직장을 그만둘 거죠?"

변화를 기대하지 마라

개중에는 임신한 여성 직원들에게 더 가혹한 직장들도 있다(이장 끝의 박스 글을 참조하라). 그때는 처음부터 그것을 고려하는 편이 낫다. 그래야 실망하지 않을 수 있다. 아무것도 기대하지 말고 만일 시간이 지나면서 어떤 인정이 싹튼다면 아주 운이 좋은 경우라고 생각하라.

또 지금 당신의 직장 환경이 이런 반응을 보인다면 당신이 엄마가 됐을 때도 호의적인 태도로 나오지 않을 거라는 것, 그리고 병에 걸렸을 때(이것은 계획을 세울 수 없는 일이다) 또는 회의가 예정대로 18시에 시작되지 않고(그래서 당신은 아침에 유모에게 "이번만큼은 분명히 아무리 늦어도 20시까지는 들어올게요"라고 말해 뒀건만) 18시 45분에 시작될 때 그에 대처해야 한다는 것도 알아두어라.

당신 자신도 그들이 만든 경기의 규칙을 충실히 지키지 마라

직장이 당신의 업무를 조금도 덜어주지 않는다고 해서 당신이 모든 걸 받아들여야 하는 건 아니다. 만일 의사가 당신에게 여러 날 여행해야 하고 무거운 장비를 운반해야 하는 어떤 출장을 만류한다면 그의 말을 들어라. 당신과 당신 아기의 건강을 위해서.

어떤 상황에서 그들은 다소 노골적으로 당신의 능률 저하를 비난할 것이 틀림없다. 그런 술책에 흔들리지 말고, 만일 그게 사실이라면 그것은 당신의 현 상태와 관련된 일시적 상황일 뿐이며 그래서 당신의 능력이 문제시되지는 않는다고 생각하라.

자 이제 진정한 질문들을 자신에게 제기하라

당신이 아이 낳을 준비를 하고 있는 이 순간 당신에게 고통을 안겨줄 수 있는 세상에서 사는 사람들과 공유할 만한 것이 과연 있을까? 만일 당신이 더 이상 전과 똑같은 업무를 떠맡을 수 없게 됐다면 그것은 결코 개인의 능력이 부족하기 때문이 아니라 오히려 배려하지 않는 직장 환경에 의해 공격받는 순간이 증가됐기 때문일 것이다. 당신이 추가적 책임을 짊어진 엄마가 됐을 때 그것은 또 얼마나 심해지겠는가?

어쩌면 지금이야말로 당신의 입장을 남편과 함께 재검토하고 부서 이동이나 진로 변경을 고려해야 할 때일지도 모른다(91장 '직장에서 해고되어 다시 집에 있게 됐어요'를 참조하라).

추가 정보

임신과 일, 삐걱거리는 한 쌍

직장 일을 하면서 아기를 갖는 것은 때로 장애물 달리기와도 같다. 이 것은 사회학자이자 **CNRS**(국립과학연구센터)의 연구원인 안 마리 드브뢰가 이미 1988년 작성한 보고서(《이중 생산》, CSU-CNRS 그리고 **CNAF**에서 펴냄)에서 증명한 사실이다. 그는 특히 양극단 계층에 속할수록(많은 책임을 진 관리자와 노동자) 더 많은 고통을 당한다고 설명했다. 관리자의 경우 임신은 대번 그녀가 그 누구이기 전에 우선 여자라는 것을 의미한다. 그리고 그녀가 주로 남성들이 주도하는 집단에서 활동할 때 인간 관계가 굳어지는 경향이 있다. 후자의 경우 그들이 서로 돕지 못하는 것은 다른 사람의 짐을 덜어주면 자신의 수익성이 줄어들고, 경우에 따라서는 그에 따른 수당을 받지 못할 우려가 있기 때문이다.

이런 상황을 가장 잘 헤쳐 나가는 것은 중개하는 직업들이며, 그 집단이 서열의 높고 낮음을 떠나 주로 여성들로 이루어져 있을 때에는 더 그렇다. 마지막으로 이런 종류의 집단에서 임신한 여성들에게 유리한 또 다른 큰 특징은 직장의 안전이다.

20년이 흐른 지금도 상황이 많이 바뀐 것 같지는 않다. 셀린 피갈 기자에 의해 수집되어 그의 열정적인 저서에 기록된 많은 증언들이 그 증거다.

참고 서적

《직장 여성들, 우리는 누구를 비웃고 있나?》, 셀린 피갈, 프라트 출판사, 2000년.

81

직장에서 출산 휴가를 단축하라고 그래요

당신이 귀여운 아가의 출산을 기다리고 있다고 말했을 때 고용주는 그 말이 별로 반가운 것 같지 않았다. 게다가 그는 당신의 부재는 업무의 원활한 진행에 엄청난 악영향을 끼칠 거라고, 그러니 부재 기간을 가능한 한 가장 짧게 해달라고 분명히 말했다.

당신은 뭐라고 대답해야 할지 모르겠다

■ 대답하기 전에 알아둬야 할 몇 가지 진실

— 출산 휴가 기간(박스 글을 참조하라)은 제멋대로 정해진 것이 아니며 젊은 엄마들을 기쁘게 하기 위해 정해진 것은 더욱 아니다. 이 기간 동안 직장 생활을 쉬도록 조처한 것은 임신과 관련된 여러 가지 합병증의 발발 가능성을 예방하는 차원에서 큰 발전을 남겼다. 해산 전 몇 주는 특히 피곤하다. 몸이 무겁고 혈액 순환이 잘 안되고 숨이 가쁘다(점점 더 많은 자리를 차지하는 아기로 인해 횡경막이 눌리기 때문이다). 게다가 정신적·물질적 관점(아기 방과 아기 물건을 준비해야 한다)에서 이 아이를 맞을 준비를 해야 한다. 일상의 어떤 구속들에서 해방되는 것은 자기 자신을 좀더 잘 알게 해주고 좀더 차분하게 엄마가 될 준비를 하게 해준다. 출산 뒤의 몇 주로 말하면 당신이 이제 엄마가 됐다는 것을 깨닫게 해주고, 아기와 관계를 맺고 양질의 애착을 형성하며, 힘든 밤을 다시 시작하고 당신에게 가장 잘 맞는 육아 방식을 찾기에 충분한 시간이다.

— 당신 몸속에는 아기가 들어 있고 이제 당신은 홀몸이었을 때처럼 돌아다닐 수 없다. 아이는 함께 나눈 사랑의 결실이다. 당신의 직장을 위해 시간을 조정하자는 결정은 당신 혼자 내려서는 안 된다. 미래의 아빠와 의논해야 한다.

— 임신은 병이 아니지만 그래도 경계를 게을리 하지 말아야 하며 평소보다 더 자신에게 신경을 써야 한다(그렇다고 극단으로 치우쳐서도 곤란하다). 임신 5개월 또는 6개월에 자궁이 수축되는 것(바이스로 조이는 것처럼 배가 오그라드는 느낌)은 조산할 확률이 높다는 의미일 수 있다. 비록 오늘날 신생아학이 대단한 성과를 거두고 있긴 하지만 28주 또는 30주 만에 태어나는 것은 분명 바람직한 일이 아니다. 아기의 건강에도 당신의 사기에도. 그들의 아기가 예정일 전에 태어났다는 이유로 임신 기간 동안 아이를 몸속에 잘 품고 있지(또는 좋은 엄마였지) 못했다는 느낌에 괴로워하는 엄마들이 얼마나 많은지 아는가?(4장 '미숙아로 태어난 아기와 헤어질 때마다 너무 고통스러워요'를 참조하라) 답: 불행히도 그런 엄마들은 너무나 많다.

— 임신 기간을 잘 보내려면 의사의 충고와 권고를 가능한 한 가장 충실히 따라야 한다. 당신이 해야 할 일을 말해줄 사람은 당신의 사장이 아니라 그이다. 만일 그가 이를테면 임신 4개월째 들어섰을 때 1주일 동안 일을 쉬고 숨을 돌려야 한다고 판단했다면 그의 말을 들어라. 잠시 일을 그만둠(또는 휴가 중 1주일을 미리 쓰는 것)으로써 당신은 쉴 수 있다. 그럼으로써 산달 전까지 무사히 출근할 가능성이 늘어난다.

— 설령 당신의 임신이 좋은 여건에서 진행된다 해도 피곤하거나 신체 리듬이 바뀌는 순간들은 수시로 있을 것이다. 그리고 당신은 이런 모든 변화를 모른 척하고 있을 수는 없을 것이다.

직장에서 받는 수많은 압력에 따른 과로는 태아의 발육에 영향을 끼칠 수 있고, 많은 힘이 필요할 출산 후 시기에 많은 부담이 될 수 있다.

— 엄마가 된다는 것은 기꺼이 자신의 생활 방식을 바꾸는 것이고 때

로는 여러 가지 선택을 해야 하는 것이기도 하다. 비록 승진의 기회를 포기하는 것이 힘들 때도 많지만 그편이 가정의 균형을 위태롭게 하는 것보다 나을지도 모른다.

■ 직장 생활을 끝까지 밀고 나가기로 결심했다면

— 사정을 잘 알아보고 그리고 그것이 아기와 일에 끼칠 위험(한직으로 밀려날까, 해고될까, 잘못 보일까 등에 대한 두려움)을 남편과 함께 평가한 후에 그렇게 하라.

— 휴식 시간을 갖고(주말을 하루 이틀 더 연기해서) 가능한 한 많은 도움을 받고(출산 전후에) 그래도 여유를 갖고 산파와 분만 준비를 하라(이는 사회보장에 의해 환불받는다). 산파들은 이완기에 대한 생리학적 정보, 진통, 요가 또는 정신 집중 효과학을 두루 내포하는 준비 사항들에 대해 잘 알고 있다. 포기하지 마라. 분만 준비 제도는 50년대에 힘들게 투쟁한 끝에 획득한 권리이다. 당신의 필요와 기대에 맞게 실시하면 큰 도움이 될 것이다.

추가 정보

임신중, 그리고 출산 후의 권리

● 첫째 또는 둘째아이인 경우 16주간의 출산 휴가를 누릴 수 있다(출산 전에 6주, 출산 후에 10주). 셋째 이상의 아이인 경우 이것은 26주로 늘어난다(출산 전에 8~10주, 출산 후에 18~16주). 쌍둥이를 임신했을 경우에는 출산 전 12주, 출산 후 22주의 출산 휴가가 주어진다. 그리고 만일 세쌍둥이 또는 그 이상을 임신했다면 출산 전 24주, 출산 후 22주를 쉴 수 있다. 마지막으로 의사가 통고한 예정일보다 늦게 출산할 경우 휴가 기간은 그만큼 더 늘어난다.

● 만일 휴가가 끝나기 전에 출근하고 싶어도 8주 동안은 할 수 없다는 것을 알아두라(출산 전 2주, 출산 후 6주). 당신의 고용주가 이 기간 동

안 일을 시키면 벌금형을 받을 수 있다.

● 일곱 번의 의무적 진찰을 위해 결근할 수 있으며, 이 경우 급여는 깎이지 않는다. 고용주에게 미리 알려라.

● 당신이 중대한 잘못을 저질렀거나 당신 회사가 심각한 재정적 어려움을 겪고 있어서 당신의 근로 계약을 파기해야 하는 상황이 아니라면 당신은 임신중에 해고될 수 없다.

● 당신의 급여는 보장된다. 사회보장 보험의 휴업수당은 당신의 마지막 세 달치 급여 총액을 토대로 계산되며, 사회보장 부담금의 한도액 안에서 급여의 사회보장 납입금이 거기서 공제된다. 어떤 단체 협약들은 급여를 1백 퍼센트까지 유지하고 있다.

참고 서적

《여자 인생의 1년》, 마이테 자케, 마틸드 노베쿠르, 〈가정 서가〉, 알뱅 미셸 출판사, 1999년.

《나의 임신, 나의 아이》, 르네 프리드만과 쥘리앵 코엥 솔랄, 오딜 자콥 출판사, 2000년.

《아기를 기다리다》, 크리스틴 쉴트 · 르네 프리드만, 아셰트 출판사, 2000년.

《임신 안내서》, 에밀 파피에르니크, 〈해답들〉, R. 라퐁 출판사, 1999년.

《오늘 내 아이를 기다리기》, 에드위주 앙티에, 픽소 출판사, 2000년.

82

출산 휴가 동안 회사가
내 컴퓨터를 치워 버렸어요

마음 편히 출산 휴가를 떠날 때까지도 당신은 회사 측에서 당신의 부재를 이용해 당신의 소유권을 박탈할 줄은 상상도 하지 못했다. 그것이 무엇이든 말이다. 그런데…….

임신은 항상 주변 사람들에게 타격을 준다. 그건 직장에서도 마찬가지이다

각자 자기 사정에 따라 다른 반응을 보인다. 따라서 아이가 없어 고심하는 여성들(불임, 반복되는 유산, 아기를 갖기 위해 필요한 한 남성과의 지속적인 관계의 결여 등으로) 또는 임신을 원하지 않는다고 소리 높여 외치는(하지만 어쨌든 그들도 자신들의 선택에 대해 항상 확신을 갖지는 못한다) 여성들은 무의식적으로 당신에게 행복에 대한 대가를 톡톡히 치르게 할 수 있다.

이를테면 당신이 혼돈의 밤들로 기력을 많이 소진했을 때, 그들은 당신에게 그들의 능력을 보여주고 당신을 집으로 돌려보내기 위해 최선을 다한다.

동료들은 또 당신의 컴퓨터와 책상을 치우는 등 다양한 방법으로 그들의 적개심을 알릴 수도 있다. 그들은 네 달이라는 휴가 동안 당신이 그들과의 '인연을 끊었고' 충분히 자주 그리고 정기적으로 연락하지 않았다고 비난한다. 여전히 무의식적으로. 그러므로 가끔씩 전화도 걸고 구내식당에 가서 함께 점심도 먹으면서 관계를 유지하는 편이 낫다. 그러면 그들도 당신이 직장에서 일어나는 일에 여전히 관심을 갖고 있으며 자기들을 잊어버리지 않았다는 것을 확인할 수 있을 것이다.

만일 당신이 요직에 있다면 이번에 당신은 엄마가 됨으로써 출세를 위해 온 생애를 바치는 것과는 다른 논리를 따른다는 것을 증명했다. 어떤 면에서 당신은 상사의 눈에는 약해 보일 것이다. 그리고 주변의 몇몇 사람들이 이 틈을 이용해 당신의 자리에 앉으려 할 가능성이 상당히 높다.

어떻게 대처해야 할까?

— 상사에게 면담을 청해서 당신의 놀람을 표현할 수 있다. 이는 그에게 자신의 의무를 상기시키고 그가 당신의 복직을 어떤 식으로 생각하는지를 관찰할 수 있는 좋은 방법이다.

— 마치 아무 일도 없었던 것처럼 그냥 지나갈 수도 있다. 그리고 조금씩, 시끄럽지 않게 당신의 자리를 되찾겠다고 생각하라. 어쨌든 경계를 늦추지 마라. 당신이 쓰던 컴퓨터의 교체는 당신을 흔들려는 첫번째 시도일 수 있다. 당신의 제일 큰 관심사가 아기가 당신과 떨어져서 잘 지내는가 하는 것일 때 그런 싸움에 뛰어들 수 있겠는가? 당신이 직장에서 느끼는 긴장은 당신과 아기와의 관계에 영향을 미칠 수 있다. 직업적 관점에서 당신을 약화시킨 데 대해 아이를 원망하지 않도록 주의하라. 만일 당신이 그 경우라면 직장 여성이자 엄마라는 데에서 오는 반대 감정의 양립과 어려움의 의미를 자문해 보라.

83

출산 휴가를 마치고 돌아온 뒤
나는 소외되고 있어요

당신을 대신해 일하는 임시 직원이 너무나 유능한 모습을 보여주자 고용주는 그를 고용하기로 결정했다. 갑자기 당신은 필요 없는 사람이 된 듯한 느낌이 든다…….

여러 가지 전략이 가능하다

소외되는 것은 때로 오래된 상처들을 덧나게 하는 큰 상처로 받아들여질 수 있다. 게다가 이런 술책은 당신의 육체적·정신적 균형이 무너져 있는 순간에 돌발한다. 당신은 아직도 취약하다. 당신은 의기소침해질 수 있다(97장 '딸아이를 낳은 뒤 너무나 지쳐서 나 자신이 좋은 엄마도 좋은 아내도 훌륭한 '프로'도 아니라는 느낌이 들어요'와 98장 '엄마가 된 후로 나는 자신감을 잃었어요……. 게다가 직장에서도 빛을 발하지 못하고 있어요'를 참조하라). 특히 다음과 같은 다양한 변수들을 고려하여 앞으로 취할 행동을 선택하라.

— 부장에게 면담을 요청해 당신의 현재 입장을 그와 함께 의논하라.

— 명백한 거부를 택할 수도 있다. 설령 당신의 책상이 어느 날 갑자기 화초와 복사기 사이로 밀려난다 해도 명랑한 기분을 유지하라. 몇 가지 방편이 요구되는 이런 전략은 채택하기 전에 오래 끌고 갈 수 있다는 확신을 갖는 편이 좋다. 실제로 이 전략은 상대방을 자극해 맹렬한 공격

을 부추길 수 있다.

— 곧 다른 부서로 발령 날 거라고 생각하면서 조금 기다려 보기로 결심할 수 있다. 이 대안은 회사에 인사 이동 계획이 잡혀 있을 때에만 가능하다. 확신할 수 있는가?

— 당신은 회사를 옮기고 싶었다. 그리고 이렇게 열악한 복직 상황이 당신을 고무시킬 거라고 생각한다. 하지만 어쨌든 그런 절차에는 상당한 에너지가 필요하다는 것만 알아두라. 당장 옮길 수 있겠는가? 뛰어들기 전에 잘 생각해 보라. 특히 자신에게 필요한 시간을 허락하라. 회사를 떠날 것을 각오하고 행복한 행선지를 위해 그렇게 하라. 정말로 그럴 결심이 섰으면 기분이 한결 가벼울 것이다. 차차 그리고 다른 것을 기다리면서 이 직장을 단념하게 될 것이고, 사무실(또는 다른 곳) 생활의 크고 작은 갈등과 소동에 끼어드는 빈도도 줄어들 것이다.

— 휴식을 택할 수도 있다(85장 '아이들이 생기니까 직장 일에 전보다 덜 매달리게 돼요'를 참조하라). 왜냐하면 당신은 이런 문제들에 지나치게 파묻혀 버릴까 전전긍긍하다가 당신에게 아기가 있다는 것도 잊어버릴 수 있기 때문이다. 그리고 그것은 당신에게 상상할 수 없는 일이다.

추가 정보

법에는 이렇게 명시되어 있다.

출산 휴가가 끝난 뒤 당신은 전에 차지했던 자리를 되찾아야 한다. 만일 임신 기간 동안 임시로 다른 부서에 임명됐다면 당신의 원부서로 돌아가야 한다. 단 부서의 재개편이 있는 경우에만 직위 변경이 정당화될 수 있다(79장 '임신했다는 사실을 고용주에게 알리기가 두려워요'의 박스 글을 참조하라).

84

엄마가 된 뒤로 출장을 떠날 수 없게 됐어요

당신은 아기가 생긴 지금은 더 이상 전처럼 일할 수 없다는 것을 할 수 없이 잘 깨달아 가고 있다.

당신의 자아와 사기가 타격을 받다

당신은 더 이상 스포트라이트를 받지 못하는 것, 더 이상 저녁 식사중에 전처럼 빛을 발할 수 없는 것을 받아들이기 어렵고, 회사의 출장도 받아들이기 어렵다. 전에 당신은 그런 접촉에서 많은 기쁨을 맛보았고 자기도취적 차원에서도 많은 만족감을 누렸다.

당신은 아기를 원했지만 그래도 남편이 당신을 많이 도와주고 몇 가지 짐들을 덜어주어서 당신이 전처럼 직업 활동에 종사할 수 있게 해주었다면 더 좋았을 것이다. 하지만 그것은 당신에게보다 그에게 훨씬 더 어려운 것으로 판명됐다. 물론 그도 젖병을 물리거나 기저귀를 가는 것은 할 수 있다고 생각한다. 하지만 밤에 그는 아이뿐 아니라 아내도 되찾고 싶어한다. 게다가 그는 당신이 없다는 이유로 당신을 대신하는 것을 조금도 내켜하지 않는다.

현실은 이렇다

아이는 다음으로 밀쳐놓을 수 없는 존재이다. 따라서 조직 개편이 필요하며 직위의 변화도 고려될 수 있다. 어쨌거나 당신이 외근이 적은 일을 하고 출장을 덜 다닐 수 있다면(또는 관리직으로 바꿀 수 있다면) 주저하지 마라. 그리고 그것이 오래가지 않을 거라고 생각하라.

지금으로서는 전처럼 일에 몰두할 수 없다는 것을 인정하고 그것을 하나의 패배로 받아들이지 않으려고 노력하라. 반대로 당신은 지금 남편과 함께 모든 사람을 기분 좋게 해주고 당신에게는 얼마 후 당신의 경력을 되찾게 해줄 어떤 삶을 위한 단단한 토대를 세우고 있는 중이라고 생각하라.

긍정적인 태도를 지녀라. 당신은 베이비시터를 구하느라 애쓰지 않아도 될 것이다(또는 전보다 덜 애써도 될 것이다). 실제로 남편과 인생을 공유하고 아기의 재롱을 함께 볼 수 있을 것이다. 개인적 차원에서 이것은 어쩌면 당신에게 스포츠나 교양 강좌에 등록할 수 있는 기회를 줌으로써 자유 시간을 많이 누리게 될 수도 있다. 이것은 전에는 불가능했던 일로서 당신에게는 오히려 욕구 불만의 원인이 됐던 것이기도 하다.

85

아이들이 생기니까 직장 일에
전보다 덜 매달리게 돼요

당신은 일을 대충 하는 부류에 속하지 않는다. 하지만 아이를 낳은 뒤로 일에 대한 열정이 사라졌다는 것을 스스로 확인하고 있다.

현상을 직시할 때이다

적잖은 세월을 일에 바치고 난 뒤 엄마가 된다는 것은 당신 자신과 당신의 가족을 위해 세운 질서를 뒤흔드는 일이다. 이런 일은 40대 주변에서 주로 일어난다. 자신이 전처럼 일에 몰두하기를 원하는지 확신이 서지 않고 가족에게 우선권을 두는 편을 택한다. 또는 그저 일이 지겨워졌을 수도 있다. 당신은 배를 돌려 다른 방향으로 나아가는 느낌이 든다. 또는 부서나 업무가 바뀌면 가장 좋겠다고 생각한다.

다른 영역에 대한 별다른 희망 없이 같은 부서, 같은 자리에 머무는 것은 분명 가장 적절한 선택은 아니다. 직장 생활에서 오는 불안정은 항상 그의 사생활에 영향을 끼친다. 자신이 좋은 엄마도 좋은 아내도 좋은 프로도 아니라는 느낌을 갖게 될 수도 있다(97장 '딸아이를 낳은 뒤 너무나 지쳐서 나 자신이 좋은 엄마도 좋은 아내도 훌륭한 '프로'도 아니라는 느낌이 들어요'를 참조하라).

반대로 직장에서 행복하면 집에서도 환한 얼굴을 하고 있을 확률이 크다.

결국 이런 태도는 어떤 계획도 전개시킬 수 없게 만든다. 그러므로 모든 사람은 일, 근무 장소, 업무 등을 바꿀 수 있다고 생각하라. 조금 성가시긴 하지만 그것이 사실이기 때문이다. 그것이 다소의 시간, 노력, 희생을 요구할 수는 있지만 어쨌든 가능한 일이다. 만일 그것이 의심스럽거나 자꾸 망설이게 된다면 당신의 직장 생활을 총결산해 주고(박스 글을 참조하라) 당신의 깊은 열망을 좀더 직시할 수 있게 도와줄 수 있는 적임자를 찾아 그에게 말해 보라.

첫번째 가설: 당신은 가족에게 더 많은 시간을 할애하고 싶다

여건만 허락한다면 집으로의 최종 귀환을 상상하기 전에 먼저 잠시 휴식 시간을 가져 보라(안식년 휴가, 직종 전환, 연수 등). 그것은 편안한 마음으로 상황을 직시하게 해주고, 행복하고 명랑한 가정주부가 될 수 있는 당신의 능력을 검증받는 기회가 될 것이다(그렇다고 온갖 잡일을 다 하는 가정부가 되라는 건 아니다). 하지만 이런 절차에 들어가기 전에 지금 당신이 주변 사람들의 어떤 압력에 굴복하고 있는 것은 아닌지(65장 '남편은 내가 일을 그만두기를 바라요'를 참조하라) 또는 이 순간 일시적인 어려움을 겪고 있기 때문에 그런 것은 아닌지 자문해 보라. 일시적으로 당신은 모든 것을 조정하는 데 어려움을 겪을 수 있다(97장 '딸아이를 낳은 뒤 너무나 지쳐서 나 자신이 좋은 엄마도 좋은 아내도 훌륭한 '프로'도 아니라는 느낌이 들어요'를 참조하라).

만일 이런 선택이 어떤 깊은 열망에서 나온 것이라면, 만일 그것이 가족의 행복을 위해 당신이 치러야 할 희생으로 받아들여지지 않는다면 밀고 나가라. 이 기회를 이용해 다른 활동에 몰두함으로써 사회 조직 속에 잘 편입된 상태로 머물 수 있고(사회 생활, 단체 생활에 참여하는 것)

조화로운 결혼 생활을 유지할 수도 있을 것이다(부부간의 데이트, 장기 간 구상해 온 주말 계획 등).

두번째 가설: 당신은 직장에서 발전하고 싶다

처음 취직했을 때 당신은 다른 변화를 상상했을 것이다. 그리고 오늘 날 당신은 좀더 높은 영역에 도달하지 못한 데 대해 약간은 실망하고 있을 것이다. 당신에게는 건강하고 잘생긴 아이들이 있다. 아이들은 학교에 다니고 있고, 이제 조금씩 자기가 할 일을 스스로 하기 시작했다. 어쩌면 지금이 당신으로서는 좀더 속도를 올려야 할 시기인지 모른다. 설령 그것이 얼핏 당신의 힘이나 능력을 넘어서는 것처럼 보이더라도. 설령 이 일에 몇 가지 희생(저녁, 주말에 일하는 것, 가끔 출장을 가야 하는 것, 연수를 떠나는 것 등)이 따르더라도 이 방향으로 움직이기 시작하면 곧 당신은 그것이 당신의 사기에 미친 효과를 느낄 것이다. 당신에게 문이 활짝 열린 것처럼 느껴질 것이고(이는 머지않아 확인될 것이다) 10세나 젊어진 듯한 기분도 들 것이다!

만일 당신이 직장 생활에 열중하기로 결심했다면, 그래서 집에 있는 시간을 줄일 수밖에 없다면 그런 생활을 견딜 준비가 돼 있는지, 그리고 그것이 어떤 상황이 될지를 미리 자문해 보라. 만일 당신이 집안일을 도와주고 아이들을 학교에서 데려오는 일 등을 맡아줄 믿을 만한 사람을 고용할 수 있다면 다행일 것이다. 그렇다고 모든 짐을 남편과 불확실한 도우미에게만 떠맡기지 않도록 주의하라. 아직도 아이들 공부를 조금씩은 봐줘야 하며 시간도 할애해야 할 것이다(48장 '우리 아이는 모범생이니까 나는 내 일에 온 정신을 쏟을 수 있겠다고 생각했어요'를 참조하라). 반대로 당신은 아이들에게 얼마 동안——당신이 새로운 업무에 익숙해질 동안——은 그들에게 내줄 수 있는 시간이 줄어들겠지만 그래도 정기적인 만남(저녁때 나누는 이야기 등)은 계속 지켜나갈 것이고, 당신의 귀가 시간이 늦어질 경우엔 그 사실을 알자마자 바로 그들에게 전화를 해주는 등, 사랑의 관계가 지속되기 위해 필요한 조처들을 취할 것이라고 설명해 주어라.

끊임없이 준비하는 모습을 보여줘라. 늦은 시간에 모임이 있을 경우엔 가능하면 남편의 모임과 합쳐라. 만일 당신이 승진을 해서 개인적 능력을 활짝 꽃피울 수 있다면 그것을 포기하는 것은 유감스런 일이 될 것이다.

모든 파트너를 존중할 수 있는 생활 환경을 유지하기 위해 경계를 늦추지 않는 것도 당신이 해야 할 일이다.

휴식 시간을 갖는 법

아래와 같은 다양한 휴가를 얻으려면 여러 달 전에 고용주에게 수령증을 받고 등기 우편으로 휴가를 신청해야 한다. 당신이 돌아왔을 때에는 원칙적으로 당신의 부서 또는 동등한 급여를 받는 유사한 직무에 재통합되어야 한다.

교육적 육아 휴가

아이가 만 3세가 되기 전에 언제든지 신청할 수 있다. 해마다 갱신할 수 있다. 휴가를 한 번에 다 쓸 수도 있고 나누어서 쓸 수도 있다. 이 기간 동안 당신의 계약은 일시적으로 유보되는 것뿐이다. 따라서 이미 획득한 특혜는 그대로 유지되며 돌아왔을 때에는 경제적 이유는 예외이다. 만일 당신에게 자녀가 2명 있다면 가족수당 기금에서 주는 부모 교육수당을 받을 수 있다. 또한 이 휴가 기간 동안 당신의 지식을 감정받아서(능력 평가) 경력 계획을 결정하거나 직업 교육 등을 받을 수도 있다. 그렇게 하려면 당신이 택한 기관의 연락처를 첨부하여 고용주에게 신청해야 한다. 그 기관은 능력 평가의 결과를 오직 당신에게만 알려줄 것이다.

안식년 휴가

안식년 휴가는 6~11개월 동안 직장 생활을 중단할 수 있는 제도이다. 안식년 휴가를 얻으려면 당신 회사에 3년간 근무했음을 증명해야 한다. 이 기간을 원하는 대로 사용할 수 있지만 당연히 급여는 지불되지 않는다.

연수 휴가

높은 수준의 자격을 따고 싶을 때, 직업인으로서 더 기량을 닦고 싶을 때, 직종이나 업무를 바꾸고 싶을 때, 좀더 개방적인 문화인, 직장인이 되고 싶을 때, 어떤 증명서나 기술을 따기 위한 시험을 준비하거나 그런 시험에 붙고 싶을 때 이 휴가를 신청할 수 있다. 기간은 길어야 1년 또는 1천2백 시간이다. 이 기간 동안 급여를 받으려면 노사 대표로 구성된 기관으로부터 당신의 연수비(급여의 약 80퍼센트) 부담에 대한 동의를 얻어야 한다. 이때 회사에서 1년 근무했음을 증명해야 한다.

창업을 위한 휴가

어떤 회사를 인수하거나 만들고 싶은 경우, 당신은 1년간의 휴가를 낼 수 있고 한 번 갱신할 수 있다. 다만 이때 유급노동자가 2백 명 이상 되는 회사에서 3년 근속했다는 것을 증명해야 한다.

개인 사정으로 인한 휴가

공무원의 경우 개인 사정으로 휴직을 신청할 수 있다. 기간과 구체적인 조건(근속 기간 등) 등은 고용주에게 문의해 보라. 만일 당신이 민간 기업에서 일하고 있다면 어떤 법적 조항도 이런 유형의 휴가를 규제하고 있지는 못하다. 회사의 동의나 단체 협약의 특별 조항이 필요하다.

86

아이가 또 아플까 봐 겁나요

당신의 아기는 자주 아프다. 당신은 할당받은 휴가 일수를 다 써버렸다. 그리고 직장에 있을 때 당신은 아기를 돌보는 사람이 또 전화한 게 아닐까 두려워한다. 사장이 어떻게 생각하겠는가 말이다.

당신은 안절부절못하고 있다

얼마 전부터 당신은 전화벨이 울리고 누군가 또다시 당신 아이의 체온이 38.5도나 되니 가능한 한 빨리 아이를 데리러 가는 편이 좋겠다고 알려 오지 않을까 하는 두려움 속에서 살고 있다. 벌써부터 사장의 굳은 얼굴이 보이는 듯하다. 그는 지금까지는 그래도 이해한다는 듯한 표정을 보여주었지만 이제는 아무 때나 외출을 신청하는 당신에게 조금씩 짜증을 낼 태세이다. 게다가 당신은 그가 진저리를 내는 까닭도 충분히 이해가 간다. 당신은 그를 위해 일해야 하고, 그는 그 대가로 당신에게 돈을 주는 것이기 때문이다.

교대자들을 가동시켜라

당신 혼자 모든 것을 감당할 수는 없다. 그러므로 만일 당신 아이가 불행하게도 자주 아프다면 미리 일종의 연대 사슬을 만들어 놓아라. 하지만 그보다 먼저 낮 동안 아이를 돌보는 사람에게 그들이 할 일의 한계를 분명히 밝혀라. 이를테면 아기를 어린이집에 맡길 경우 이런 기관은 대개 전염병이 아닌 경우에만 아이를 치료해 준다는 것을 알아두라. 건강 문제의 전문가인 원장은 처방된 약을 줄 수 있는 자격이 있다. 그리고 부모가 요청하면 어린 환자들을 진찰하기 위해 어린이집으로 와주는 의사들이 있다는 것도 알아두라.

아이를 보모나 재택 유모에게 맡기는 경우에는 소아과 의사의 방문에 응해줄 수 있는지 또는 아이를 병원에 데려갈 수 있는지 물어보라. 그런 다음 의사에게 전화를 걸어 아이가 어떤 치료를 받았는지를 물어보라. 이런 방식을 자주 사용하면 적어도 가끔 한 번씩은 숨을 돌릴 수 있을 것이고, 특히 고용주의 시선으로부터 자신을 보호할 수 있을 것이다. 하지만 합병증이 나타나면(아이의 체온이 39도 이상이다, 소아과 의사가 항생제를 처방했다 등) 아이를 집에서 돌보는 편이 낫다. 이때 당신이 아이 곁에 있을 수 없다면 여러 사람이 교대로 돌보게 하라. 물론 첫번째 교대자는 아이의 아빠가 될 것이다.

그다음에는 당신의 부모, 시부모, 시누이, 친구, 이웃 등에게 당신을 도와줄 수 있는지, 만일 그렇다면 언제 와줄 수 있는지 물어보라.

아이가 왜 그렇게 자주 아픈가?

당신이 아이를 돌봐주는 사람들을 전적으로 믿고 있다 해도 어쨌든 아이가 크는 모습을 지켜볼 수 없다는 사실을 받아들이기는 매우 힘들 것이다. 아이는 당신의 양면적 감정을 느낄 수 있고, 어린이집에서 즐겁게 뛰놀 수 없다고 생각할지 모른다('엄마가 없는 데 어떻게 행복할 수 있겠어?').

이때 병은 적당한 타협물로 여겨진다. 왜냐하면 일단 병에만 걸리면 엄마가 달려와 자기 곁에 있어주기 때문이다. 그러면 아이는 당신의 부재를 보상받는 느낌이 든다. 만일 당신이 이런 상황에 처했다면 정신과 의사의 진찰을 받아 당신의 아이가 불안한 상태로 있지 않게 해야 할 것이다. 그렇게 하면 당신의 불안이 아이에게 '전달될' 것이고, 아이는 자신의 정신적 고통을 신체적 증상으로 나타낼 필요를 더 이상 느끼지 못할 것이다.

87

일 때문에 베이비시터를 시간이 임박해서야 찾게 돼요

당신은 이 직장이 상당히 마음에 들지만 근무 시간 면에서는 매우 탄력적인 모습을 보여줘야 할 때가 많다. 예정에 없다가 퇴근 시간 직전에 결정된 회의 때문이든, 마지막 순간의 임무 교대 때문이든…… 아무튼 당신은 점점 더 그런 점이 견디기 힘들어진다.

당신의 권리를 잘 알고 있는가?

회사가 어떤 유연성을 적용한다고 해서 무슨 일이든 다 할 수 있는 것은 아니다. 이에 대비해 당신의 권리를 알고 있다가 고용주로부터 가해지는 어떤 종류의 위협이나 괴롭힘에 굴복하지 않는 것이 중요하다.

반대로 만일 그것이 정당하다 해도 이런 유연성이 근무 시간 차원에서 내포하는 스트레스의 강도를 견디기 어렵다면 부장에게 말해서 지금과 다른 근무 편성안(한 가정의 엄마가 다른 엄마들에게 19시에 열리는 예정에 없던 회의에 나오라고 강요하는 것이 정상인가? 회의는 다음 날 아침에 할 수도 있는데) 또는 지금보다 더 적합한 다른 부서를 찾는 것이 가능할지를 알아보라.

단 이때 만일 당신이 군말 없이 항상 시간을 할애하는 모습을 보이면 이런 상황은 결코 변하지 않을 것이다. 그렇다고 상여금이나 수당을 기대하지는 마라. 고용주는 이런 근무 시간 변경을 너무나 당연하게 여긴다. 왜냐하면 넘지 말아야 할 어떤 한계가 있다는 사실을 누구도 감히 용감하게 말하지 못하기 때문이다. 이것을 만회할 방법을 협상하는 방안도 생각해 보라.

분명한 일정

낮에 아이를 돌봐주거나 학교에서 데려오는 보모에게 2시간만 기다려달라고 또 애원하느니(이 경우 당신은 어린애처럼 매달리는 입장이 되고, 당신의 아이들은 보모와 그녀 가족의 잔소리를 피할 수 없다) 곧장 다른 탁아 방식을 택하라.

이를테면 시간 연장이 전혀 문제가 되지 않고 당신의 요구에 따라 1시간, 2시간, 3시간 이상도 더 돌봐줄 수 있는 젊은 베이비시터를 구할 수 있다. 가장 중요한 것은, 이런 공조의 초기부터 솔직하게 말하고 최소한의 수고비(또는 시간)를 약속함으로써 그녀가 혼자만 노력한다는 느낌을 갖지 않게 하는 것이다. 오후에 전화해서 당신의 귀가 시간을 알려줄 수 있다는 것도 말해줘라.

그리고 가능하면 딱 한 사람만 택하라. 근무 시간의 불확실성에 베이비시터의 불확실성을 보태지 마라. 게다가 아침부터 오늘 누가 학교나 어린이집에서 아이를 데려올 수 있을지 모르는 채 두세 사람 사이에서 방황하고 있다면, 학교나 어린이집에 전화를 걸어 아이를 데리러 갈 사람의 이름을 알려주고 가능하면 아이에게도 그 전에 미리 알려 달라고 부탁하라.

어쩌면 당신은 아이들 아빠와 함께 일정을 조정할 수 있을지도 모른다. 이를테면 더 일찍 출근하는 남편에게 당신이 아침 시간을 약속할 수 있다면(아이들을 어린이집, 학교에 데려다 주기, 약간의 장보기 등) 더 일찍 출근한 남편은 아이를 데려올 시간에 맞춰 퇴근 시간을 조정할 수 있을지 모른다.

88

근무 시간을 재협상하고 싶은데
거절당할까 봐 겁나요

수요일 오후에 아이들과 함께 있고 싶다. 단 반나절 근무는 하고 싶지 않다.

사장을 설득하려면

주당 근무 시간이 35시간으로 줄어듦에 따라 노동계는 점차 다른 작업 조정 방식, 특히 다른 리듬을 찾아야 할 것이다. 대부분의 사람들에게 주 5일 9시부터 18시까지 근무하는 시대는 끝났다. 게다가 언젠가 모든 기업과 모든 임금노동자가 자신만의 새로운 근무 리듬을 찾게 되면 사회 생활이 근본적으로 재편성될 것이 틀림없다(도서관, 일부 공공 업무의 시작 시간의 변경, 텔레비전 프로그램의 변경, 이를테면 사흘간의 주말을 위한 여행업계의 새로운 제안들 등).

그때까지는, 그리고 법에 의해 예정된 노동 시간의 감소(35시간으로 단축된 것)를 제외하면 당신의 노동 시간의 새로운 조정에 유리한 '이기는' 논리는 당신 사장의 관점 속에서 작용하는 논리들이다. 그러므로 그의 이익을 섬길 수 있는 시간대를 제안하라. 이때 당신의 이익도 잊지 말되 자세히 말하는 것은 삼가라. 이를테면 만일 사장이 당신이 수요일 오후에 일하지 않아도 좋다고 하면, 당신은 목요일 저녁 20시까지 회사에 있겠다고 말하라. 그 시간은 대개 사장 홀로 다음 주 일정이나 판매

계획 등을 짜는 시간이다. 당신이 보기에는 정당해 보여도 당신 자신의
이익을 앞세우는 행동은 반드시 피하라.

89

자주 출장을 가요

당신은 직업상 가끔씩 여러 날 동안 가족을 떠나야 한다. 이때 빈틈없는 준비가 요구된다…….

미리 준비하라!

며칠씩 떠나는 것 자체는 문제가 아니다. 출장을 다녀오고 나서 원기를 회복하기 위해 곧바로 며칠 동안 휴식을 누릴 수 있다면 그것은 큰 특혜도 될 수 있다. 하지만 그러자면 몇 가지 조정이 필요하다…….

— 집을 비울 때마다 항상 똑같은 사람에게 아이를 맡기려고 노력하라. 육아 방식에서 지속성을 갖는 것은 아이들의 안정을 위해 중요하다. 아이들도 자기가 있을 곳을 알아야 한다.

— 전화를 통해 계속 연락을 주고받아라. 가능하다면 아이들이 있는 곳이 일정한 시간을 택하라. 저녁 식사 전도 괜찮다. 아니면 잠자러 가기 15분 전은 왜 안 되겠는가. 관계가 단절되어서는 안 된다.

— 만일 남편이 가사를 이행할 수 없다면 집의 유지를 위해 다른 사람과 교대할 수 있게 준비하라. 그렇게 하면 집 안을 깔끔한 상태로 유지할 수 있고, 당신이 돌아왔을 때 쓸데없는 스트레스를 받지 않을 수 있다.

— 당신과 당신 가족의 한계를 잘 헤아려라. 그들은 한 달에 한, 두, 세 번의 출장은 받아들일 수 있지만 그 이상은 어려울 것이다. 그들의 언행에 신경을 써라. 그들은 다양하고 복잡한 방법으로 그들의 감정을 드

러낼 수 있다. 이를테면 당신이 집을 비울 때마다 아이가 아프다면 그것
은 아이가 엄마와 떨어지는 것을 그다지 잘 견디지 못한다는 신호일 것
이다. 그럴 땐 아이와 대화의 시간을 갖고 아이에게 당신이 집을 비웠
을 때 어떻게 할지를 다시 한번 설명해 줘야 한다("엄마가 내일 출장을 가
거든…… 매일 밤 전화할 거야…… 너를 돌보는 분은 훌륭한 분이야……").
그리고 남편도 이런 상황에 지치지 않았는지 아니면 그저 이런 상황을
받아들이기가 점점 더 힘들어지는 건지 신경을 써야 한다. 남아 있는 사
람이 버려진 느낌을 갖지 않으려면 부부간의 유대가 매우 강해야 한다.

90

회사에서 야근을 권해요. 야근을 해도
가정 생활에 지장이 없을까요?

21시에 출근해 새벽에 퇴근하라…… 이것은 당신에게 문제를 야기하는 제안이다. 당신은 거기서 당신의 삶의 질을 개선할 수 있는 어떤 장점들을 끌어낼 수 있을까?

장점

— 밤에는 직장 분위기가 낮과는 사뭇 다르다. 동료들 사이에서도 어떤 온기가 풍겨 나온다. 대개 사람들은 한결 온화하고 남의 말을 경청하는 모습을 보인다. 직장 내의 엄격함을 해치지 않는 긴장의 이완이 통용된다.

— 야근하는 엄마들은 대개 오히려 만족하는 편이다. 사실 근무 시간대가 이와 같으면 엄마들은 아이들이 깨는 시간에 집에 있을 수 있고 그들을 학교에 데려다 줄 수 있다. 또한 과외 활동(수영·유도 등) 장소에 데려다 줄 수도 있다. 그들은 또 더 많은 자유 시간을 누릴 수 있다고 말한다. 왜냐하면 7일 중 5일을 일하는 여성들과는 대조적으로 매일 밤 근무하지는 않기 때문이다.

단점

— 친구들과의 점심 식사, 대낮에 상점을 잠깐씩 둘러보기 등의 재미는 이제 끝났거나 거의 끝났다고 볼 수 있다. 아무튼 이것은 가치 있는 일이다. 실제로 친지를 만나고 싶을 때 당신은 그들의 시간대에 맞춰야 한다. 그리고 그것은 당신 자신의 균형을 깨뜨린다. 왜냐하면 당신은 당신이 설정한 시간대는 버려야 하기 때문이다(당신은 이제부터 9시부터 15-16시까지 자야 한다).

— 아이들이 있을 경우 야근을 하려면 정확한 계획을 세워야 하며, 한 치의 오차도 없이 그것을 지켜야 한다. 남편이 당신을 교대할 수 없으면 제삼자에게 도움을 청해야 할 것이다.

— 만일 베이비시터가 아이 재우기를 책임지고 있다면 그에게는 어떤 수완이 요구된다(적임자를 찾는 것은 당신의 일이다. 43장 '베이비시터가 내 지시를 따르지 않고 딸에게 거짓말을 시켜요'를 참조하라). 왜냐하면 그것은 아빠나 엄마의 존재가 상황을 용이하게 해줄 수 있는 미묘한 순간이기 때문이다. 아이들은 자기 이야기를 하고 싶을지 모른다…….

— 대개 10여 년쯤 지나면 계속 이런 리듬으로 살기 힘들어진다. 피로가 누적되고 그것을 회복하는 데 드는 시간도 점점 더 오래 걸린다. 대부분의 사람들은 야근이 싫증나거나 그 방식에 흥미가 없어져서 그만두는 게 아니라 피로 때문에 그만둔다.

91

직장에서 해고되어 다시 집에 있게 됐어요

당신은 오래전부터 일해 왔고 가정 생활, 직장 생활, 부부 생활 사이에서 비교적 성공적인 곡예를 부려 왔다. 당신은 의욕적이고 훌륭한 '프로'지만 회사에서 당신을 내보내려 한다는 사실을 방금 알게 됐다.

이런 상황을 한 번도 상상해 본 적이 없던 당신은 기가 막힌다. 회사가 경비가 적게 드는 젊은 대졸자를 더 선호한다는 것은 알고 있지만 당신이 집에 있는 것을 어떻게 견뎌야 할지는 모른다. 게다가 당신이 좋은 상황에서 해고됐든 나쁜 상황에서 해고됐든 이전 생활과의 단절은 엄청난 스트레스, 버려진 느낌, 그리고 때로는 우울증까지 낳는다. 만일 해고 과정에서 모욕감을 느꼈다면 당신은 지금 자신에 대해 상당히 초라한 이미지를 갖고 있을 수도 있다. 당신은 자신이 쓸모없고 생산적이지 못한 사람으로 여겨질까 봐 두렵다. 또한 평생 왕성하게 일하는 당신의 모습을 봐온(그리고 존경해 온) 남편과 아이들이 당신을 어떻게 볼 것인가가 궁금하다.

어떻게 대처할 것인가?

당신 개인사의 또 다른 장으로 곧바로 넘어갈 수 있으려면 먼저 당신의 현재 지위와는 작별을 고하고 좌표, 기력, 그리고 당신의 품위를 되찾아야 한다. 당신이 이 과정에 들어가는 데에는 여러 가지 길이 있다.

— 가능한 모든 수단(각종 구직센터, 친분, 구직 광고, 잡지, 인터넷 등)을 동원해 일자리를 구하라. 당신의 하루 중 일정 시간(9시부터 13시까지)은 직장을 구하는 데 할당하고 나머지 시간은 당신 자신을 개발하는 데 써라. 그럼으로써 채용을 위한 인터뷰 때 심신이 건강한 상태로 임할 수 있을 것이다.

— 다른 활동 분야에 존재할지 모르는 다른 형태의 노동으로 관심을 돌려 보라. 그것은 삶의 질을 해치지 않으면서 당신의 직장 생활에 다른 식으로 재투자할 수 있는 기회가 될 수 있다.

— 집에 있는 것을 받아들이려고 노력하면서 스포츠, 문화, 단체 활동에 참여하라. 이것은 당신이 옛날부터 생각해 왔으나 시간이 없어서 실현하지 못한 일들이다. 전에 당신은 적극적이고 활동적이었는데 이것이 바뀌어야 할 까닭이 없다. 다른 분야에서 얼마든지 당신의 정당한 가치를 인정받을 수 있다. 아마도 당신은 그 분야에서 일체의 서열적 권위가 배제된 재미있는 만남들을 갖게 될 것이다.

몇 가지 특혜

— 적어도 얼마 동안은 아이들과 함께 있을 수 있다. 학교 정문 앞에서 아이들을 기다리고, 가장 가까이에서 숙제를 봐주고, 아이들이 수업하는 모습을 교실 문 앞에서 지켜볼 수 있다. 이는 전에는 할 수 없었던, 그래서 당신이 늘 아쉬워하던 일들이다.

— 또한 당신 자신에 대해 좀 생각해 보고 당신의 직장 경력을 총결산하는 시간을 가질 수도 있으며, 나아가 이 기회를 이용해 재교육을 받을 수도 있다. 따라서 몇 달이라는 시간적 여유를 갖고 계획을 세워 볼 수 있다. 단 한가한 시간을 온통 수많은 일상적 의무에만 쏟아 붓지는 마라. 숨 돌릴 시간을 가져라.

모든 일이 잘 되려면 이렇게 말해야 한다

■ 5세짜리 아이에게는

"금고에 돈이 떨어진 엄마 회사 사장이 우리에게 아무것도 못 주면서 일을 시킬 수는 없다고 그랬어. 다른 일자리를 구하는 동안 엄마는 너랑 네 아빠랑 있는 시간을 좀더 많이 가질 수 있어. 하지만 엄마는 돈을 벌어야 하기 때문에 이런 상황이 오래 가지는 않을 거야. 왜냐하면 엄마는 돈도 벌어야 하지만 집 밖에서 엄마만의 삶도 살아야 하기 때문이지. 너도 학교에서 친구들과 보내는 너만의 삶이 있는 것처럼."

■ 더 큰 아이들에게는

"이런 상황이 오래가지는 않을 거다. 그러므로 좋은 습관들을 잊어버려서는 안 돼. 침대를 정돈하고 방을 치우는 등 모든 관행들은 계속될 거야. 이 시간은 엄마에게 주어진 거야. 나는 이 시간을 나에 대해 조금 생각해 보는 데 쓸 계획이다. 그렇게 오랫동안 일해 왔으니 당연한 일이야. 물론 너희들도 이 시간을 이용할 수는 있지만 단 유쾌한 일들, 그리고 그럴 만한 가치가 있는 일에만 써야 해. 이를테면 함께 박물관을 찾아낸다든지 수영장에 간다든지, 멀티미디어의 기초를 배운다든지 운동을 한다든지 그런 데 말이야."

■ 남편에게는

"내가 집에 있다고 해서 모든 일을 도맡아 하지는 않을 거야. 그렇게 하면 내가 다시 일자리를 구했을 때 모두들 뒤로(이전 방식대로) 돌아가기가 힘들어지거든. 지금 같은 일시적인 상태에서도 온 식구가 나를 존중해 주는 건 당신 하기 나름이야. 우리 집에서는 어떤 무례한 말투도 용납되어서는 안 돼." (청소년들은 때로 매우 거친 모습을 보이곤 한다.)

92

회사가 이사를 가요

당신의 회사는 이사를 앞두고 있는데 이사를 하게 되면 당신은 아주 불리한 상황이 된다. 지금까지는 15분 정도면 되던 것을 매일 2시간 이상을 차 속에서 보내야 하기 때문이다. 이로써 당신의 삶의 질이 큰 타격을 입게 됐다.

둘이서 해결책을 발견하라

이 소식은 당신을 화나게 하고 혼란스럽게 만든다. 지금껏 당신의 생활은 상당히 체계적이고 순조롭게 돌아가고 있었다. 그런데 갑자기 당장 선택을 해야 할 처지에 놓인 것이다. 협상을 해야 할 커브길 앞에서 당신은 당신 인생의 '당사자'가 된다. 그리고 대개 부조종사(남편)가 당신을 잘 보좌하면 모든 게 더 잘 진행된다. 그러니 결정을 내리기 전에 충분한 시간적 여유를 갖고 생각하라……. 둘이서.

첫번째 전형적인 예: 사직한다

이건 당신이 예상치 못한 상황이다. 당신은 당신 인생이 장밋빛으로부터 이미 멀어졌고, 이 소식은 당신의 꽃병을 넘치게 할 물방울이 될 우려가 큰 것으로 평가하고 있다.

따라서 당신은 사직을 택하고 주어진 제약에 따라 가장 좋은 조건으로 협상하려고 노력할 것이다(회사의 직원 대표, 노동 감독국 또는 노조 대표에게 문의해 보라).

이런 선택에는 당신이 원하는 분야에서 일자리를 찾는 데 필요한 시간을 가질 권리 또는 이렇게 일을 안하는 틈을 이용하여 자신의 능력을 총결산 해보고(해보거나) 다시 직업 교육을 받을 수 있는 권리가 포함된다.

하지만 이런 결정은 부부가 함께 생각하고 의논해 본 뒤에만 내려져야 한다. 실제로 당신은 남편의 월급만 가지고 지탱할 수 있는지, 당신이 신속하게 다른 일자리를 구할 수 있는 실질적인 가능성은 얼마나 되는지를 평가해 봐야 한다. 때로 삶이 가혹한 시련이 되지 않으려면 필요한 조처들을 찾으면서 사표 낼 시기를 조금 뒤로 미루는 게 나을 수도 있다. 적어도 몇 군데 알아볼 시간은 벌어 놔라.

두번째 전형적인 예: 받아들이기로 한다

하지만 사장에게 그렇게 쉽게 모든 걸 양보하고 싶지는 않다. 당신은 어쨌든 그도 노력을 해볼 수는 있다고 생각한다. 당신의 일을 당신이 계획할 수 있는 방법을 생각해 보고 사장에게 당신 계획을 제출하라. "1주일에 3일은 좀더 늦게까지 근무하고 나머지 2일은 아이들을 학교에서 데려올 수 있도록 조금 일찍 퇴근하고 싶은데요……." "이제부터 저는 2시간 덜 일하겠습니다. 제겐 그것이 유일한 해결책이거든요……." "애들을 맡아줄 유모를 구해야 할 것 같습니다. 따라서 월급을 인상해 주셨으면 합니다……."

당신의 가정 생활을 가장 좋은 상황으로 재조정하면서 아이들과 지속성을 유지하도록 노력하라. 그러려면 남편, 유모, 이웃 등과의 교대 시간을 재조정해야 한다.

세번째 전형적인 예: 당신도 이사하기로 한다

왜냐하면 다른 곳에서 더 좋은 자리를 구할 수 있을 것 같지 않기 때문이다. 이것이 당신에게는 당신 가정의 삶의 질을 유지하는 유일한 방법이다. 가능하다면 이런 선택을 상황 개선으로 연결시키려고 노력함으로써(전에는 임차인이었는데 이제는 아파트를 산다든가, 더 좋은 환경에서 더 넓은 집에 세든다든가 하는 식으로) 모두에게 이익이 될 수 있게 하라.

93

둘째아이를 갖고 싶지만 일과
아기 사이에서 선택할 수가 없어요

　남편은, 그리고 지금은 당신의 아이까지 둘째를 낳아 달라고 요구한다. 당신은 거기에 완강히 반대하는 것은 아니지만 그렇다고 전적으로 찬성하고 싶지도 않다. 어떻게 하면 가정 생활과 직장 생활 둘 다 조화롭게 이끌 수 있을까?

당신은 이 계획이 약간 걱정되지만

● 남편은 자기가 도와줄 테니 걱정 말라며 당신을 안심시킨다(그는 항상 첫째를 돌보는 일에 매우 적극적인 모습을 보여줬기 때문에 당신은 그를 믿는다).

● 당신 아들이 동생을 낳아 달라고 끊임없이 조른다.

● 당신은 여러 형제자매들 속에서 보낸 어린 시절을 멋진 추억으로 간직하고 있다.

● 당신은 아이 하나로 만족한 적이 한 번도 없었다. 나아가 당신 아이에게 형제나 자매가 있었다면 이렇게 자주 아이의 요구에 굴복하지 않았을 거라고, 그리고 아이가 또래 아이들에게 더 쉽게 다가갔을 거라고 생각할 때도 많았다.

그래도

● 당신이 지금껏 적잖은 고통을 겪으면서 찾은(당신도 이것은 쉽게 인정할 수 있다) 가정의 안정이 깨질까 봐 겁난다.

● 직업적 차원에서 다른 사람들에게 뒤지지 않고 한꺼번에 많은 일을 처리할 수 없을까 봐 두렵다. 또한 당신은 일이 당신의 정신적 안정에 얼마나 중요한지를 잘 알고 있다.

● 아기의 울음을 참지 못할까 봐, 그리고 나아가 더 이상 충분한 인내심을 갖지 못할까 봐 겁난다.

● 아이가 당신에게서 멀어질까 봐 무섭다. 온갖 직업적 제약들 때문에 유모, 아빠, 그리고 아이 주변을 맴돌 다른 개입자들 사이에서 당신은 몇 번째 자리를 차지할까 상당히 궁금하다.

해결책은?

— 직업적 차원에서 당신이 아무리 유능한 사원이라 해도 적어도 한동안은 양보하는 법을 배워라. 아니면 이 계획을 포기하라. 당신은 집에 갓난아기를 둔 상태에서도 변함없이 전과 같은 속도로 일할 수는 없다. 그것은 수·학·적·으·로 불가능한 일이다. 반대로 전과 다른 식으로 일에 몰두할 수는 있다. 어쩌면 전과 다른 식으로 일하면서도 한직으로 쫓겨나지 않게 해줄 방법들을 찾을 수 있을지도 모른다.

— 남편과 어떤 결정을 내리기 전에 자신에게 충분한 시간을 주어라. 압력에 굴하지 않는 것이 중요하며, 어떤 고비를 넘기 전에 자신의 목소리에 귀를 기울일 필요가 있다. 아이에 대한 욕구는 각자의 개인사 속에서 그 기원을 찾을 수 있다. 이를테면 대가족 안에서 태어난 사람은 한

아이만 갖기를 바랄지 모른다. 왜냐하면 그는 자신이 부모로부터 받는 애정의 결핍으로 고통을 겪었다고 평가할 것이기 때문이다.

아이에게 뭐라고 말할까?

— 만일 '안 돼'라는 답이 나왔다면 아이에게 아빠와 엄마는 둘째아이를 갖지 않을 생각이라고 설명해 주어라. 이때 당분간이라고 말해라. 몇 년 뒤 결정을 번복해야 할 경우에 대비해 빠져나갈 문을 열어 둬라. 아이에게 아기가 생기면 충분한 시간을 갖지 못하게 될 거고, 그렇게 되면 엄마나 아빠 중 한 사람은 고통을 겪게 될까 봐 걱정스럽다고 설명해 주어라.

— 만일 '그러자'라는 답이 나왔다면 아이에게 엄마와 아빠는 그럴 생각이지만 엄마가 아기를 낳으려는 것은 그를 즐겁게 해주거나 그의 기대를 저버리지 않기 위해서가 아니라는 것을 말해라. 아이가 아기를 엄마가 자신에게 주는 선물로 생각해서는 곤란하며, 자신을 상황의 결정권자로 생각해서도 안 된다.

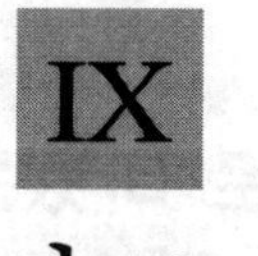

IX

그리고 나

94

반나절 근무로 바꿨는데도 상황이
전보다 더 나빠졌어요

셋째아이를 낳은 뒤부터 당신은 반나절 근무를 택했다. 그렇게 하면 가정 생활과 직장 생활을 좀더 잘 조화시킬 수 있을 거라고 생각했기 때문이다. 그런데 오늘 당신은 당신이 전보다 생활비를 조금 벌 뿐만 아니라 당신을 위한 시간도 줄어든 것을 확인하고 씁쓸해하고 있다.

먼저 당신의 반나절 근무의 목표를 새롭게 정의하라

— 당신은 누구를 위해 더 많은 시간을 가지려고 반나절 근무를 택했나? 아이들, 남편, 아니면 당신?

만일 아이들, 남편, 당신 모두를 위해 그런 선택을 했다면 당신은 무엇을 가장 중요하게 생각하는가를 재평가해 봐야 할 것이다. 단 이때 그중 누구도, 심지어 당신 자신도 자존심에 상처를 받을 필요는 없다. 만일 당신이 운동도 하고 싶지만 또한 아이들 과외 활동하는 곳에도 따라가고 싶고, 수업이 끝났을 때 아이들을 데려오고도 싶고, 남편이나 당신 자신이 토요일의 혼잡을 피하기 위해 주중에 장을 보고도 싶다면, 이 모든 계획이 지나치게 야심찬 것이었음을 인정하라. 게다가 근무 시간의 단축에 따른 급여의 손실을 만회하기 위해 가정부를 부르지 않기로 결정했다면 그것은 주중의 노동량을 가중시키는 결과만을 가져올 뿐이다.

— 당신이 집안일, 장보기, 학교와의 관계, 소아과 병원 가기 등을 남

편보다 더 많이 떠맡기로 한 것은 남편보다 일을 조금 덜 한다는 생각
에 갑자기 죄책감이 들어서였나?

만일 그렇다면 남편과 함께 이 문제를 다시 의논해 보되 때로는 계획
세우기가 실행하기보다 더 어렵다는 것을 잊지 마라. 그러니 계산서 길
게 뽑지 말고(내가 청소기를 세 번 돌렸으니까 지금은 당신이 할 차례예요
또는 장보기보다 식단 짜는 게 더 피곤한 일이라구요, 그런데도 당신은
……) 남편에게 저녁때 느긋하고 한가하고 밝은 표정의 아내를 다시 만
나고 싶다면 당신 혼자 이 모든 노동을 떠맡을 수는 없다고 말하라.

당신의 시간표는 관리가 안 되는 것일지 모른다

당신의 고용주가 근무 시간 조정에 마지못해 동의했다 해도 그는 당신
의 가정 생활에 그다지 호의적이지 않을 것이다. 만일 당신이 두 번의
근무 시간대(8-11시와 15-17시) 사이, 아무것도 할 수 없는 시간대에 매
일 일한다면, 또는 당신의 근무 시간이 수시로 바뀐다면 그것은 분명 삶
을 용이하게 해주지 않을 것이다. 어쨌든 당신이 원하는 방향에서는.

당신의 근무 시간을 고용주와 재협상해 보고 그것이 무익한 일이라는
느낌이 들면 당신 편에서 다른 방안을 찾아보라. 다른 일자리를 구할 때
까지 또는 주부에게 더 우호적인 다른 회사를 찾아낼 때까지 종일 근무
제로 다시 돌아가거나 육아 휴가를 내는 것은 어떨까. 직종 전환을 계획
하고 있다면 재교육을 위한 휴가도 내볼 수 있다(85장 '아이들이 생기니
까 직장 일에 전보다 덜 매달리게 돼요'를 참조하라).

추가 정보

주당 35시간제로의 이행에 비추어 볼 때

가정주부들을 위해 노동 시간 감축의 이익에 대해 발언한 사회학자들의 대부분은 다음과 같은 관점에서 일치하고 있다. 즉 주부들이 남편들의 비교적 큰 협조에 힘입어 주말에 수행해 오던 노동(집안일, 장보기 등)이 앞으로는 35시간제로 인해 번 시간 동안 수행이 되긴 하겠지만 대신 이제부터는 남편들의 도움을 받지 못할 것이라는 점이다. 왜냐하면 근무 시간이 일치하지 않을 때가 많기 때문이다. 따라서 당장 이번 변화에서 가장 많은 이익을 얻는 사람은 남자들이라는 것이다.

고용과 연대를 담당하는 정부 부처는 35시간 근무제가 여성들의 삶에 미치는 영향을 평가해 보았다. 여기 SOFRES(프랑스 여론조사협회)가 그 부처의 요구에 따라 1999년 9월 22일부터 27일 사이에 실시한 여론 조사 결과를 소개하겠다.

여성들은 한가한 시간에 무엇을 하나?

가족과 아이들을 볼본다: 66퍼센트

일상적 임무를 수행한다: 62퍼센트

휴식을 취한다: 48퍼센트

친구들을 만난다: 34퍼센트

운동, 교양, 예술적 활동: 29퍼센트

목공일, 정원 가꾸기: 25퍼센트

외출한다: 20퍼센트

자원봉사: 8퍼센트

특별히 하는 일이 없다: 1퍼센트

95

때로는 친구들과 신나게 놀면서 현실에서 벗어나 일상을 좀 잊어버리고 싶어요. 이게 정상일까요?

지난 몇 년 동안 당신은 너무나 바빴고 숨 돌릴 겨를조차 없었다. 이제 당신은 직장 생활뿐 아니라 남편, 아이들과의 가정 생활에서도 튼튼히 자리를 잡았다. 이것은 얼핏 보기에도 당신에게 긴장을 풀고, 축제를 벌이고, 친구들을 만나고, 영화를 볼 시간과 공간을 남겨주지 않는 생활이었다.

당신의 반응은 정상이고 흔한 것이다

— 가끔씩 신선한 공기를 마시는 것, 필연적으로 잘 돌아가야 하는 나머지 약간은 지루해지기 쉬운 일상의 제약들로부터 벗어나는 것은 정당하고 필요한 일이다. 그것은 가정 생활과 직장 생활을 활기차고 경쾌하고 기분 좋게 지속해 나갈 수 있도록 당신에게 산소를 공급해 주고 숨통을 틔워준다.

— 당신은 움직임에 아무런 제약이 없던, 당신 자신만 납득하면 되던 미혼 시절의 삶에 약간은 향수를 느낀다.

— 당신은 자신이 여성임을 느끼고 싶다. 어쩌면 당신은 누군가에게 매력적으로 보일 수 있는 당신의 능력을 의심할지 모른다. 어린 자식들에게만 지나치게 몰두한 나머지 얼마 전부터는 유혹할 수 있는 능력을 포기해 왔는데 갑자기 다른 남자들을 상대로 자신을 시험해 보고 싶은 욕

구를 느끼고 있다. 이런 당신의 반응 역시 새 옷을 사고 싶고 최신 스타일로 화장하고 싶은 욕구만큼이나 정상적인 것이다. 이것은 모두 자기 도취적 기쁨이다. 자신의 가족 구성원들뿐만 아니라 외부 사람들에게도 잘 보이고 싶은 느낌은 중요한 것이다. 그것은 스스로 집안에만 틀어박혀 있지 않는 하나의 방법이다. 하지만 이런 당신을 대하는 남편이 취할 수 있는 태도에는 두 가지가 있다. 그는 다른 사람들(남자들이나 여자들)이 당신을 쳐다보는(당신에게 감탄하는) 것에 기분이 우쭐해질 수도 있고 반대로 어떤 질투심을 드러낼 수도 있다. 따라서 당신으로 인해 손해 보는 사람이 없도록 재치 있게 처신할 일이다. 적어도 위기를 초래하고 싶지 않다면!

당신은 우선 당신을 위해 멋을 부려야 하지만 남편과 아이들을 위해서도 그럴 필요가 있다. 그들 역시 당신을 자랑스럽게 여기고 싶어한다.

— 부부 생활은 감옥이 아니다. 만일 여기서 벗어나고 싶은 욕구가 너무 강하다면 그것은 어쩌면 당신이 지나치게 정확하고 지나치게 엄격한 한계를 스스로에게 강요하고 있다는 뜻일지 모른다. 각자 자기가 원하는 대로 살아야 하지만——게다가 부부의 행복을 위해서는 그것이 필요하다——상대방을 자신의 계획이나 자신의 일상에서 배제하지 않으려고 주의해야 한다. 공유 개념이 중요하다.

어떻게 당신의 욕구를 남편에게 알릴까?

— 부드러운 분위기에서 당신의 바람을 말해야만 당신의 목적을 이룰 수 있다. 문을 쾅 닫고 나오면서 그런 얘기를 한다면 그것은 두 사람 모두에게 힘든 시간이 될 것이다. 당신은 짜증이 나면서 남편이고 자식이고 간에 모두 다 버리고 싶은, 과장된 욕구를 느낄 것이다. 남편은 배신감을 느낄 것이고, 당신의 외출은 엉망이 될 것이다. 집에 돌아온 뒤에

도 죄책감과 불안이 당신을 쫓아다닐 것이다.

— 당신을 위해서는 이런 식으로 표현하는 편이 낫다. "내 친구 베로하고 영화관에 가고 싶어. 그다음에는 아마 술을 한잔할 거야. 다른 뜻은 없고 다만 맑은 공기를 좀 마시고 싶은 것뿐이야. 요즘 들어 정말로 그럴 필요를 느껴. 당신이 이해해 주면 좋겠어."

— 남편에게 다음번엔 바꿔서 해보자고 제안하라. "내 장담컨대 이건 우리 두 사람에게 큰 도움이 될 게 틀림없어. 게다가 당신도 때로는 이런 기회를 가져야 해. 장 피에르하고 다음 축구 경기에 가지 않을래? 아니면 헌책방을 둘러보던지? 애들이 태어난 뒤부터 못해본 일이잖아. 이일은 당신에게도 큰 도움이 될 거라고 확신해……."

96

일 때문에 스트레스를 받아서
더 이상 애들을 감당할 수 없어요……

일단 집에 들어오면 당신이 바라는 건 오직 하나. 좀 조용히 있는 것. 하지만 아이들은 끊임없이 싸운다. 시끄러운 집과 스트레스 주는 직장 사이에서 당신은 기진맥진하고 있다.

당신은 계속 이런 식으로 지낼 수는 없다고 생각하고 있다

당신이 직장에서 겪은 일로 인해 아이들이 피해를 입어야 할 까닭은 없다. 그러므로 설령 당신이 평정을 되찾기가 어렵더라도 그것을 충분히 의식하고 있어야 한다. 게다가 어쩌다 화를 내게 되면 얼마 지나지 않아 후회하게 된다. 하지만 당신은 이런 악순환에서 빠져나가는 법을 모른다. 그 악순환에 대한 책임이 전적으로 당신에게만 있는 것도 아니고. 마지막으로 당신은 아이들이 항상 피곤하고 화나 있고 끊임없이 고함을 지르는 여자의 모습으로 엄마를 기억하기를 원치 않는다.

이런 상황에서 벗어나기 위한 몇 가지 길

■ 직장 문제를 해결하려고 노력하라

원인이 나쁜 업무 편성, 과중한 일정, 부서 차원에서의 원활치 못한 기능과 관련된 것이라면, 아니면 단순히 매우 나쁜 분위기 때문이라면 당사자들과 대화해 보라. 당신의 직업적 영역이 당신의 사생활을 그 정도까지 침해하도록 내버려둬서는 안 된다. 때로는 온 가족의 행복을 위해서는 무엇보다 자리바꿈이 바람직한 경우도 있다. 비록 그래서 보수가 적어지거나 남들로부터 인정을 덜 받게 되더라도 말이다.

■ **당신의 걱정을 밤이 될 때까지 가슴에 담고 있다가 아이들이 잠자리에 들었을 때 남편과 의논해 보라**

이것은 힘들지만 불가능하지는 않은 훈련이다. 단 당신 남편도 보호해 줘야 한다는 것을 잊지 마라. 그에게도 그만의 걱정이 있을지 모르며 매일 밤 당신을 도와줄 수는 없다. 게다가 일로 인한 스트레스와 관련됐다는 심리상담가들의 진단 결과가 이토록 증가하는 데에는 분명히 이유가 있다. 이것은 한 시대의 불안을 증언하는 것이다.

■ **아이들의 도전에 넘어가지 마라**

……비록 거기에 저항하는 것이 항상 쉬운 것만은 아니더라도 말이다. 청소년들의 시도는 여러 가지가 있을 수 있다. 이를테면 단정하지 않거나 악취미적인 차림으로 표현될 수 있다. 당신은 당신 아이들의 기이한 옷차림을 통해 외부 사람들에게 나쁜 평가를 받을까 봐 두렵고 그것이 당신을 화나게 한다. 당신은 곧 아이들에게 짜증을 냄으로써 당신의 반대를 강하게 드러낸다. 그들의 언어도 당신을 화나게 할 수 있다. 당신으로 말하면 조심해서 말하는 편이고——반면 아이들은 쉽게 화를 낸다——약속도 잘 지킨다. 가족의 단결력을 보장하려면 가족의 말을 존중하고 그것을 경청할 것을 강조해야 한다.

■ **화가 머리끝까지 치밀 때에는 조금 거리를 두고 보라**

혼자, 또는 남편과 함께 며칠간 여행을 떠나 현재의 상황을 정리해 보
고 생활에서 조정 가능한 사항들을 생각해 보라.

97

딸아이를 낳은 뒤 너무나 지쳐서
나 자신이 좋은 엄마도 좋은 아내도
훌륭한 '프로'도 아니라는 느낌이 들어요

당신은 2년째 마라톤을 하고 있다는 느낌이 든다. 언제 가는지도 모르게 시간이 흘러가고 있다. 냉장고를 채워넣으려고 애쓰고, 집을 깔끔하게 유지하고, 모든 식구에게 부족한 것이 없게 해주려고 주의한다. 거기에 약속한 시간에 소아과 병원에도 가야 하고, 시간에 맞춰 약도 먹여야 한다. 그러면서 일도 해야 한다…….

고전적인 현상

육체적 · 정신적으로 중첩된 피로는 항상 본인이 통제할 수 없는 에너지의 투입 중단을 낳을 수밖에 없다. 한 주, 한 주가 지나면서 당신의 기력은 바닥이 나고 우울증마저 당신을 위협한다. 이것은 고전적인 구조로서 당신은 충분히 이에 맞서 싸울 수 있다.

어쩌다 이 지경에 이르렀나

— 이것은 모든 사람의 운명이다. 상상은 당신을 기만하고 당신은 충분히 조심하지 않는다. 사실 당신이 상상한 가정 생활과 매일 당신 눈앞

에서 펼쳐지는 가정 생활 간의 격차는 클 수 있다.

— 처음 몇 주 동안에는 아기와의 유대를 쌓고 아기와 친밀한 관계를 발전시키는 일이 당신의 모든 정신과 관심을 집중시켰다.

— 아이가 태어나면 엄마는 아기를 맞이하기 위해 정신적·육체적으로 완벽하게 대기 상태가 돼야 한다. 당신은 숨 쉬는 것은 느낄 수 있지만 존재한다는 느낌은 들지 않는다. 게다가 처음 몇 주 동안에는 모든 시선이 이 작은 존재에게로만 쏠린다. 하지만 이때 격려받고 싶고 도움받고 싶은 당신의 욕구도 극도에 달한다.

— 당신 부부는 더 이상 전과 같은 기능을 하지 못하고 있다. 어떤 면에서는 당신의 아기가 역할들을 재분배했다고도 할 수 있다. 전에 당신은 남편을 상대로 어머니, 누나 등의 다양한 역할들을 더 쉽게 해줄 수 있었으나 이제 당신은 무엇보다 먼저 엄마이다.

— 당신은 엄마가 됐고, 아기에게 너무나 마음을 빼앗긴 나머지 자신이 아내이자 배우자라는 사실을 잊었다. 조심하라! 이것은 별거의 가장 흔한 사유 중 하나이다. 이제 뭐든지 아기하고만 하는 당신으로 인해 갑자기 남편은 소외감을 느낀다.

— 남편을 돌아볼 때 때로 당신은 그가 당신을 전보다 덜, 그것이 아니라면 어쨌든 다른 식으로 사랑한다는 고통스러운 느낌을 받는다. 하지만 남편이 전과 다른 것처럼 당신도 정말로 전과 다르다.

그는 오늘날 아기에게만 마음을 빼앗긴 슈퍼엄마에게서 더 이상 지난날 함께 맺은 사랑의 언약을 발견하지 못하는 것일지 모른다.

— 당신은 당신이 간직한 완벽한 어머니의 모습을 따르려고 노력하며 (“나는 나의 어머니와 다른 엄마가 되고 싶고 그 이상이 되고 싶고 더 잘하고 싶어……”) 당신의 환경을 가능한 한 가장 조화롭게 만들려고 애쓴다.

— 아기가 태어나고 처음 몇 달 동안은 당신 자신의 어린 시절이 떠올라 당신의 마음을 뒤흔들었을 것이다. 당신은 분명 어릴 때 어머니가 당신을 사랑한 방식에 대해 스스로에게 많은 의문을 제기했을 것이다. 이

모든 것을 체험하는 것이 항상 쉬운 것은 아니며, 때로는 역사의 무게가 큰 위력을 떨칠 때도 있다. 당신은 그런 기억들을 떨쳐 버리고 당신 아이에게 더욱더 충실하기 위해 전력을 다해 싸운다. 하지만 모두 헛된 노력일 뿐이다…….

— 당신은 새로운 책임의 무게에 짓눌린다. 문제가 생길 경우 또는 그저 일상의 작은 말썽들을 해결하기 위한 결정권을 가진 사람은 사실 당신과 아빠이다! 항상 쉬운 것만은 아니다!

— 모든 사람에게는 취약점이 있고 그것은 언제라도 나타날 수 있다. 표면적으로는 모든 게 즐겁고 행복해 보일 때도 예외는 아니다.

이렇게 생각하라……. 왜냐하면 이것이 진실이니까

— 완벽한 엄마는 존재하지 않는다. 당신은 동시에 여기에도 있고 저기에도 있을 수 없다. 포기하는 법을 배우고 당신 자신에게 관대한 모습을 보여줘라. 당신의 정신적 안정은 거기에 달려 있다. 그리고 특히 아기와 완벽한 상호 이해를 이루며 환히 웃는 연예인들을 소개한 잡지의 예쁜 그림들을 목표로 삼지 마라. 설령 그것이 '시대의 조류'라고 해도 당신이 보는 것은 무수한 전문가들(분장사, 미용사, 디자이너, 사진사, 기자, 에이전트 등)에 의해 준비된 그림들에 불과하며, 그 인기스타는 빛나는 모습밖에 보여줄 수가 없다. 아무도 뾰로통해 있는 스타의 모습을 발견하고 싶어하지 않으며 관심을 보이지 않는다.

— 다른 사람을 대신 보낼 줄도 알아야 한다. 닷새 중 사흘 딸을 어린이집에서 데려올 수 없다 해도 별것 아니라고 생각하라. 특히 당신 혼자 그것을 할 수 있다는 생각 자체를 갖지 마라. 때로는 아빠가 시간이 나면 그와 새로운 일정표를 짜라. 그것이 불가능하다면 둘이 함께 다른 사람을 선택하여 그로 하여금 당신 대신 그 일을 하게 하라. 그럼으로써 당

신은 조금 덜 뛰어다니고 스트레스도 덜 받을 수 있을 것이다. 따라서
당신, 아이, 남편에게 좀더 많은 관심을 쏟을 수 있을 것이다.

— 비록 당신이 육체적으로 아이 곁에 있을 수 없다 해도 그렇다고 해
서 생각으로도(정신적으로) 그러지 못한다는 뜻은 아니다. 아이에게 당
신이 직장에 있을 때도 그를 생각한다고 말해주어라. 그리고 당신이 신
뢰하는 베이비시터와 함께 있는 걸 알기 때문에 걱정하지 않으며, 오늘
저녁 다시 만나면 행복할 거라고도 말해주어라.

— 제삼자가 교대해도 그가 아이의 마음속에서 당신의 자리를 빼앗을
염려는 전혀 없다. 당신은 항상 엄마이고 엄마일 것이다.

이렇게 하라

— 전에 했던 말들을 심사숙고하라.

— 아이 아빠와 함께 대화하고, 당신이 이 악순환을 끊는 것을 그가 도
와줄 수 있는 방법은 없는지 의논해 보라(이를테면 그로 하여금 아래 적은
우리의 충고를 읽어보게 하라).

— 거리를 두라. 머릿속이 항상 복잡한 느낌이 들면 대화 상대(친구, 가
족 구성원, 또는 전문가 등)를 구하라. 그가 당신의 짐을 내려놓고 상황
을 분명히 파악하도록 도와줄 것이다.

아빠에게 주는 충고

일상이 너무 귀찮아지고 항상 피로에 절어 있으면 당신이 그토록 사랑
했던 여인의 모습은 찾아볼 수 없게 된다. 그때는 이렇게 대처하라.

— 그녀가 필요 이상으로 노력하고 있으며 당신은 구체적으로 그녀를

지지하고 도와줄 준비가 돼 있다는 것을 분명히 말하라.

　— 최대한 그녀의 가사 부담을 덜어주어라. 또는 할 수 있다면 아내에게 파출부를 불러줘라.

　— 두 사람만의 대화 시간을 갖고 아내에게 꽃을 선사하라. 아내는 자신을 사랑스럽고 매력적인 여성으로 느끼고 싶어하며 '정신적으로 경직된' 집안 관리인으로 인식되는 것을 가장 싫어한다.

　— 아기를 돌보아라. 아기를 목욕시키고 아기에게 젖병을 물려라. 아기에게 옷을 입혀라. 시대에 뒤지지 않는 모든 아빠들은 기쁜 마음으로 그렇게들 하고 있다.

98

엄마가 된 후로 나는 자신감을 잃었어요…….
게다가 직장에서도 빛을 발하지 못하고 있어요

엄마가 된다는 것, 그것은 당신이 오래전부터 소망해온 바인데 그리 오래 기다리지 않고 그 꿈을 실현하게 됐다. 1~2년간의 직장 생활 뒤에 당신은 아기를 가졌다. 하지만 이제 그건 이미 끝난 일이고 당신은 스스로 무능하고 추하다고 느끼고 있다……. 당신의 사기는 밑바닥까지 떨어져 있다.

당신은 누구인가?

당신은 아이를 갖고 싶다는 욕구를 중심으로 당신의 인생을 건축해 왔다. 직업 교육을 소홀히 한 것은 아니나 그렇다고 공부에 끝까지 매달린 것은 아니다. 뚜렷한 직업적 계획을 세워 놓은 것도 아니다. 요컨대 당신은 특별한 걱정 없이 차분한 임신 기간을 보냈다.

당신의 느낌

— 아이가 태어난 뒤로 당신은 외로움을 느낀다. 남편은 아기만 쳐다보는 것 같고, 정신없는 출산을 겪고 그 뒤 몇 달을 보내는 동안 당신을 약간 잊어버린 듯하다.

— 당신은 아이, 남편, 당신 자신에 대해 실패했다는 느낌이 든다.

● 아이에게. 당신은 아이에게 매우 헌신적이고 가능하면 최대한 아기에게 마음을 써주려 하지만, 결국 아이가 극도고 까다롭고 일분일초도 기다려주지 않으며 사소한 장애도 참지 못한다는 것을 확인할 뿐이다. 그 결과 당신은 '좋은 엄마'가 아니라는 느낌을 갖게 되고 아이 곁에 머물고 싶은 마음도 조금씩 줄어든다.

● 남편에게. 당신은 자신이 남편에게 더 이상 큰 관심을 끌지 못한다고 생각한다. 이제 그는 당신에게 달콤한 말도 하지 않고 당신의 옷차림에 대해서도 칭찬 한마디 하는 법이 없다.

● 직장에서. 당신은 당신의 일에 정말로 철저히 몰두한 적이 한 번도 없으며, 거기서 자기도취적 만족을 느낀 적도 한 번도 없다. 매 순간 당신은 자신이 명석하고 재능 있다고 생각했을 뿐이다.

— 결과: 당신은 실패한 인생을 살았다는 느낌이 든다. 당신은 상당히 큰 실망을 맛보았으며, 실제로 증상이 나타나지는 않을지라도 가벼운 우울증을 앓고 있을지도 모른다. 그래도 더 만성적인 우울증으로 빠지지 않도록 주의하라!

당신이 상상하는 여성, 엄마, 아이의 표상들을 포기하는 것부터 시작하라

당신은 당신의 인생이 어떨 것인가에 대해 매우 뚜렷한 상을 품고 있었다. 하지만 당신의 꿈이 현실과 완전히 일치하지는 않았다. 당신이 살고 싶어하는 것은 당신 자신이 쓴 소설일 뿐이다. 당신이 적용한 이 방식이 어떤 면에서는 당신 자신의 삶을 살거나 건축하는 것을 방해하고 있다. 당신은 마치 태어날 때부터 당신에게 새겨진 어떤 정보들을 작동시키고 있다는 듯이 행동해 왔다. 어쩌면 당신은 청소년기 때부터 부모의 상을 멀리하고 자신을 다른 표본들과 동일시해 왔을지 모르며, 그러다가 당신의 이미지를 만들어 냈을지 모른다.

성숙한 사람이 되려면 이제부터는 그런 상상 속의 표상들을 포기해야
한다.

개선책

— 당신 인생을 되돌아보는 시간을 가져라. 혼자서, 또한 당신의 남편
과 함께.

— 당신은 다른 식으로 살아가는 데 필요한 힘을 자신에게서 발견해
야 한다. 혼자 하기 힘들다면 주저하지 말고 심리상담가의 도움을 받아
당신 자신에 대한 작업을 시작하라. 당신은 당신의 개인사에 비추어 볼
때 이런 삶을 택한 것이 옳았는지 자문할 것이다. 설령 그 일이 당신에
게는 어렵거나 길게 여겨져도 결국 당신에게 이로울 수밖에 없다는 것을
알아두어라.

당신은 그런 대가를 치러야만 부모의 본을 생각 없이 되풀이하지 않
고 자유롭게 선택할 수 있는 완전한 권리를 가진 주체가 될 수 있다. 그
래야만 당신의 아이를 당신 개인사의 볼모로 잡는 것을 피할 수 있으며
아이에게 자유로운 인생을 제공할 수 있을 것이다.

— 남편도 당신이 엄마로서 능력이 있다고 안심시켜 줄 필요가 있다.
당신을 전적으로 신뢰한(“당신 말이야, 아이를 아주 잘 보는 것 같아”)다
는 말을 정기적으로 해주면 당신은 용기가 날 수밖에 없다.

99

아기를 낳은 뒤로 항우울제를 복용하고 있고 회사로 돌아와도 상황은 전혀 나아지지 않아요

아침마다 출근하기 위해 일어서기가 점점 더 힘들어진다. 게다가 이젠 출근하기도 싫다. 집안 정돈, 아이와 놀아주기, 또는 남편과의 애무에 속하는 것은 이제 당신의 체력이 감당하지 못한다. 그리고 당신은 의사의 처방전이 큰 변화를 가져오지 못한 것을 확인하고 있다.

결코 유일한 원인은 존재하지 않는다!

한 아이의 출생은 엄마의 정신 상태를 완전히 바꿔 놓는다. 모든 인간 관계의 기준이 흔들리고 자신의 과거의 정보들이 표면으로 떠오를 수 있다. 만일 당신이 정신적으로 허약한 유년기를 보냈다면(충격, 이혼 등) 일상 생활에서 일어날 수 있는 사소한 '일탈'도 당신을 뒤흔들어 놓을 수 있고 심지어는 경미한 우울증에 빠뜨릴 수도 있다. 하지만 어떤 거북함은 대개 복합적인 요인으로 발생한다. 당신이 갑자기 거북함을 느낄 수 있는 상황들로는 이를테면 다음과 같은 것들이 있다.

● 임신중에 어려움에 봉착했다(누워 있어야 하는 것, 고립되는 것, 가족과 멀리 떨어지는 것 등).

● 9개월의 임신 시간 동안 어떤 심리적 충격을 겪었다(친지의 죽음, 남편과의 결별, 자연 재해, 테러 등).

● 그 충격이 초래할 수 있는 결과로 아이를 조산했다(태아의 고통, 인

큐베이터에 들어가는 것, 아이와의 이별 등)

● 아이한테서 어떤 신체적 취약함을 발견해서(심장의 문제, 장애, 선천적 기형 등) 한시도 곁을 떠날 수 없고 그래서 다른 모든 환경과 단절됐다.

● 많은 어려움, 고통, 정신적 외상(버림, 학대) 또는 자신의 유년기에 해결하지 못한 슬픔들이 머릿속에 재등장했다. 이것은 당신 자신의 어머니와의 갈등을 되살아나게 하고, 자신감을 잃게 하고, 아기와 새로운 양질의 관계를 맺는 것을 방해할 수 있다.

● 흔히 임신 전에 이미 우울한 시기를 거쳤다가 임신과 함께 사라졌다. 9개월은 흔히 충만함의 동의어이지만 출산 후 곧 강한 고독감이 재등장한다.

● 매우 규칙적인 수면 리듬이 깨졌다. 수유 때문에 중간에 자꾸 깨는 밤이 계속되면 육체적으로 몹시 피로해지고 어떤 경우에는 부모 모두 녹초가 되기도 한다. 직장 생활로 돌아가야 할 때 체력을 회복하지 못한 엄마들은 대개 일을 감당할 수 없다는 느낌을 갖게 되고, 자신의 능력에 대한 믿음을 상실할 수 있다.

● 아이의 존재로 인한 어떤 고립으로 고통을 겪었다. 옛날 친구들은 아이의 출생에 당신이 기대하던 만큼 관심을 가져주지 않는다. 갑자기 당신은 외로운 느낌, '버림받은' 느낌이 들면서 친구들과의 관계를 회복하지 못한다.

우울증이라고 다 같은 것은 아니다

어떤 우울증은 일시적이다. 몇 주 때로는 몇 달 지나면 약을 복용하지 않아도 저절로 사라진다. 산후 우울증과는 사정이 전혀 다르다.

10명의 여성 중 1명이 걸리고 분만 2,3주 후에 빠지게 되는 산후(산욕

기라고도 한다) 우울증은 시간이 흐름에 따라 점점 더 악화된다. 산모는 아이 곁에서도 남편 곁에서도 자신의 자리를 찾지 못한다. 그녀는 자신이 나쁜 엄마, 나쁜 아내인 것 같은 느낌이 든다. 직장 일에 다시 정열을 쏟지도 못하고, 더 이상 아무것에도 흥미를 느끼지 못하며, 아무리 노력해도 헛수고이고, 아무것도 상황을 바꾸지 못할 것 같다. 항상 무력감, 피곤함, 세상 사람들과 단절된 느낌을 갖고 있고 죄책감을 느낀다. 그러면서 산모는 자신의 고통을 극복할 능력도, 주위 사람들을 돌볼 여력도 상실하게 된다.

어떻게 도움을 받을까?

이상적인 것은 자신의 주치의, 아이가 가는 소아과 병원의 의사, 자신의 산부인과 의사와 상담하는 것이다. 슬픔을 완화시키고 잠을 자게 해주는 등의 효과를 지닌 항우울제는 의사라면 누구나 처방할 수 있다. 하지만 이것은 일종의 보조 수단일 뿐이다. 어떤 경우에도 자신의 가족, 아이, 부부, 일에 몰두하고자 하는 욕구를 의사들이 제공할 수는 없다.

정말로 우울증에서 탈출하려면 정신요법을 실천하는 심리상담가와 대화하는 공간을 마련할 필요가 있다. 심리상담가의 첫번째 목표는 고통을 제거하는 것이 아니라 당사자와 함께 고통의 기원과 그 고통이 지금까지 거쳐 온 인생의 다른 사건들에 비해 갖는 특별한 의미를 탐색하는 것이다. 이 작업이 반드시 의학적 치료와 모순되는 것은 아니지만 자신을 재건하고, 자신감을 되찾고, 외부 세계를 향해 다시 한번 자신을 열기 위해서는 특히 시간이 필요하다.

100

회사나 가정이나 내 자리가 아닌 것 같아요

중요한 자리를 차지하고 있음에도 불구하고 당신은 직무에 열중할 수가 없다. 이를테면 지금 당신은 오늘 아침 학교에 데려다 주지 못한 큰애와 아직도 자고 있고 곁에 있다면 꼭 한 번 안아주고픈 막내를 동시에 생각하고 있다.

당신은 실패한 것 같고 그 실패에 대한 책임이 온전히 자신에게 있는 것 같다

가끔 당신은 지금은 컴퓨터를 들여다보고 있을 때가 아니라 아이들 곁에 있어야 할 때라고 생각한다. 또 가끔은 당신이 집에 없는 것이 아이들에게는 상당히 해롭다는 확신이 들곤 한다.

전에 당신은 매체에 나오는 그 화려한 여성들과 비슷하다고 생각했다. 직장에서의 멋진 성공, 멋진 부부상, 잘생기고 똑똑하고 예의바른 아이들을 동시에 전부 획득한 그 여성들 말이다. 그런데 오늘날 그런 모습들은 당신을 질투심으로 파랗게 질리게 하고 당신에게 이런 질문을 던진다. 그런데 당신은 왜 그렇게 못하지? 이 질문에 당신은 주저 없이 이렇게 대답한다. "모든 게 내 잘못이야."

당신이 모든 일에 책임감을 느끼는 까닭

당신은 여지껏 한 번도 진정한 자신감을 가져 본 적이 없고 매 순간 모든 것을 의심해 왔다. 한 가지를 결심하기가 무섭게 곧 그것을 후회하고 더 기다렸으면 좋았을 거라고 생각하고, 좀더 많은 시간을 갖고 좀더 많은 생각을 해보았더라면 더 잘 대처했을 거라고 생각한다. 강한 죄책감을 겸한 이런 태도는 아마도 새로운 것이 아닐 것이다.

당신의 성장 배경

— 첫번째 가설: 아마도 당신의 부모는 당신의 출생에 대해 양면적인 감정을 가졌을지도 모른다. 그들은 만족했지만 사실은 정말로 만족한 것이 아니고 이전 생활과의 영원한 단절을 초래할 이 출생에 의해 약간은 원하지 않던 상황으로 떠밀리게 된 것이다. 그런 상황에서 부모들은 때로 유감스러운 발언을 하곤 한다("너 때문에 일을 그만둬야 했어……").

— 두번째 가설: 당신의 출생이 집안의 어떤 고통스러운 사건(주금, 이혼 등)과 겹쳤고 당신 부모는 두 사건을 분리할 수 없었다. 무의식적으로 당신의 정체성은 신체적·정신적 외상을 남기는 그 사건과 기이하게 결부됐고, 그것이 이를테면 당신 어머니로 하여금 당신을 완전한 권리를 가진 주체로 간주할 수 없게 만드는 것으로 나타난다. 게다가 당신으로 하여금 이곳은 결코 당신이 있을 곳이 아니라는 생각을 갖게끔 한 것도 어느 정도는 이런 상황 때문이다. 이런 상황에서 어떻게 좋은 엄마가 될 수 있는 당신 자신의 능력과 소질을 확신할 수 있으랴?

한 사람의 존재가 입증되려면 그의 능력, 지혜, 여성스러움, 사회화할 수 있는 소질을 부모가 인정해 줘야 한다.

애정이 결핍된 엄격한 교육은 많은 두려움을 불러일으킬 수 있다. 누군가 당신을 당신만의 고유한 정체성으로서 정말로 좋아한 적이 있는가? 왜 당신은 부모의 사랑을 받지 못했나? 어떤 부모들은 아이가 그들이 기대했던 바와 일치하지 않을 때 아이의 발달이나 행동에 실망을 느낄 수도 있다. 그것은 상상 속의 아이를 포기하기가 그만큼 어렵기 때문이다. 설령 당신이 누군가가 되기 위해 필사적으로 노력한다 해도 어떤 상황에서는 특히 취약한 모습을 드러내게 된다. 사소한 지적이 좋은 엄마가 될 수 있는 당신의 능력에 대한 의심을 강화시키고 자신이 제대로 해낼 수 없다는 것을 입증하게 된다.

이런 죄책감의 영역에서 탈출하는 유일한 방법은 개인에 대한 깊이 있는 심리학적 작업을 시도함으로써 이 문제가 어떻게 당신에게 나타나게 됐는가를 이해하는 것이다. 요컨대 만일 상황을 그대로 방치하면 이번에는 당신이 당신 자신의 아이들에게 이런 감정을 물려줄 수도 있다는 것만 알아두어라.

참고 문헌

앙지외 디디에: 《나-껍데기》, 두노 출판사, 1995년.

바댕테르 엘리자베트: 《XY-남성의 정체성에 관하여》, 오딜 자콥 출판사, 1992년.

베틀렝 브뤼노: 《어머니들과의 대화》, 로베르 라퐁 출판사, 1999년.

볼비 존: 《애착과 상실》(전3권), 퓌프 출판사, 1984년, 1994년, 2000년.

카노 니나: 《조상의 잘못을 어떻게 보상하나?》, 데스클레 드 부루베르 출판사, 1998년.

시륄니크 보리스: 《관계의 영향하에》, 아셰트 출판사, 1997년.

돌토 프랑수아즈: 《아이가 이런 행동을 보일 때》(전3권), 쇠이유 출판사, 1999년.

돌토 프랑수아즈: 《몸에 대한 무의식적 이미지》, 쇠이유 출판사, 1992년.

돌토 프랑수아즈: 《거울의 아이》, 파요 출판사, 1992년.

돌토 프랑수아즈: 《여성의 성》, 갈리마르 출판사, 1999년.

돌토 프랑수아즈: 《부모가 헤어질 때》, 쇠이유 출판사, 1988년.

돌토 프랑수아즈: 《청소년들에게 주는 말 또는 바닷가재 콤플렉스》, LGF 출판사, 1992년.

돌토 프랑수아즈: 《학교 교육의 실패》, 포케 출판사, 1990년.

돌토 프랑수아즈: 《교육의 길》, 갈리마르 출판사, 1994년.

돌토 프랑수아즈: 《모든 것이 언어다》, 갈리마르 출판사, 1995년.

엘리아셰프 카롤린: 《사생활: 군주 같은 아이에서부터 피해자인 아이까지》, 오딜 자콥 출판사, 1997년.

페렌치 산도르: 《정신분석: 임상 일기》(제4권), 파요 출판사, 1990년.

필리오자 안-마리, 필리오자 이자벨: 《어머니들의 도전》, 데르비 출판사, 1994년.

잠피노 실비안: 《일하는 엄마들은 유죄다?》, 알뱅 미셸 출판사, 2000년.

프로이트 안나: 《아동의 정신분석 치료》, 퓌프 출판사, 1989년.

프로이트 지그문트: 《성 이론에 관한 세 가지 평론》, 갈리마르 출판사, 1989년.

프로이트 지그문트: 《성생활》, 퓌프 출판사, 1999년.

프로이트 지그문트: 《신경증, 정신병, 성적 도착》, 퓌프 출판사, 1992년.

프로이트 지그문트: 《토템과 터부》, 파요 출판사, 1992년.

클랭 멜라니: 《아동 정신분석》, 퓌프 출판사, 1959년.

크레슬레르 레옹, 펭 미셸, 술레 미셸: 《아이, 아이의 몸》, 퓌프 출판사, 1987년.

크리스테바 줄리아, 클레망 카트린: 《여성과 신성》, 스톡 출판사, 1998년.

르보비치 세르주: 《유아, 어머니 그리고 정신분석가》, 바야르 에디시옹-상튀리옹 출판사, 1990년.

르 카뮈 장: 《아버지의 참역할》, 오딜 자콥 출판사, 2000년.

만노니 모드: 《정신분석가와의 첫번째 만남》, 갈리마르 출판사, 1988년.

나우리 알도: 《부부와 아이》, 오딜 자콥 출판사, 1999년.

오르티그 에드몽, 오르티그 마리-세실: 《아동 정신요법은 어떻게 결정될까?》, 드노엘 출판사, 1993년.

포로 모리스: 《대리 아동》, 프리종-로슈 출판사, 1996년.

랭보 지네트, 엘리아세프 카롤린: 《꺾을 수 없는 사람들: 식욕 부진》, 오딜 자콥 출판사, 1996년.

사미-알리 M.: 《실제 몸, 상상의 몸》, 뒤노 출판사, 1998년.

사미-알리 M.: 《신체적인 것 생각하기》, 뒤노 출판사, 1987년.

세를 아롤드: 《타인을 미치게 만들기 위한 노력》, 갈리마르 출판사, 1965년.

스피츠 르네 A.: 《출생에서 말까지》, 퓌프 출판사, 1968년.

제제르 미리암: 《태어나기 위한 말들》, 갈리마르 출판사, 1997년.

티스 베르나르: 《아버지, 출생증명서》, 쇠이유 출판사, 1980년.

투스탱 프랑스: 《혼의 검은 구멍》, 쇠이유 출판사, 1989년.
비들뢰셰 다니엘: 《아동화 해설》, 파요 출판사, 1981년.
비니코트 도날드 W.: 《소아과에서 정신분석까지》, 파요 출판사, 1969년.
비니코트 도날드 W.: 《아동, 아동의 가정》, 파요 출판사, 1971년.
비니코트 도날드 W.: 《아동과 외부 세계》, 파요 출판사, 1972년.
비니코트 도날드 W.: 《놀이와 현실》, 갈리마르 출판사, 1971년.
비니코트 도날드 W.: 《아동, 혼과 몸》, 파요 출판사, 1999년.

안 가트셀의 사적 출판물들(전집에 속한 작품들)

칼자 앙드레, 콩탕 모리스: 《정신운동성 개요》, 〈마송〉 전집, 1993년 1월.
칼자 앙드레, 콩탕 모리스: 《대뇌 활동 장애와 정신 운동성 분야의 전문
의》, 〈마송〉 전집, 1993년 1월.
카디 실비: 《몸, 말, 움직임: 아동 정신신체의학에의 기여》, 〈파이도스〉
전집, 바야르 출판사, 1992년.

기사들

'우리는 몸을 가진 것인가? 우리가 몸인가?,' 〈정신 운동 요법〉, 118호.
'정신신체적 진료,' 〈신체적 실천〉, 118호와 119호, 1998년 3월호와 6월
호.
'치료적 개입, 치료 행위. 치료의 효과,' 〈정신 운동 요법〉, 114호, 115호.
'아동 그림의 변화를 통해 본 몸 이미지의 기원,' 〈정신 운동의 발달〉,
10호, 1991년.
'신체의 리듬과 정신신체적 이완 상태에서의 해석,' 〈정신 운동의 발달〉,
10호, 1991년.
'물…… 나를 길들여 다오,' 〈정신운동 요법〉, 81호, 1989년.
'정신병이 작용하는 가운데 측성을 건설하는 한 예,' 〈정신 운동의 발달〉,
2호, 1989년.

김교신
서강대학교 불문과 졸업
역서: 《라틴 문학의 이해》《노동의 종말에 반하여》
《경제, 거대한 사탄인가?》《위기의 대학》
《문학은 무슨 소용이 있는가?》《맞불 · 2》
《행복해지기 위해 무엇을 배워야 하는가?》
《행복의 단상》《아이들에게 들려주는 선사시대 이야기》
《아이들에게 들려주는 이슬람 이야기》 등

문예신서
2007

사랑, 아이, 일 사이에서

초판발행 : 2006년 6월 10일

東文選
제10-64호, 78. 12. 16 등록
110-300 서울 종로구 관훈동 74번지
전화 : 737-2795

ISBN 89-8038-935-3 94370
ISBN 89-8038-000-3(세트/문예신서)

자기를 다스리는 지혜

한인숙 (東文選 편집주간)

■ 500여 명의 성공인들이 털어놓은 증명된 지혜

흔히 사람들은 돈·명예·성공을 바라 마지않으면서 그것을 얻는 데에 필요한 지혜를 먼 곳에서만 찾으려 한다. 남보다 더 먼저 더 멀리 나아가야 더 많은 것을 얻을 수 있다고 생각한다. 그러나 알고 보면 그 지혜란 것은 의외로 가까운 우리 곁에 있다.

여기에 실린 글들은 모두가 이 시대 각 분야에서 나름대로의 성공을 거둔 이들의 입말에서 그 엑기스만을 가려뽑아 묶은 것들이다. 따라서 옛 시대의 공허한 논리가 아니고, 또한 금방이라도 떼돈을 벌어 줄 것만 같은 비아그라 같은 처방약도 아니다. 보통 사람이 감히 흉내낼 수 없는 고도의 전문적인 지식을 필요로 하는 그런 것은 더더욱 아니다. 오히려 누구나가 당장이라도 실천할 수 있는 극히 단순한 것들이며, 이미 그 **성공이 입증된 이 시대의 살아 있는 지혜**들이다.

본서는 1981년부터 지금까지 23년에 걸쳐 메모해 온 것들 중 여러 신문과 잡지들에 실린 수천 명의 성공한 인물, 혹은 화제의 인물들과의 인터뷰 속에서 철학이 담긴 말들을 엮은이가 가려뽑아 묶은 것이다. 학자, 사상가, 과학자, 재벌회장, 시인, 소설가, 종교인, 경영인, 음악인, 배우, 가수, 자원봉사자, 식당주인…… 등등 각 분야에서 나름대로의 성공을 거둔 이들의 **체험에서 우러나온 삶의 밑천이 된 진실된 '말 한마디'** 를 모았다.

널리 알려진 위대한 성현들과 대학자들의 수많은 명언이나 격언들은 제외하였다. 대신 실제 체험에서 우러나온 살아 있는 입말들 중 이 시대에 그 효용이 확인된 말들만 가려 모은 것이다. **같은 말이라도 누가 했느냐에 따라 그 신뢰성과 현실감의 무게가 달라지기 때문**이다.

이젠 다시
유혹하지 않으련다

피에르 쌍소

서민원 옮김

섬세하고 정교한 글쓰기로 표현된, 온화하지만 쓴맛이 있는 이 글의 저자는 대체 누구를 더 이상 유혹하지 않겠다고 선언하는가? 여성들, 신, 삶, 아니면 그 자신인가?

여자를 유혹하는 남자들이 점점 사라져 가고 있다. 느림의 철학자 피에르 쌍소는 유혹자로서의 자신의 경험을 소설 같은 에세이로 만들어 그 궤적을 밟는다. 물론 또 다른 조류에 몸을 맡기기 전까지 말이다. 그것은 정겨움과 관대함으로 타인을 바라보는 신비의 조류이다. 이 책은 여성과 삶을 사랑하는 작가의 매우 유려한 필치로 쓰여진, 입가에 미소가 맴돌게 하면서도 무언가 생각하게 하는 책이다. 결국 우리로 하여금 보다 잘 성찰하고, 보다 잘 느끼며 더욱 사랑하라고 속삭인다.

"40년 전에는 한 여성이 유혹에 진다는 것은 정숙함과 자신의 평판을 포기한다는 것을 의미했습니다. 오늘날의 여성은 그럴 필요를 느끼지 않으니 자신을 온전히 내주지도 않지요. 유혹이 너무 일반화되어 그 비극적인 면을 잃고 말았어요. 반대로 누군가의 마음을 사로잡는다는 것, 서로 같은 조건에서 그에게 주의를 기울인다는 것은 유혹이나 매력 같은 것보다 한 단계 위의 가치입니다."

"이 세상의 아름다움과 미소를 함께 나누는 행복을 위해서라도 마음을 사로잡는 일은 누구에게나 하나의 의무라고 봐요. 타인은 시간과 더불어 그 밀도와 신비함을 더해 가고, 그와 나의 관계에서 풍기는 수수께끼는 거의 예술작품에 가까워지지요. 당신의 존재에 겹쳐지지만 투사하지는 않는 것, 그것이 바로 완전한 유혹이 아닐까요."

東文選 文藝新書 2001

우리 아이들에게
어떤 지표를 주어야 할까?

장 뤽 오베르 / 이창실 옮김

가족이 해체되고, 종교와 신앙·가치들이 의문에 부쳐지고, 권위와 교육적 기준들이 흔들리고 있다. 오늘날 전통적 지표들이 동요하고 있는 것이다. 그런데 아이가 밝고 건강하게 자라기 위해서는 반드시 지표들이 주어져야 한다. 그렇지 못할 경우에 극단적인 태도로 기울어질 위험이 있기 때문이다.

교육심리학자이자 여러 저서의 저자이기도 한 장 뤽 오베르는, 아이들과 부모들에 대한 일상의 관찰에 힘입어 다음의 질문들에 대답하고 있다.

- 갓난아이, 어린아이, 청소년에게는 어떤 지표들이 반드시 필요한가?
- 아이를 과잉보호하지 않고 어떻게 안심시킬 수 있을까?
- 왜 다른 교육이 필요한가?
- 청소년기의 위기 앞에서 어떻게 반응해야 할까?
- 건전한 지표들과 불건전한 지표들을 어떻게 구별할 수 있을까?
- 무엇이 아이에게 강한 정체성을 부여하는 것일까?
- 쾌락과 관련된 지표들이 어떤 점에서 중요한가?
- 아이들은 신앙을 필요로 하는가?

본서는 부모들의 필독서로서, 그들에게 반성의 실마리 및 조언을 주어 자녀들이 절대적으로 필요로 하는 지표들을 제공할 수 있도록 한다. 그리하여 아동이 속박이나 염려스러운 불분명함 속에 방치되는 일 없이 교육을 통해 적절한 균형을 찾을 수 있도록 도와 준다. 또한 현재와 미래의 행복한 삶을 위한 성공의 조건들을 하나하나 제시해 나간다.

東文選 文藝新書 2002

상처받은 아이들

니콜 파브르

김주경 옮김

우리가 유년기를 아무리 구름 한 점 없는 행복한 시기로 꿈꾼다고 해도, 그 시기가 우리의 바람처럼 언제나 낙원인 것은 아니다. 유년기 속에는 여러 가지 함정, 크고 작은 시련들이 숨겨져 있다. 아이는 이러한 것들 덕분에 자신을 튼튼히 세워 가기도 하고, 또한 이러한 것들 때문에 상처를 입을 위험도 있다.

가정과 학교에서 어른들은 때때로 아이들에게 아픔을 주기도 하고, 그들의 고통스러운 외침에 귀를 닫기도 한다. 또 곁에 없는 부모로 인해 상처를 입은 아이가 생기는 것은, 아이에게 그 부모의 빈자리를 제대로 설명하지 못했기 때문이다. 뿐만 아니라 어떤 사실에 대해 아이에게 전혀 말을 하지 않고 비밀을 만드는 것은 아이를 무력하게 만들며, 삶의 의욕마저 앗아 갈 수 있다. 아이의 허약한 육체나 질병도 삶에서 심리학적인 문제를 가져올 수 있다. 유년기에는 이처럼 찔리고 터지고 깨지고 찢어진 온갖 상처들이 존재할 수 있다. 그런데도 흔히 우리는 아이가 표현할 수 없는, 혹은 표현할 줄 모르는 고통 같은 것은 옆으로 제쳐 놓기 십상이다.

담임 선생님을 싫어하는 파비앙, 어머니의 비극적인 죽음을 가슴에 묻어두었던 상드라, 침묵에 짓눌린 프랑크, 뱃속에서부터 이미 손상되었던 세브랭의 경우 등을 통해서 정신분석가 니콜 파브르는 상처가 밖으로 표현됨으로써 아물어 가는 것을 보여 주고 있다. 그녀는 치료 과정에서 심리요법이 하는 역할과 아이가 정신분석가에게서 구할 수 있는 도움을 놀랍도록 섬세하게 설명해 주고 있다. 시련이란 일단 극복되고 나면 균형잡히게 자라도록 받쳐 주는 개성을 이루는 하나의 흔적이 될 수 있기 때문이다.

東文選 文藝新書 2005

부모들이여,
'안 돼'라고 말하라!

파트릭 들라로슈 / 김주경 옮김

"금지하는 것은 금지되었다." 이 역설은 부모의 권위가 실추되어 가고 있는 사회를 폭로한다. 그 사회에서 어머니들은 너무 권위적이 되는 것을 두려워하는 반면, 아버지들은 아버지 이미지가 점차 약해져 가는 것을 두려워한다. 그런데 체험된 경험과 임상 실험에 의한 관찰은 아이가 어른으로 성숙해 가기 위해서는 반드시 한계선을 필요로 한다는 것을 증명해 준다. 자녀에게 감히 '안 돼'라고 말하지 못하는 부모들의 태도는 교육을 돕기보다는 교육의 기준을 무너뜨리고 있다.

- 어디에서 금지가 필요한가?
- 무엇을 거부해야 할까?
- 벌을 꼭 주어야만 할까?
  벌을 줘야 한다면 어떻게 주어야 할까?
- 위반에 대해서 어떻게 반응해야 할까?
- 성에 관한 문제에서는 어떤 태도를 취해야 할까?

정신분석가이자 소아정신과 의사이며, 《문제 있는 청소년기》의 저자인 파트릭 들라로슈 박사는 감히 한번도 안 된다고 말해 보지 못한 많은 아버지와 어머니들이 제기하는 이런 문제들에 답하고 있다. 그는 자녀에게 해서는 안 되는 것을 금지할 때 부모 각자가 해야 할 역할과 기능을 설명하고 금지의 필요성을 정의하면서, 확고하면서도 결코 지나치게 엄격하지 않은 교육을 옹호한다. 그것이야말로 아이가 훗날 의무와 구속의 사회 속에 제대로 자리잡을 수 있도록 도와 주는 유일한 방법이 아니겠는가? 이 요청은 심리학적 개념들이 너무나 자주 잘못 이해되고 있는 탓에 희생자가 되어 버린 많은 부모들을 죄책감에서 해방시켜 줄 것이다.

東文選 文藝新書 2006

엄마 아빠,
전 못하겠어요!

엠마누엘 리공 / 이창실 옮김

"아이가 자신감이 없어요. 금세 좌절해 버려요. 자기 능력을 의심해요……"라는 말을 부모로부터 자주 듣게 되는데, 이런 지적을 무심코 넘겨서는 안 된다. 아주 어린 시절에 이미 행복하고 균형 잡힌 삶의 바탕이 되는 자긍심이 형성되기 때문이다. 그런데 자아에 대한 내면의 가치 의식이 때로는 나이에 상관없이 아이들에게 결여될 수 있다.

임상심리학자이자 심리치료사인 엠마누엘 리공은 이 책에서 아이가 확고한 자아를 확립하고 안정감을 가질 수 있도록 도우면서, 부모들이 제기하는 다음의 질문들에 답변한다.

- 자긍심은 어떻게 형성되는가?
- 외부의 영향력은 얼마나 큰 비중을 차지하는가?
- 교육의 원칙들로 말미암아 아이가 스스로를 평가절하할 수도 있을까?
- 아이는 어떤 행동들을 통해 자신감의 결여를 드러내는가?
- 어떻게 '적절한 정도'의 칭찬을 해줄 수 있는가?
- 어린아이도 자신을 의심할 수 있을까?
- 자신을 사랑하지 않는 청소년에게 어떤 도움을 줄 수 있을까?

아이가 자신을 사랑하고 존중하도록 돕기. 삶의 각 단계를 넘어설 수 있도록 아이에게 근본적인 신뢰감을 부여하기. 본서는 우리에게 이런 가르침을 주며, 지금까지 너무 자주 소홀히 여겨져 온 주제에 대해 새로운 시야를 열어 보인다.